U0923412

新闻传播学书系

新闻采访论

邱沛篁　主编

四川大学出版社

2001年·成都

责任编辑:徐　燕
责任校对:严伟君
封面设计:喜悦无限设计工作室
责任印制:曹　琳

图书在版编目(CIP)数据

新闻采访论 / 邱沛篁主编. —第1版. —四川成都:四川大学出版社，2001.6（2007.9重印）
ISBN 978-7-5614-2129-1

Ⅰ. 新…　Ⅱ. 邱…　Ⅲ. 新闻采访-理论　Ⅳ. G212.2

中国版本图书馆CIP数据核字（2001）第033228号

书名　**新闻采访论**

主　　编　邱沛篁
出　　版　四川大学出版社
地　　址　成都市一环路南一段24号(610065)
发　　行　四川大学出版社
书　　号　ISBN 978-7-5614-2129-1
印　　刷　郫县犀浦印刷厂
成品尺寸　140 mm×202 mm
印　　张　10.5
字　　数　250千字
版　　次　2001年6月第1版
印　　次　2013年9月第5次印刷
印　　数　12 001~15 000册
定　　价　24.00元

◆读者邮购本书,请与本社发行科联系。电话:(028)85408408/(028)85401670/(028)85408023　邮政编码:610065
◆本社图书如有印装质量问题,请寄回出版社调换。
◆网址:http://www.scup.cn

出版缘起

新世纪伊始，在四川大学出版社的大力支持下，由我们策划和组织的“新闻传播学书系”，陆续和读者见面了。

21 世纪，是科技迅猛发展、信息千变万化、人们生活日新月异的时代。在这样的新时代，新闻传播事业担负着更加繁重的使命，具有越来越突出和重要的地位。因此，研究新世纪的新闻传播，探讨新闻传媒如何更好地为社会经济发展、人民生活服务，就显得尤为有意义。这套“新闻传播学书系”，就是要为新闻传媒更好地发挥两个文明建设的先锋作用，作一些理论和实践方面的研讨，以帮助和推动新世纪新闻传播事业的建设和发展。书系包括新闻传播理论、新闻传播业务和新闻传播史等诸方面的研究，涉及报纸、广播、电视、网络等各种传媒，注重理论性、实践性、系统性、知识性和实用性。这套图书的出版，对于新闻传播业的发展、新闻传播研究的繁荣，无疑会有一定的推动作用。

新闻传播研究与新闻传播教学，二者密不可分。只有积极、充分地开展新闻传播研究，才能不断提高新闻传播教学工作的质量。也只有不断地、认真地搞好新闻传播教学，才能提高新闻传播研究的学术水平。我们策划、编辑这套书系，正是为了使新闻传播教学、科研工作更好地结合，互相促进，共同提高。参加这套书系编著工作的有老、中、青教师。我们期望通过这项工作，让更多的青年教师茁壮成长，更多的优秀青年学者脱颖而出。

新闻传播学，是一项实践性很强的科学。新闻传播研究，十分需要学者与实践工作者的结合。我们在这套书系中，邀请了新闻传播单位长期从事编、采、写、评等新闻传播实践工作的领导和专家一起参加著书立说。他们的宝贵经验和理论素养，必将给读者以很大教益。实践证明，坚持高校新闻院系、新闻研究单位和新闻传媒实践部门三结合，是发展我国新闻传播研究工作的重要途径。

从1981年四川大学新闻专业招收首届学生开始，至今已整整二十年了。这些年来，四川大学出版社支持和帮助我们编辑出版了一系列新闻传播学专著和教材，为新闻教学和研究工作的发展做出了可贵的贡献。这次又全力支持我们编辑出版“新闻传播学书系”。我们谨致以衷心的谢意和崇高的敬礼！我们将不断努力，为发展我国新闻传播及教育事业，不断做出新的贡献！

四川大学新闻系
四川大学新闻研究所
2001年5月

前言

1979年，当我从干了近二十年的编辑、记者工作转到新闻教学岗位，参加筹建四川大学新闻专业的时候，为大学生开出的第一门课就是“新闻采访学”。十年后，1989年12月，我编著的《新闻采访艺术》一书，由四川大学出版社正式出版。也是在这一年，我开始招收了首届新闻学硕士生。以后每年皆招硕士生，直到2000年我开始招博士生为止。在十多年的硕士生教学中，我一直给硕士生们主讲“新闻采访研究”课。在新闻学本科及研究生的教学中，《新闻采访艺术》一书多次再版，一些同志建议我把给硕士生讲授的“新闻采访研究”也编撰成书。正是在这个背景下，这本《新闻采访论》开始酝酿、编撰，并终于诞生了。

《新闻采访论》可以说是我十多年硕士研究生教学工作的结晶，也是在教学过程中与硕士生们共同研讨、一起探索的产物。我在教学中，除了自己主讲外，采用了课堂讨论、到现场采访、请新闻界“老总”来讲、让硕士生登台讲等多种方法，从各个不同角度、不同方面研究新闻采访的艺术。书中的十二章，大都是先由我抛出章、节、目，并作启发性讲授后，组织同学们充分讨论、集思广益，再由我指定研究生分别执笔写成的。也有个别章，是我请学生事先准备，首先发言，再经师生讨论，撰写成稿的。本书第一章，黄小驹、王竞执笔；第二章，胡虎、李静执笔；第三章，李菊、彭玲执笔；第四章，邱沛篁撰写；第五章，吴迪执笔；第六章，张晓洪、周权明执笔；第七章，李颖、陈婷、徐沛执笔；第八章，罗勇、姚远明、徐沛执笔；第九章，王浩执笔；第十章，喻竹、潘涛执笔；第十一章，朱天执笔；第十二章，程朝阳执笔。全书最后由邱沛篁修改、润色、统稿，并编撰出每章思考题。整个教学，已经历时十二年，在编书过程中，又几易其稿，的确是师生集体的智慧，是教学相长的成果。另外，本书还附录了我结合教学发表的有关新闻采访的论文，供读者参考。

本书编撰过程中，得到了中共四川省委宣传部、四川省记协、四川大学文学与新闻学院、四川大学出版社及新闻界领导、同事和同行们的热情支持与帮助，尤其是四川大学出版社的徐燕同志作为责任编辑，付出了巨大辛劳。在此，特向他们致以崇高的敬礼与诚挚的谢意。

在本书编写过程中，曾参阅了一些我国近年出版的有关新闻采访的论著，吸收了新闻界前辈和同行们的研究成果，特此表示衷心的谢意。

新闻采访学，是新闻学的重要组成部分，是一个丰富多彩而发展前景又十分广阔的很有生命力的学科。当前，我国新闻事业蓬勃发展，新闻采访工作愈来愈重要，新闻采访研究工作的意义也更显得突出。由于我们水平有限，采访实践经验也不足，本书难免存在不少缺点和不足。我们诚恳地欢迎各位同行、读者批评指正。同时，我们将不断努力，深入加强新闻采访研究，为繁荣和发展我国社会主义新闻事业不断作出新贡献!

邱沛篁

2001 年 2 月于四川大学

目 录

第一章
新闻采访与新闻事业

第一节　新闻采访

现代社会，人们早已熟悉或携带纸笔，或背负摄像机、录音机，匆匆穿梭于大街小巷、官署民宅的记者形象。信息的广泛交流使地球缩小，同时也拉近了新闻采集者与民众的距离。民众对新闻工作不再有“高山仰止”的神秘感，相反，他们的好奇心与日俱增，对于“什么是采访?采访有什么特点?如何进行采访?”诸如此类的问题，他们满怀兴趣。

那么究竟什么是新闻采访呢?

一、关于新闻采访的定义

新闻采访是新闻工作中的一种能动的、有机的活动，具有自身的特点和规律，其外延极广。因此，要准确地、全面地界定它，具有相当的难度。目前，国内外学者给予新闻采访的众多定义，虽然在内容范围上不存在本质性的差别，但侧重点却有所不同。

我国新闻学者定义新闻采访时，往往注意指出采访的终极目的和记者的主观能动作用。具有代表性的有：

“新闻采访是记者通过访问、观察等方式，采集新闻材料的活动。”①

“新闻采访是新闻工作者为搜集新闻素材所进行的调查研究活动。”②

“新闻采访是记者通过采集素材，对客观实际进行调查了解，以新闻的形式去反映有社会意义和新闻价值的新事物、新情况、新经验、新问题的活动。”③

“采访是记者、通讯员通过各种方式寻找和采集新闻素材的活动。”④

相形之下，西方新闻学者则更强调采访的过程和采访的双向交流功能。比如：

“采访是一种人际的交往，是被采访者与采访者之间面对面的一种思想和个性的交流。”⑤

“采访就是云游四方，会晤三教九流，满足人们的好奇心。采访就是面对一位高深莫测的名媛，她安然而坐，说，‘好，开始吧。请随便问。’采访就是碰上一位你从未听到过的人物(但你的编辑说‘找到他’)，通过秘书的一个冷冰冰的电话告诉你，‘某某先生今天太忙不能接见您，而且明天他就要去菲律宾。’总之，采访难以预料。”⑥这一段对采访的描述，虽然不是用严谨的理论术语表达，但却形象，趣味盎然。

归纳以上说法，考虑到我国国情和新闻工作的特点，我们将新闻采访定义为：新闻工作者为了报道新闻而进行的各种采集和分析新闻事实的活动的总称。它是全部新闻工作的基础和前提，是每个新闻工作者必须掌握的基本功。

二、新闻采访的特点

(一)新闻采访不同于一般意义的采访

“采访”一词出现较早，《晋书·干宝传》载：“宝撰搜神记，因作序曰：若使采访近世之事，苟有虚错，欲与先贤前儒分其讥谤。”⑦这里所说的“采访”即为探访、收集的意思，与我们今天所说的相差无几，说明“采访”一词在东晋就已出现。

但是，作为新闻采访的采访，和一般意义上的采访却在外延上有较大的出入。一般采访的对象可以是奇闻异事、民风民俗、鬼怪传奇等等，凡涉及到社会生活各个层面的东西都可以作为探访的对象。因此，像作家、画家民间采风行为都可看作广义上的采访。但是新闻采访的对象却被限定在一个较窄的空间内，其采访对象就是新闻事实，探访、采集新闻事实素材就构成了新闻采访。

(二)新闻采访不同于一般的调查研究

新闻采访是以调查研究为其基本工作手段的。但新闻采访所进行的调查研究与一般实际工作部门所进行的调查研究不同，它既有属于调查研究的一些普遍意义上的共同特点，又有着自身的特殊规律。

1. 目的不同

新闻采访进行调查研究的主要目的在于传播，即报道新闻。一般实际工作部门则是为了某项工作的具体问题而调查，目的在于解决问题。新闻采访，就是要挖掘有新闻价值的新人、新事、新经验、新趋势，公开传播，并确保新闻报道的思想性、真实性和针对性。这不仅要了解一个事物的过去、历史，而且更注重事物的现在；它不仅要了解事物的概貌，还要了解事物的个性、特点；它不仅要了解事物发展的一般过程，而且要了解和掌握大量细节、场景、气氛以及人的活动情况。

2. 内容不同

新闻采访的关键是要通过具体事物采访到人的思想，发掘出人的内心精神世界。它既要求全面掌握情况，更要求突出重点，以小见大，从一个具体的事物中发掘出具有普遍意义的东西来。

因此，其注意力应集中到那些最有新闻价值的某一点上，“沙里淘金”。同时新闻采访的内容是公开的，情节性较强。而一般的调查研究主要着眼于繁琐的具体业务技术，其内容一般要保密，不会公开。

3. 时效性不同

新闻采访的时效性要求相当高，绝不能像一般实际工作部门那样，调查时间可长达数月。进行新闻采访，决不能拖拖拉拉、慢慢腾腾。对同一事物的报道，谁快，谁迅速及时，谁就能在时间性的竞争中取胜。这更强调了新闻采访必须重视速度。

4. 方式方法不同

新闻采访主要是通过访问、观察等方式进行，它不像一般的调查研究是靠行政命令、派工作组，由上而下地实施，而是记者个人进行大量深入细致的艰苦调查，以社会活动的形式，人与人之间平等交往的形式进行。它非常重视采访者对现场的直接观感。同时，这种调查活动是连续不断的，记者既需要突发性的临时调查，也要有长期性的经常调查。从某种意义上讲，记者就是一位调查研究的专业工作者。

第二节　新闻事业

现代报刊特别是大众化报纸产生以后的时期，我们称之为新闻事业阶段，它标志着新闻传播的新时代到来。新闻事业以自己独特的面貌，给古老而又广泛的新闻传播活动增添了全新的色彩。

一、新闻事业的定义

何谓新闻事业?广义上讲，它是一种以新闻为中心的、大规模的社会文化活动，包括新闻业务、新闻经营管理和新闻教育、研究事业；狭义的讲，它是各种新闻媒介的总称，包括报社、广播电台、电视台、通讯社、杂志社、新闻纪录电影厂、新闻图片社及其出版物。

之所以在大众化报纸产生以后才进入真正意义上的新闻事业阶段，这是因为社会的进步与发展，需要越来越多的新闻；反过来，新闻需要量的成倍增加又驱使社会为新闻传播提供更为先进的传播技术和设备。新闻事业中的三大部类——印刷新闻、广播新闻、电视新闻的相继问世，都与物质技术密切相关。新闻事业这种大规模的社会文化活动也只有依赖物质技术作为基础才能生存发展。

二、新闻事业的特性

(一)在阶级社会里，新闻事业具有阶级性

物质技术是新闻事业的基础，在不同的生产力条件下存在的新闻事业自然具有不同的倾向性和政治性。社会的生产劳动，人类的联系合作这一基本要求及对新闻信息的需求，极大地推动了新闻事业的发展。同时，这一社会的基本要求在不同的社会历史时期有不同的侧重反映。在阶级社会里，新闻事业不可避免地打上阶级性的烙印。

(二)新闻事业具有时效性

新闻事业的现实竞争迫使它要尽最大的努力，紧跟社会的步伐，捕捉最新的信息。生活处于不断的变动中，时时更新，新闻事业伴随现实社会的发展进程，必须时时刷新，及时地给人们带来新的内容、活的事实。这就要求新闻从业者必须争分夺秒，“抢”新闻，这样才能具备竞争力。

(三)新闻事业具有综合性

新闻事业对社会是综合性的反映，全貌式的报道。无论何时

何地，大至世界风云、国家兴衰，小到琐碎家事、花鸟虫鱼，只要有新的变化，具有一定的新闻价值，都有可能进入其视野。它所传播的内容范围，比任何一种其他社会传播活动都要广。马克思在谈到自由出版物时，曾称之为“无所不及、无所不在、无所不知”[8]，因此，它赢得了“社会的消息总汇”、“人类的百科全书”、“世界的窗口”等美称。

(四)新闻事业具有纪实性

事实是新闻报道得以传播的素材和原料。真实是新闻的生命，歪曲报道无异于扼杀了新闻的生命。因此，纪实性对于新闻事业至关重要。社会对新闻事业的信任程度，新闻事业在社会中的地位稳固程度，归根到底都取决于新闻事业传播的新闻的真实性。真实性于新闻事业犹如“牵一发，动全身”。尽可能反映事实原貌，是新闻事业的义务和职责。

(五)新闻事业具有群众性

新闻事业的活动是广大民众共同参与的活动，它面向社会，是为广大人民群众服务的。新闻事业不但影响着广大人民群众，同时，它也受到广大群众的影响。广大群众直接监督和参与新闻事业的活动，其参与的形式和程度都是其他社会传播事业无法比拟的。因此，在群众的参与性上，新闻事业具有得天独厚的优势；同时，它能否经得起人民的检验，也是其生死兴衰的重要条件。

第三节　新闻采访是新闻事业繁荣发展的动力

新闻采访是新闻事业的重要组成部分，是新闻工作中不可或缺的首要流程，前者对后者具有基石性的意义。新闻采访与新闻事业这种彼此相互作用，紧密相关的联系，同新闻的客观真实一样，是不以个人意志和倾向为转移的新闻基本规律。

一、任何一种新闻事业都离不开新闻采访

(一)新闻采访是新闻事业传播者和接受者的桥梁

“新闻事业是一种报道活动。”[⑨]这是前苏联新闻学者 E·普罗霍罗夫的观点。他指出新闻事业的根本职能是报道新闻。新闻是新闻事业的细胞和基本因素。

那么，作为新闻原始素材的事实要变成新闻，就需要一个媒介，一种导体，即英语所称的“media(媒介)”。报纸、广播、电视，甚至新闻记者都可以称为媒介，但真正的媒介，是新闻传媒组织进行的，由记者具体实施的新闻采访活动。

新闻采访既是传播者采集事实的起点，也是信息传到接受者手中所必经的途径，是联系两者的不可或缺的纽带。

(二)新闻采访使处于原始状态的信息得到了搜集、整理、分析、综合，并为整个新闻传播的流程奠定了基础

D·麦奎尔曾将传播过程的第一个阶段，即发布者的信息处理过程整理为一个“双重行动模式”图：[⑩]

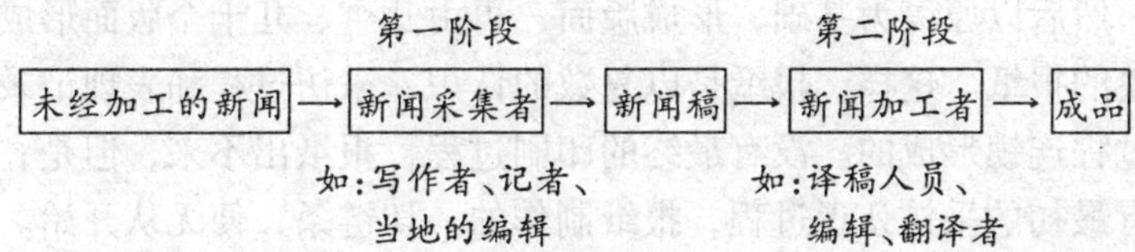

从图中，我们可以直观地看出：新闻采访处于接触信息的最前沿。未经加工的新闻只有在写作者、记者或编辑采集后才能形成新闻初稿，并由新闻加工者润色修改后成文。倘若没有采访，新闻稿的材料将无从觅得，信息传播的其他环节则更是无从谈起。

(三)新闻采访是新闻事业一切链条中的第一个环节

没有采访，就没有新闻报道，也就没有新闻事业。具体地

说，新闻传播媒介，包括报纸、广播、电视等每天提供给受众大批精神产品，离不开采访这项最基础的工作。在报刊领域，缺乏实际的、深入的调查研究，文笔再好、写作技巧再高的记者也只能是“巧妇难为无米之炊”；在广播电视领域，除了必要的新闻稿写作，广播还需要现场录音纪实，以保证节目声情并茂、富有感染力；电视则因其自身的即时形象传播特性，更需要进行实地摄像采访，以真实不能虚构的镜头语言，将新闻事件的来龙去脉揭示给观众，达到视听兼备、形象准确的效果。

实际上，关于新闻采访在新闻事业中的地位和作用，我国著名记者邵飘萍(1884—1926年)早在1923年他编著的《实际应用新闻学》里就已谈到。他说：报纸有三项业务，采访、编辑、经营。在这些业务中，“以采访为最重要”，因为构成一张报纸的最主要原料厥惟新闻，而新闻之取得乃在采访。”⑪

日本新闻学者，原东京大学新闻研究所所长稻叶三千男，对于采访的作用，也有过一段精辟的论述。他说：“所有的新闻报道工具，都是采访、认识过程与记录、表现过程的统一。以报纸而论，最初是第一线的认识、采访活动，以此为基础，形成原稿，然后以原稿为基础，形成版面，再由几个、几十个版面形成完整的报纸。这样，报纸是以复数的认识、采访过程和表现记录的过程连锁形成的。没有最终的印刷过程，报纸出不来，但是，没有最初的采访认识过程，报纸制作的一切链条，便无从开始。担任最初采访任务的第一线记者，其重要性就在于他们处在这个链条的第一个环节的位置上。”⑫

(四)新闻采访是确保新闻事业的生命——真实性的最重要的手段

新闻报道是对客观事实的反映，它必须把事实置于首位。真实性，不仅是新闻的生命，而且是新闻传播各个环节以至整座新闻大厦的支柱。理论虽如此，但实际上“讯息在传播过程中并非纯而又纯的，它总要受到噪音的影响”。[13]新闻报道中的“水分”和“污染”，就都属于“噪音”。“水分”是虚的、多余的东西，它的存在会冲淡信息，甚至湮灭信息，使信息起不到应有的作用；“污染”则是假的，无中生有的东西，它的存在会严重损害新闻的真实性，蒙蔽受众，使他们看不到事实的真相。

“噪音”的来源，存在于传播过程的各个环节，像记者采访的粗枝大叶和写作时主观意识的掺杂，编辑修改稿件时带倾向性的增删、选择，以及受众接受信息时先入为主的情感取舍(包括不同新闻和同一新闻中不同单元信息的取舍)等等。因其如此，完全消灭新闻传播中的“噪音”，几乎是不可能也是不现实的。正确的理智的态度是尽可能地减少它，以达到新闻真实。

如何才能最大程度地减少“噪音”，做到对事实的客观报道?应该说，新闻传播的所有环节都存在不断调整和约束自身的问题，但最首要的工作在于新闻采访。记者在采访时能否全面、准确、深入地掌握事实材料并透视出其本质，决定了新闻的基本面貌，对接踵而来的传播流程其他环节有着决定性的影响。因此，为切实发挥采访的作用，采访就需要“在初步的感觉和印象之后，沿着这个线索继续深入下去，收集更为丰富的材料，还须把这些感觉、印象和材料集中起来，进行分析，去粗取精、去伪存真、由此及彼、由表及里地经过一番思索，才能对事情的全体有一个比较透彻的了解。”[14]

二、新闻采访工作造就了一大批记者、人才，为新闻事业注入活力，推动了新闻事业的发展

新闻采访并不仅仅是被动进行的目的单纯的调查研究活动，它对记者有着积极主动的反作用和塑造力。作为客观事实通向新闻传媒的“入口”，采访使记者能够沉潜到广阔的社会生活中，经历各种事，见识各种人，将新闻基本理论同具体实践相结合，

从而充实头脑，培养能力，更好地发挥新闻事业中“人”的因素的作用。

(一)新闻采访是提高记者政治素质和业务素质的重要手段

首先，记者因为采访，要经常性地深入社会，对形形色色的新事物、新经验、新情况、新问题进行调查研究。采访因此成为记者学习和运用马克思主义，不断提高自身政治思想素质的过程。一方面，采访使记者能在实践中检验和理解自己学到的马克思主义理论以及党的路线、方针、政策；另一方面，对于在采访实践中遇到的问题，记者可以通过进一步学习马列主义来求得解决。经过这样反反复复的学习和实践，记者就能逐渐掌握马列主义的立场、观点和方法，从而成为一个政治上成熟的新闻工作者。

其次，通过采访，记者能逐步体验和把握新闻的基本规律和原则，同时训练自身的新闻敏感，炼就“新闻眼”和“新闻鼻”。斯大林在《论工人通讯员》一文中曾说：“主要的在于使工人通讯员和农村通讯员在自己的工作进程中学习，并锻炼出新闻记者——社会活动家的敏感。没有这种敏感，通讯员就不能完成自己的使命，而这种敏感是不可能用人工训练的技术方法培养出来的。”[15]

此外，采访还使记者有机会多方位、全面地发展自己的业务技能，熟练掌握运用多种新闻采访工具如照相机、录音机、摄像机等进行采访，并使自己能够驾驭消息、评论、通讯、报告文学等多种新闻体裁的写作，以学会多角度地看待问题。国学大师王国维认为著书立说有三层境界，先是“昨夜西风凋碧树，独上高楼，望尽天涯路”，然后“衣带渐宽终不悔，为伊消得人憔悴”，最后“众里寻她千百度，蓦然回首，那人却在灯火阑珊处”。新闻记者业务素质的提高，相信也要经历这样一个逐渐升华、渐入佳境的过程。

再者，采访亦能加强记者自身的科学文化知识修养。当今世界，正逐步进入信息时代，新科学、新技术日益迅速应用到国民经济、社会生活的各个方面，记者采访的范围和涉猎的领域也因此变得越来越广。基于采访的实际需要，记者将被迫不断丰富更新知识，努力开拓视野，尽可能地"博采众长"，而且最好也能对某些学科进行专门研究，做到"博而精"。

当代记者的特点之一，是研究型、学者型记者增多。记者各方面综合素质的提高，对于新闻事业来说，的确是"善莫大焉"。它使得新闻事业能够适应信息化社会的需求，从而保持与时代同步。在这方面，新闻采访所起的催化磨合作用功不可没。

(二)新闻采访是新闻事业的骨干和人才的培养母机

新闻采访是集"看、问、想、跑、听、闻、尝"于一身的工作。而记者"首先是采访者"。[16] 记者进行采访，一方面可以开扩眼界，增长见识，在领导和上级机关那里学政策、明方向，在群众和基层那里察民情、知甘苦、懂生活；另一方面，也可以磨练意志，培养吃苦耐劳的精神和作风。因此，记者要成才，要获得事业的成功，采访关是必须过的。郭超人说得好："调查研究不仅是记者搞好新闻写作的主要前提，也是记者成长、成熟和成功的重要途径。想当一个好记者，恐怕没有别的妙法，只有老老实实地多做深入细致的调查研究工作。通过调查研究，去正确地认识客观实际和反映客观实际，在不断认识和反映的过程中，充实提高自己。"[17]

意大利著名女记者奥琳埃娜·法拉奇，是长期纵横于世界政坛人中的风云人物。对于采访，她向来主动积极，肯跑、敢跑、放得开、撒得远。哪里是世人注目之处，她就出现在哪里。这使得她所写的人物专访独具风格，出语惊人，在国际上享有盛誉。

在我国，亦有许多因采访而蜚声海内外的名记者。范长江远涉青海、甘肃等地进行考察，写出的《中国的西北角》一时轰动全国，短时间内连出9版；军事记者阎吾深入弹火纷飞的战场采访，《战后谅山》等一批现场气氛浓郁的好特写得以问世；而今中国青年报的张建伟，中央电视台《焦点访谈》栏目主持人水均益等也都是善于捕捉新闻线索、采访能力过硬的优秀记者。

通过采访成长起来的新闻专业人才，他们对于新闻事业的作用，绝不仅仅只是丰富了某一时、某一地的新闻传播活动。事实上，优秀新闻工作者在实践中积累起来的采访技巧、经验和先进的新闻理念，对新闻事业的各个方面都有着重要的指导意义。

三、新闻采访补充并发展着新闻事业，促进着新闻事业的改革进程

(一)采访大军好比新闻事业伸向社会的触角

新闻采访是新闻事业与外界环境相联系的纽带和桥梁。从事采访的记者，也就好比新闻事业伸向社会生活的千万只触角，不仅从社会生活中采集信息，而且从客观世界了解受众对新闻事业的评价和需求。新闻采访由此可以做到内省外观，根据外界对新闻事业的反馈意见，去发现新闻事业自身存在的缺陷和不足，并将此类信息输送到新闻工作的各个环节，促使它们作出相应的调整和改进，从而发展新闻事业，使之再上台阶。

随着采访范围的拓展和社会不断增强的时效需求，新闻采访面临着新的机遇，使得记者能更好地发挥主观能动性，但也给采访带来巨大挑战。面对矛盾，新闻事业被迫制定相应对策，为采访提供适应新需求的物质技术设备，以保证各地的新闻报道能尽可能快地与受众见面。这样既满足了采访的实际需要，又加速了自身的现代化进程。

(二)新闻采访使记者从积累中获得宝贵的经验技巧，这些经验总结出来是对新闻学研究的重要贡献

唯物主义认识论指出，人对客观世界的认识要经历两次飞

跃，第一次飞跃是从感性认识到理性认识，第二次飞跃是从理性认识到实践。也就是说，感性认识必然要上升到理性的高度，而理性认识一旦形成，它又必须置于实践中去检验其正确性，并进而指导实践。

唯物主义认识论的两次飞跃理论，具体到新闻采访来说，就要求记者通过采访认知活动，积累采访经验和技巧，经总结整理，上升到理论的高度发表出来。好的、深层次的采访理论，既能够完善新闻事业的理论体系，又能够给新闻界的同仁以启迪，引导他们去学习、借鉴并将之用于实际工作，从而提高记者的整体素质，为新闻事业的进步发挥作用。

以邵飘萍为例，他既是一个杰出的编辑工作者，又是一个深谙采访之道的出色记者，写有《萍踪寄语》等采访文集，同时他还有成套的新闻理论总结。1923 年，他综合自己的采访经验，发表了我国历史上第一本采访学专著《实际应用新闻学》（又名《新闻材料采集法》）。此书问世后影响很大，多次再版，成为不少新闻工作者的必读工具书。

曾担任《经济日报》总编辑的艾丰同志，也是一位兼顾采访实践和理论的记者。他搞过广播，担任过《人民日报》记者，发表了大量的新闻报道。同时，他也注重采访理论的研究，著有《新闻采访方法论》等采访专著。其中，《新闻采访方法论》于 1987 年荣获首届“吴玉章奖金”优秀奖，对增强我国新闻记者的理论修养，培养新闻人才，起到了重要的作用。

(三)新闻采访是新闻事业与其他事业接触交流的润滑剂

新闻信息和采访活动都广泛涉猎到各领域、各学科的方方面面，这促使新闻事业与其他事业进行相互交流。通过交流，新闻事业得以学习并吸取其他领域、学科的知识，而且在此基础上，可以运用这些知识来研究新闻事业自身的发展规律和潜在问题。如用信息论、控制论、系统论来研究新闻活动中的信息传播过程。

现今，新闻事业与其他事业的交叉、渗透已产生了一系列的新闻“边缘学科”，像新闻心理学、新闻经济学、新闻统计学、新闻哲学、新闻伦理学、新闻文化学、新闻美学等等。新闻“边缘学科”的兴盛，使新闻事业可以以一种超脱的、更广阔的视野来考察自身，将新闻学上升到更高的理论层次，完善新闻事业的理论体系，加深和加厚新闻事业的内蕴，从而彻底解决新闻“有学还是无学”的无谓之争。

第四节　新闻事业是新闻采访的土壤和母亲

新闻事业是新闻信息从收集到发布、反馈的全过程以及全体传播媒介的总称，是“汇川成海的”庞大母系统。新闻采访，只是其中一个重要的子系统，它的形成、发展全依仗于新闻事业所提供的物质和精神条件，其必要性正如人之与空气，鱼之与水。因此，新闻事业，是新闻采访的土壤和母亲。

一、没有新闻事业就没有新闻采访

《左传》里有一句话：“皮之不存，毛将附焉?”[18] 用这句话来形容新闻事业之于新闻采访的重要性，是十分恰当的。新闻事业的这一基础，确立了新闻采访在新闻活动中的重要地位。

现代新闻学普遍认为，新闻事业的首要职能在于传递信息，新闻采访是新闻工作必不可少的先决条件。但是新闻采访在新闻传播活动中的这种显要性并非古已有之，相反却走过了长期本末倒置的弯路。这一切，都是由于不同时期、不同阶级性质的新闻活动，其主要职能变化所引起的。

在中国，比较正式的新闻传播活动早在唐代就已开始，当时的手写报“进奏院状”是世界上最早的成形报纸。此后，宋代出现了“进奏院状报”（南宋时称“朝报”）和邸报，明朝有“朝报”和“邸报”，清代的“邸报”因由内阁抄发，又称“邸抄”。所有这些古代报纸，都在中国古代史上为信息的交流传播和新闻活动的发展起到了不容忽视的奠基推动作用。但“中国古代的报纸，是封建地主阶级及其政治代表占统治地位的封建自然经济通过新闻手段的反映。在漫长的封建社会时期，中国古代的报纸，不论是官办的邸报，还是民办的小报和京报，都必然要和当时的封建统治者保持一定的联系，受他们的制约。”⑲ 因此，报纸的内容不可避免就要受到封建专制集团的管辖和限制。当时的报纸，其刊登的消息基本上都是皇帝的起居、言行，皇室动态，封建王朝的法令、公告，封建官吏的任免、赏罚，各级臣僚的奏章、疏表等。纵观我国古代新闻传播活动，所有的封建官报刊载的都是仅供各级官吏阅读的朝廷言论和动态，几乎没有派专人采集的新闻。自由的新闻采访在那时是被严格禁止的，因而它在古代新闻传播活动里也毫无地位可言。

到了近代，如日本学者新井直之所论：“近代的报纸是在封建社会崩溃、近代市民社会诞生的时候出现的。因此，在社会变革的动荡时期，报纸首先为封建统治阶级或新兴市民阶级承担了传播政治言论的任务。近代的报纸首先是作为‘政治报纸’产生的。”⑳

的确，在世界各国的报刊史上，基本上都存在一个政党报刊时期。此时期的报刊并不以刊登新闻为主，而是以刊登言论为主，报刊的目的就在于立言。无产阶级报刊初期的主要职能不是报道新闻而是进行论战。资产阶级报刊呢？“从十九世纪四十年代开始，……资产阶级报刊便进入了一个新的蓬勃发展时期，报刊的形态逐步稳定下来，发行量达到空前的水平，价格大幅度下降……报刊在这以前所关心的，比较多的是原则和论战，而不是新闻本身。”㉑

在我国，自王韬于19世纪70年代开创政论文体以来，报刊从戊戌变法后逐渐形成了以政论为主的传统。此时新旧思想冲突的日益激烈，各党派纷纷利用报纸作为论战的工具。因此，报纸都十分注重政治工作。一般报刊普遍设有社论、社说、时评、论说等栏目，有些日报几乎每版都有评论文章，甚至在一天之内连续发表多篇社论或论说。为搞好评论，不少报纸设有专司评论的主笔，著名的如邵力子、章士钊、谢无量等等。相形之下，采访则极不被重视，有的报馆甚至没有专职的访员。尽管此时也有一些报纸，如《湘报》特别强调新闻的及时采访和报道，声明“本报拟派各地访事，广采新闻”。[22]但总的来说，由于具体历史的环境所限，新闻采访在近代新闻传播活动中的地位是比较低的，不太被重视。

然而，由于新闻传播活动的本质规律及其不可阻挡的发展趋势，报纸终将“由传播政治言论的机关演变成以向群众广泛传达新闻为目的的‘报道报纸’”。[23]中国自1911年辛亥革命爆发后，新闻传播活动的总体趋势就开始由政治时代向新闻时代演变。大众化报纸的诞生标志着真正意义上的新闻事业阶级的到来。由于旧禁令的废除和新法律的保护，新闻事业获得一定的传播权力，再加上当时国内政局的动荡多变，国外爆发了世界大战，唤起了人们对时局的关注和对新闻报道的需求。政论于此时开始衰退，新闻报道取得了长足的进步和发展。新闻采访不再是无足轻重的活动，其在新闻事业中的显著地位日益受到重视和尊重。我国近现代新闻史上第一批著名新闻记者由此诞生，如黄远生、邵飘萍、林白水、徐凌霄、刘少少、胡政之、张季鸾等等。

不惟中国，其他国家新闻采访在新闻传播活动中地位的确立也都经历了这一过程。日本19世纪70年代至80年代是政论报纸、政党报纸等所谓大报和只刊登市内杂闻的所谓小报并存的时期。只是从19世纪80年代中期开始，大报和小报才转化为以传播新闻为首要任务的报道报纸。今天，“成为日本新闻报道宗旨的‘不偏不党’主义，‘公正中立’主义，都是在日本的报纸放弃 以言论为主，成为以报道为主的商业报纸时形成的。”[21]

由此可见，新闻采访现在能成为新闻事业的首要环节和第一推动力，其地位是在新闻传播活动不断探索寻找自身规律的过程中形成的。倘若新闻事业不以传播信息为第一职能，新闻采访的作用就无从体现。因此，新闻事业决定着新闻采访，没有前者，亦不会有后者。

二、新闻事业孕育、发展着新闻采访

同人类社会的进化历程一样，新闻传播活动也经历了一个从低级到高级，从简单到复杂的发展过程。开始是原始的口头新闻传播，到现在已演变成为卫星、电信、网络纵横交错的信息交流活动。新闻采访，因其处在新闻事业的最前沿，对新闻事业发展变化的感触也就最为快捷和真切。以采访的现代化进程为镜鉴，可清晰看出新闻事业的发展，为新闻采访获得越来越多的自由创造了条件。

俗话说：“三百六十行，行行出状元。”这表明任何一种职业，都有着自身的技巧，且能通过积累和摸索不断提高，新闻采访也不例外。新闻传播活动的演变，新闻事业的发展，新闻观念的进步，使新闻采访形成了一个由低到高、由浅至深不断深入的轨迹。

古代报纸，像中国的封建官报，传达的是统治者的上谕，不能自由地进行新闻采访。近代新闻报道虽已走上正常发展轨道，但由于当时占核心地位的是政论，新闻普遍处于言论服务的地位，因此记者在采访时，不可避免地要打上主观倾向的烙印。19世纪末，始于美国普利策《世界报》和赫斯特《晨报》的“黄色新闻”泛滥一时，报纸大量刊登色情、凶杀、灾祸、犯罪新闻。

为迎合这种潮流，记者们不将工作重心放在挖掘新闻事实上，而仅靠些“捕风捉影”式的题材进行文学想象，补充噱头后就仓促发表。采访因此走入误区，直至20世纪初客观报道取得稳固地位后，这一倾向才得以纠正。

客观报道，是“运用客观叙述方式表达意见的一种新闻写作方法”。[25]它要求记者在采访时尽量客观、公正、全面地掌握事实。这种提法符合当时受众的利益和需求，因此客观报道在出台后相当长一段时期内广受欢迎。像中国也在1947年由《晋绥日报》带头，发起了一场反对“客里空”、追求新闻客观真实的运动。

但是，尽管客观报道倡导真实，它却只限于报道基本事实，采访易浮于表面，这使得它愈来愈不能满足人们的深层次需要。对此，贝尔纳·瓦耶纳评价说：“大多数有资格的观察家都认为目前世界的新闻水平还很低……可供利用的新闻手段还没有被充分利用，尤其是新闻交流的作用没有充分发挥出来。大部分消息都只停留在事件的表面现象上，对于较为复杂的问题不能作出恰如其分的解释。”[26]

受众的反馈意见，促使新闻事业进行反思和变革。20世纪40年代和70年代先后出现的解释性报道和调查性报道，其共同特征在于能为受众提供详尽的背景材料，分析重要新闻事件产生的原因，揭示其社会影响，或预示其发展趋势。毫无疑问，这就为采访提出了更高要求和发展目标。采访已不能只限于掌握客观的表面事实，它必须多角度、多层次地挖掘材料，细致入微地进行调查研究。西方新闻界因记者在进行深度采访时，要寻找线索、跟踪追击、建立内线联系和资料档案，故有“新闻界的福尔摩斯”之称。由此可见，新闻事业的演变发展同样促进了新闻采访的发展变化，新闻采访之花只有在新闻事业这块土壤里才能生根、发芽。

三、新闻事业对新闻采访的作用

(一)新闻事业的性质和需要决定新闻采访的活动范围和内容

新闻事业的发展使新闻采访的地域和领域日益扩大。“过去用信鸽传递信息，最快的是每小时 60 公里，驿马的速度是每天 500 公里，电子媒介出现以后，消息传递不再依赖一般的交通工具，语言依靠电波每秒钟可绕地球七圈。”[27] 从朱增朴在《文化传播论》里描绘的这幅图景，我们可对比看出，随着电信、交通的日新月异，世界正向麦克卢汉所说的“地球村”发展。任何地方所发生的事情，瞬息就能传遍四面八方。新闻采访的覆盖面因此大大扩展，记者具备了充足的通讯设备和交通条件，能够对世界各地的人和事作出迅速反应和及时捕捉。“书生不出门，能知天下事”的时代早已过去，代之而起的是利用现代化媒介拓展视野的信息时代。

新闻事业的性质和需要，对新闻采访产生重要的决定性作用。比如，一个全国性质的新闻传播单位，它的采访领域和范围就一定更大、更宽；而一个地方性质或某部门、行业的新闻传播单位，它的采访范围和重点就应有所不同。

(二)新闻事业的先进程度、现代化程度决定着新闻采访的先进性和现代性

新闻传播活动的演进可分为四个时期：一是口述新闻时期，这是新闻传播的原始形式；二是手抄新闻时期，此时新闻传播已具备了持久性和广泛性，信息的记载也有了相当的存真性；三是印刷新闻时期，印刷术发明之后，新闻传播活动有了一个发展的基础，传播的时效和发行数量迅速提高，传播范围亦随之扩大；四是电讯新闻时期，无线电广播发明于 1906 年，电台正式播音始于 1920 年，电视发明于 1924 年，电视台正式播出始于 1936 年。广播电台和电视台将节目转换成电信号，利用无线电波或导

线传送出去，时效性更强，传播面更广。

新闻活动发展的四个时期，特别是新闻事业进步的阶段，实质上描绘了新闻采访手段的现代化进程。在广播电视出现以前，报社记者采访新闻一般是与被采访对象面对面的交谈，用纸笔作记录。广播电视出现后，以麦克风代替了记者的嘴，用摄像机镜头代替了传统的纸和笔，因而更具现场感、隐蔽性、形象性和时效性。另外，随着电脑、电话的日益普及，记者与被采访对象的距离被大大缩短。如今记者已可以不受地域的限制，对不同国家、不同地区的人和事进行调查。

谈话采访、录音采访、录像采访和电话采访这些采访方式，目前看来，都既有自身独特的优势，又有各自的缺陷和不足。但它们在新闻事业中相辅相成，互相取长补短，构建了一个紧密联系、立体交叉式的采访系统，因而能为记者主观能动性的发挥提供广阔的天地。这一切，都是由新闻事业的发展所带来的。

(三)新闻事业的运行机制和带头人的水平，直接关系到采访水平的发挥和技术的提高

一个新闻传媒单位，如果它的人事体制、经营管理、奖惩与分配制度都运用得比较好，它的负责人又很有新闻敏感、善于新闻策划，“点子”很多，那么它所管辖下的记者一定也更加得力、活跃，聪明才智也更能充分发挥出来，采访的效果也就会更好。

(四)新闻事业的发展和新闻界之间的竞争，成为采访不断发展的推动力

在商品经济社会中，传媒实际处于买方市场，社会公众有权利、有条件自由地选择传媒，媒体的生存、发展需要通过市场竞争来实现其价值才有保障。而市场竞争又促进新闻采访的不断发展，能否在当今新闻界获得主动权很大程度上都取决于新闻采访的快、准、新。新闻界的竞争实质上就是新闻采访的竞争。美国有一位创造思维领域的权威专家曾经发表这样的见解：“‘竞

争'一词来源于拉丁文，意思是'找别人争'，选择同别人一道赛跑，竞争是在同一赛场中。”在新闻界，这一赛场就是新闻采访的赛场。新闻采访犹如百米冲刺的起跑，其快慢是百米速度的基调，如果起跑没有跑得好，要想在百米赛中获胜是极其困难的。

从当前我国报业发展的实际情况来看，凡是时效性强的报纸都尝到了甜头。这些报纸不断强化新闻采访，不断形成新的读报热点，从而树立了良好的信誉，促进了报纸的发行，形成新的经济增长点。在竞争的压力下，各报纷纷开通了新闻热线电话，凡接到热线，记者即刻赶往采访，力求在第一时间“抢”得新闻。如有的报纸为保证新闻的时效性，报纸由信息中心、社会部、文化部、体育部各出一人，成立夜间记者站，哪里有新闻就到哪里去。有的报纸为了抓当日新闻，不仅专门成立了夜间记者站(也就是昼夜值班，收集信息)，还规定每天必须有 4 至 5 条当天新闻，并提出当日新闻应在 50% 以上。这些都大大保证了新闻的时效性，从技术支持和观念转变上大大促进了新闻采访的发展。

第五节 加强新闻采访研究，发展繁荣新闻事业

新闻采访学作为探讨新闻采访活动规律，研究新闻采访的方法、途径，以及记者活动方式的独立应用科学，是在 19 世纪末和 20 世纪初，随着人类新闻传播活动的成熟，新闻事业形成一定规模，新闻采访成为一种引人注目的社会职业后产生的。它是新闻学各分支中出现较早的一门学科。新闻采访学的存在和发展，对于指导具体新闻工作，活跃学术空气，培养锻炼记者队伍，造成学者型新闻人才，并进而推动新闻事业的进步，都有着重要意义。

一、新闻采访学研究的内容、范围

新闻采访学是新闻学体系中的一个重要组成部分。如果把新闻学分为理论新闻学、应用新闻学、历史新闻学、边缘新闻学四部分的话，新闻采访学就是其中应用新闻学的重要内容。新闻采访是理论性、实践性、政治性、社会性、综合性都很强的一门艺术，包含了十分丰富的内容。其研究范围，一般说来有以下四个方面：

(一)采访艺术总论

这是关于新闻采访理论、新闻采访原则、新闻采访规律和特点的研究，它是对采访艺术本身进行宏观指导的理论武器。

(二)采访方法

这是对从采访前的准备、寻找与接近采访对象、提问与观察、采访对象与记者心理及应变技巧，一直到完成采访任务的一整套具体方法的研究。它对于提高采访技巧，取得最佳采访效果有很大现实意义。

(三)采访各种不同类型、不同领域、不同体裁的新闻的技巧

新闻采访涉及的领域非常广，而且有不同类型和不同新闻体裁的采访，具体地一个一个地研究这些不同内容和形式的采访，可以使新闻采访更加详尽、深入，更具有指导性和实用性。

(四)新闻采访史和新闻采访人物的研究

包括许多记者的采访历程和经验，一些大型事件的采访史以及整个采访发展变化的历史。事实上，新闻采访活动是随着社会的发展而发展的。时代在前进，采访也在进步。研究这种发展变化的过程，对采访学内容的提高、丰富与升华十分必要。

二、当前新闻采访研究的概况

目前，研究新闻采访学的队伍主要由两部分人员构成。一是

直接从事采访的新闻记者，二是教授新闻学的教师。前者直接从第一线获得第一手资料，实践经验相当丰富。长期的锻炼使得他们培养了坚持原则而又不失灵活的采访技巧，了解了新闻采访的特点。因此，记者搞采访研究的最大优势在于实践出真知。而后者虽然在实战经验上不及记者，但长期从事新闻教学工作，使得他们积累了丰富的理论知识，能够站在一个较高的角度上，较全面地看问题、分析问题，对于探索新闻采访运作的本质具有较高的价值。

当前，应当提倡学者型记者的培养，鼓励实践经验丰富的记者多学一些理论知识，而长期在书斋中做学问的教师应把目光更多地投注到丰富多彩的社会和实际新闻运作之中。这样既可深化新闻采访研究的理论性，又可避免脱离实际的空洞理论说教。

三、当前新闻采访研究工作急需研究的几个问题

(一)采访思想的问题

记者在采访的思想认识上，必须牢固地树立起真实是新闻生命的观点，把维护新闻的真实性当作自己进行采访活动的第一准则。一些记者在实际工作中忽视确立实事求是的原则，以至在采访中“先入为主，形而上学”，有些甚至进行“个人宣泄”，造成新闻失实，给社会造成恶劣影响。

(二)采访作风的问题

一些记者在工作中采访作风不深入，粗枝大叶，浅尝辄止，人云亦云，偏听偏信，使新闻报道失实。同时，贪图安逸、追求享受，不愿花大力气采访，不深入到实际工作中去，都是比较普遍存在的现象，是新闻采访工作的大敌。

(三)采访方法的问题

要确保新闻的真实性，需要正确的采访方法。有的记者搞大兵团作战，在采访过程中，由各级领导层层陪同，忽略一些必要

的环节，往往造成"一叶障目"的错误，以至于不能把具体问题具体分析的方法贯彻到工作中去。

(四)采访体制的问题

要有效地根除采访中存在的问题，还得在体制上下功夫，建立有效的监督系统，正确处理好记者与编辑的关系。由于采访体制上的漏洞，现实工作中仍然存在着人情稿、关系稿等，有偿新闻的现象也是屡禁不止。

四、新闻采访研究对新闻事业的作用和影响

(一)直接指导新闻采访，推动新闻事业发展

新闻采访研究是新闻实践活动的理论结晶，然而理论研究的最终目的还是指导实践，使之应用、贯彻在实际生活中去。新闻采访研究是新闻采访活动的指挥棒，直接指导着采访活动的每一个环节。采访研究中的新闻真实性原则，是贯穿在采访中的一条红线，它确保了新闻事业生存、发展的现实意义，是坚决不能动摇的。

(二)活跃采访学学术风气，提高新闻理论的水平

新闻采访学既要研究新闻采访的方法、技巧，又要研究采访活动的规律。这些从生活的大海中拾出的理论的珍珠，是整个新闻理论研究中不可缺少的部分。它可以活跃学术风气，加强学术交流，促进各新闻实践机构与各新闻科研机构的学术渗透，报社、广播电台、电视台与学校、科研所的联系更为紧密，对于提高新闻理论水平有着良性的促进循环的作用。

(三)培养锻炼新闻队伍

将新闻采访研究的理论用于实际采访活动的指导中，对于大批优秀新闻工作者的成长极为有利。他们可以获得前人的知识、经验，并将之应用于实践，避免走弯路和个人摸索的无谓浪费，同时，也可以大量汲取新闻采访的理论精华，对于培养记者个人

素质，提高自身修养大有裨益。

五、怎样加强新闻采访研究

(一)促进采访理论与采访实践的结合

新闻采访学是一门实践性很强的学科，它要求我们在研究方法上要理论联系实际。新闻采访学理应既是记者采访活动规律和方法的总结与概括，又是指导记者更好地从事新闻采访实践的武器。

一位老新闻教育家说得好："训练记者的方法，多年来有过不少争鸣。一种是学徒训练，明显地是对技术经验和方法的注重；另一种是在大学里办新闻教育，注重培养有人文科学与社会科学基础而又会思想的人。我们近二十年来努力的道路，是让这两种方法在校园里的双轨上行走，让明天的记者可以同时得到两种方法的好处，将来进了报社会编会采，为报纸建立报道与评论的权威。今天的大学新闻教育，事实上已不再是办在象牙塔里。……现职的报人经常被邀给学生讲经验，让学生分享编采的苦与乐；而学生也经常到报馆，去体会油墨的芳香与夜间的红笔生涯。"[23]

(二)重视采访理论探讨

前面已经谈到，新闻采访研究对于新闻事业有推动性的作用和影响。它对于新闻采访实践有直接指导性，可以活跃采访学学术风气，提高新闻理论水平，培养锻炼新闻人才。采访理论是对新闻工作进行宏观指导的武器，采访理论好比一座大楼的根基，打好这个基础，才能在上面添砖加瓦，建立新闻采访研究的框架。

(三)树立、培养名记者，鼓励名记者研究采访学

新闻事业以新闻传播为其主要职能。新闻工作者直接参与传播过程，对于采访什么，以何种方式进行何种程度的采访等问题

是最权威的专家。努力培养名记者，形成名记者意识，有助于他们带动一批有能力、有魄力的记者的崛起。同时，鼓励名记者研究采访学，在新闻采访研究过程中，专家特别是那些置身于实践的名记者的参加是极其必要的。

注释：

①甘惜分：《新闻学大辞典》。

②刘海贵、尹德刚：《新闻采访写作新编》。

③安岗：《中国新闻实用大辞典》，冯健主编。

④刘建明：《宣传舆论学大辞典》。

⑤[美]沃伦·K·艾吉、菲利普·H·奥尔特、埃德温·埃默里：《实用新闻学基础》。

⑥约翰·布雷迪：《采访技巧》。

⑦黄智敏：《新闻采访艺术》。

⑧《马克思恩格斯全集》第一卷第75页。

⑨[苏]E·普罗霍罗夫等著：《新闻学概论》。

⑩沙莲香：《传播学》。

⑪邵飘萍：《实际应用新闻学》。

⑫[日]稻叶三千男、新井直之：《新闻学》。

⑬沙莲香：《传播学》。

⑭缪雨：《新闻学通论》。

⑮艾丰：《新闻采访方法论》。

⑯[美]约翰·布雷迪：《采访技巧》。

⑰《新闻论丛》第四集。

⑱《左传·僖公十四年》。

⑲方汉奇：《中国新闻事业通史》第一卷。

⑳[日]和田洋一：《新闻学概论》。

㉑《新闻基本知识讲座》上册。
㉒十四所高等院校合编：《中国新闻史》。
㉓[日]和田洋一：《新闻学概论》。
㉔[日]和田洋一：《新闻学概论》。
㉕甘惜分：《新闻学大辞典》。
㉖[法]贝尔纳·瓦耶纳：《当代新闻学》。
㉗朱增朴：《文化传播论》。
㉘香港《明报》，余也鲁文，1981年4月3日。

◀思考题▶

1. 为什么说新闻采访是新闻事业发展的动力?
2. 新闻事业对新闻采访有哪些影响和作用?
3. 加强新闻采访研究工作有什么重要意义?
4. 当前新闻采访工作存在哪些问题和不足?应当怎样改正?

第二章 新闻采访与新闻记者

第一节 新闻采访是新闻记者最重要的基本功

一、新闻采访是记者从事新闻职业必须首先掌握的基本功

新闻采访是新闻记者工作的第一步，是新闻报道工作中不可缺少的重要和关键的环节。每天，我们从各种新闻传播媒介(报纸、电视、广播、网络等)上所接触到的形形色色的新闻作品，诸如消息、通讯、评论或调查报告等，任何一篇的形成都离不开采访这项最基本的工作。因此，新闻采访在整个新闻事业中，占据着头等重要的地位。我国著名记者邵飘萍曾在他编著的《实用应用新闻学》一书中指出，报纸三项业务中以采访为重要，所以“培养记者乃是改良报纸之根本的根本”。这段话，精辟地指出了新闻采访的重要地位，记者要顺利圆满完成新闻报道工作，必须学会掌握这个基本功。

新闻记者的工作就是把具有新闻价值的新闻事实从大量普通事实中筛选出来，通过新闻创作形成受众喜闻乐见的新闻作品。在这个过程中，最根本、最重要的前提和基础就是新闻采访。只有通过采访，才能在最初的信息采集中把散落的珍珠重

新串通，使之成为有机的整体。

有些人对采访的重要性认识不足，认为只要写得好，采访进行得好不好无关紧要，这是一种非常错误的观念。美国记者鲍勃·福尔斯曼说：“笔下功夫差点劲，照样可以当个出色的记者；可是如果不会采访，那就休想当个好记者。”这句话形象地阐明了采访决定写作的辩证关系。只有采访充分、扎实，才能水到渠成写出好的新闻作品；采访不成功，再怎么能写，也只能是“巧妇难为无米之炊”。

大量新闻实践证明，只有记者善于采访到有重大新闻价值的新闻素材，才能在此基础上为好新闻的产生创造条件。如果记者不能运用各种采访艺术去发现和捕捉有价值的新闻材料，那当然写不出好新闻。由此可见，学会灵活运用采访艺术，是新闻记者从事新闻报道工作的基本条件。

二、新闻采访是衡量记者技巧高低的重要尺度，记者之间的竞争，说到底就是新闻采访的竞争

在现代社会，受众日益增长的信息需求，新闻媒体之间以及同类媒体内部日益激烈的新闻大战，都要求新闻记者在新闻工作的首要环节——新闻采访中，准确、迅速地发现、捕捉和挖掘具有新闻价值的新闻事实。这也就意味着，记者的采访技巧必须相当灵活娴熟，才能经常性地生产出合格的新闻产品，从而在激烈的竞争中站稳脚跟。因此，判断一个记者是否称职、优秀，主要是看他能否通过采访获得有价值的新闻素材，并将其转化为受众喜闻乐见的新闻作品的速度和效率。

媒体的竞争最终体现在人的竞争上。而记者之间的竞争，不论是在媒体内部，还是在媒体之间，日益集中地表现于记者采访能力、技巧的高低。能不能通过采访抓独家新闻，抓深度报道，已成为衡量记者业务能力优劣的主要标准之一。

(一)独家新闻的采访

在世界新闻史上，独家新闻产生于廉价报纸时代。廉价报(便士报)以普通市民为读者对象，以盈利为最终目的，且售价低廉。它抛弃了政党报纸以言论为主的做法，改为以彻底的新闻报道为中心的办报方针，提倡在报道内容上人无我有的独占性。正因为如此，采访和记者才受到重视。

独家新闻的应运而生使媒体和记者在竞争中占据有利地位，而新闻竞争本身也要求媒体记者不断地拿出有水平的独家新闻以领先于其竞争对手。独家新闻的竞争主要体现在新闻采访的领域。

独家新闻强调的是“独家性”，这就要求记者在采访中要付出艰苦努力，以求发现和挖掘出未被其他人注意的新闻由头。

西方新闻记者视独家新闻为生存的根本，为了跑在别人之前发独家新闻，他们使出了浑身解数，拼力竞争。美国纽约日报记者从 1971 年 6 月 13 日开始刊登的《关于越南战争的秘密报告》，被视为经典的独家新闻，就是记者费尽九牛二虎之力取得埃尔斯·伯格——这位当年参与起草秘密报告的高级研究人员的充分信任之后，才得到这个绝密档案的大部分内容。在战争刚结束不久以连载方式将其公之于众，首次向世人详细揭示了美国入侵越南的来龙去脉和整个过程。报道刊出后，犹如一石激起千层浪，全球舆论为之哗然。[①]

新民晚报女体育记者卢璐 1986 年在奥运会采访期间，通过闭路电视收看奥运会开幕式预演。当她看到中国台北队入场时，乐队演奏的也是中国队入场时的《三大纪律八项注意》乐曲，她几乎不相信自己的耳朵，立即赶到运动会新闻中心，去找新华社、中国国际广播电台及美国新闻界的同行朋友加以核实，结果证实了她的发现属实。卢璐争分夺秒，立即向报社报告。当天《新民晚报》头版刊登的《壮观、热烈、优美、有趣》通讯，最先把这一消息披露出来，成为全世界所有报纸、电台、通讯社中的独家新闻。后来洛杉矶的所有中英文报纸(用大字标题)和世界各大通讯社都发了这条消息。

(二)深度报道的采访

深度报道是通过使用大量背景材料揭示新闻事实所蕴含的深层意义，以内容的深度和广度取胜。它不仅是一种新型的报道文体，同时意味着一种全新的采访工作方法，即选取一个被受众广泛关注的主题，进行广泛、深入的采访，获取大量有效信息用以对主题进行横向、纵向、多层次、多角度、多方面的剖析和阐述。这就要求采访工作要完成大量深入细致的“基础作业”，通过大量片断、零散的材料的积累和分析，揭示新闻背后的新闻。

朝日新闻记者为调查里库路特案件真相搜集的资料包括：各种各样的文件副本，几年来的有价证券报告书，企业活动发展记录，股价行情推移情况，市政府对有关问题的决策过程，有关人物的个人资料等等。记者除了阅读这些浩繁的资料之外，还要对它们进行分类整理，如设置专门卷宗，绘制图表等。没有上述这些认真翔实的采访准备工作，是不会有后来里库路特案曝光的轰动效果的。②

华盛顿邮报的两位年轻记者伯恩斯坦和伍德沃德，在调查“水门事件”时，访问各类人物共计数百名。仅《总统手下人》一书中提到的，就有400人之多。③

日本一位记者曾就一条毫不起眼的“小消息”写出一篇很有说服力的深度报道：大阪市一位老妇人在过街天桥附近遭遇车祸身亡。其他报社的记者从电话里了解到这一情况后，便写了几十字的小消息完事，而每日新闻这位记者则不然。他来到出事地点仔细观察，又到附近警局查阅该地段的交通事件记录，结果惊奇地发现这里是一个事故多发地段，而且出事者多为老弱病残。记者感到蹊跷，便去走访附近居民，得知主要是由于天桥起伏大、太陡、行人使用不便，这使天桥在设计上存在的问题渐渐浮出了水面。记者根据采访写出了一篇很有见地的分析报道，直接促使市政府部门尽快改建了天桥，同时扩大了报社的社会影响，在报业竞争中为本报和记者本人赢得了信誉和称赞。④

(三)谈话采访

记者在与采访对象接触时能否迅速通过谈话获得所需要的材料，这也是衡量记者素质高低的一个重要尺子。

记者是通过谈话与采访对象接近并逐渐熟悉起来，谈话进行得顺利、成功，能打开采访对象的心灵闸门，使记者取得采访主动权，深挖并获取预期或始料不及的新闻素材。

意大利女记者法拉奇成功采访了许多风云人物，她有一条很重要的经验就是善于运用谈话采访艺术，提问尖锐深刻、与众不同，无论什么人都能与她很快交谈起来，从而获得珍贵的第一手资料。

1972 年法拉奇在采访阿拉法特时，正如她自己所说：“我的话击中了要害，整个采访过程的气氛是轻松的、亲切的。”在阿拉法特再三强调不要提任何个人问题时，法拉奇问：“阿布·阿玛尔，我只提一个问题，您还没有结婚，在您的生活中没有女人，是因为您愿意像胡志明那样生活，还是因为您对同女人一起生活感到厌倦?”阿拉法特回答：“胡志明……不，可以这么说，我还没有找到一个合适的女人。我已经同一个女人结了婚，她的名字叫巴勒斯坦。”这里可以看出，法拉奇多么巧妙地提出一些个人问题，并得到了独特的回答。这正是谈话采访技巧灵活运用所取得的成果。

综上所述，新闻采访作为记者必须掌握的基本功，是记者综合素质、业务能力在实践中的综合检验。记者只有在采访中磨炼和提高自己，培养出敏锐的新闻洞察力，才能抓得住活鱼，才会有独家新闻、深度报道的成功。正如张静庐在《中国的新闻记者》一书中所说“一般常人所讲的好新闻，从新闻眼光来看，并不见得有新闻价值。而在一般常人不注意之中，往往还能报道出极好的新闻来。”这种新闻敏感，只有通过不断的采访实践日积月累才能逐渐形成，而优秀的新闻记者正是在丰富的采访工作中凭借点滴积累形成的灵活的采访技巧、敏锐的新闻嗅觉和深入细致的工作作风而在激烈的新闻竞争中脱颖而出的。

三、新闻采访是记者通向成功的桥梁

新闻采访不仅仅是记者从事新闻事业所必须掌握的基本技能和竞争的主要渠道，还能锻炼记者与众不同的素质，这些素质得到升华，上升为采访艺术，有助于记者的成功和自我价值的实现。

(一)新闻采访使记者成为出色的观察家

普利策曾将记者比作“瞭望者”，要“预测风云变幻、暗礁险滩”，即是讲记者是具备远见卓识，能言人之所未言的观察家。

各行各业都需要观察。科学家观察事物，是为了从大量平凡的现象中探索出具有科学价值的规律；艺术家观察生活，是为了发现并抓住一瞬间的事物特征，构思并创作出美好的艺术形象；新闻采访中记者的观察，是为了发掘有价值的新闻材料，向人们报告新闻。如果没有对现实生活的认真观察，就很难在新闻报道中生动形象地反映和再现新闻现象、新闻事实。正如穆青所说：“人身上最灵敏的器官是眼睛，十八般武器，眼睛是最锐利的武器。”一个称职的记者，必须善于运用自己的眼睛，掌握好观察采访基本功。

新闻记者如果不经过大量的采访锻炼，是不可能走向成功，进入观察家行列的。一般的记者满足于“发布新闻”、“抢新闻”，只是扮演着一个记录员的角色；优秀的新闻记者则善于通

过仔细的观察，发现生活中富有新闻价值的，但尚不为多数人所察觉甚至被忽略不计的事实，根据新闻报道规律将其转化为新闻作品。所以说，成功的记者都是富有敏锐观察力的观察家。但这种敏锐的观察力不是与生俱来，也不是一朝一夕就能培养或一蹴而就的，而是通过大量的采访实战逐步培养起来的。

我国著名老报人徐铸成，平生最得意的一次采访就是通过洞察入微的观察得到的。[⑤] 1929 年，蒋介石与冯玉祥第一次交战，阎锡山与冯玉祥联合反蒋，冯玉祥被阎锡山骗至太原。当时大公报记者徐铸成奉主编之命前往采访。一天早晨，他来到山西大饭店冯玉祥的秘书们住的房间串门，看见冯的秘书雷嗣尚等正在打牌。联系到冯玉祥平时治军甚严，部下都不敢如此悠闲，心想，冯玉祥是否已离开太原？他立即驱车去访冯的总参谋刘治洲，以探听个中隐秘。见面后，徐铸成漫不经心地问："冯先生已经离开太原了吧？"刘听后大吃一惊，再三否认并叮嘱不要随便发表。徐铸成又直奔当时策划冯阎联合的李书城处，全面摸清了冯玉祥离晋赴陕的全部背景和动向。虽然这是有关当局的机密消息，不能轻易发表，徐铸城却认为必须让报社总编知道以便处理新闻时心中有数，他便通过邮局及时给报社发了秘电通报这个最新情况。这条依靠观察得来的独家新闻，使《大公报》在此问题的报道上与其他报纸相比明显占了上风。

1981 年，山西日报两位记者听到许多读者反映：每逢山西省党校开学、结业，或是平常的星期六和星期天下午，那里的小汽车像流水一辆接一辆。这个传闻是否属实？小汽车究竟多到什么程度？记者决定前往现场调查。调查的基本方法，就是靠眼睛观察。1981 年 9 月 5 日，是省委党校第二期轮训班开学的日子，这一天，记者是早晨 8 点来到党校门前，一直守候到晚上 8 点。在这 12 小时内，发现有各种小车 137 辆进入党校大院，其中太原市和省直属机关各单位的小汽车 100 辆，而这些单位报到的学员正好是100名，其余的车来自各地市。这一次观察证实，读者的反映确有其事。然而记者没有满足，又在第二天早晨和一个星期六、一个星期日的下午三次来到党校门前观察，发现接送学员的小汽车仍然不少。这就肯定了问题的严重性。记者用他掌握的确凿数字作依据，并对这些数字作出恰如其分的分析，写了《12小时与137辆小车》这篇批评性报道。1981年9月30日《人民日报》发表这篇报道时，还配发了编者按《要发扬艰苦奋斗的光荣传统》，增加了这篇报道的分量，在端正党风工作中给一些同志敲起了警钟，这篇报道后来被评为1982年全国好新闻获奖作品。⑥

记者在采访中要观察得敏锐、迅速、准确，通过观察获得真实可靠的材料，捕捉丰富生动的细节，加深对被采访人物和事物的理解，使新闻报道更实在，有现场感，并富有激情，只有这样才能成为名符其实的观察家。

(二)新闻采访使记者成为社会活动家

记者在采访活动中要与各种各样、形形色色的采访对象打交道，要想在采访中不空手而返，就要与采访对象建立良好的、经常的联系。广交朋友才能消息灵通，及时发现和报道重大的独家新闻。从这一意义上说，记者不能只满足于走马观花的流水式采访，而要成为社会活动家才能完全胜任采访工作。

有的记者在与采访对象打交道的社会活动中，往往只是借助“新闻工作者”这个招牌来获取信息，而不是进一步通过个人的采访技巧及个性特征与采访对象作深入的交流。与采访对象的接触只停留在工作阶段上，自然很难获得一些独具个性色彩、丰富生动而又最能打动人的新闻素材。这样的记者由于没有领悟到记者作为社会活动家的特殊身份，而只能完成“一事一报”的简单采访，要他去写有点分量的人物专访就立刻会捉襟见肘，难以胜任。因此，记者在采访中，要时时磨炼自己的社会活动能力，用自己的人格魅力和通过大量采访实践锻炼出来的交际技巧与被采访者作心灵之间的沟通，在社会中建立良好的个人关系，才能一有"风吹草动"就能迅速获得所需信息。

邵飘萍平时交游广泛，经常在上层社会的各种活动场合出入，是一位知名的社会活动家。他结交了不少社会名流，常常在饭店和家里宴请这些政府官员和上层人士，在觥筹交错中获得了许多重大新闻线索。

因此，要当记者就必须多交朋友。记者注意在采访中交朋友，不仅有助于在这一次采访中顺利地采集到新闻事实，完成报道任务，还能为以后的采访工作作好铺垫。记者多一个朋友就如多了一双手，多了一个帮手。范长江曾说过："一个记者应该在群众中生根，应该到处都有朋友。"

记者要成为社会活动家，必须广交朋友，尤其要有意识地多交三类朋友：一是在基层工作的干部和群众，二是主管部门的领导，三是具有专门知识的智囊人物。有了这三类朋友，记者就有了一个灵通的信息网，一个咨询团，他们能为记者发现新闻、完成报道提供极大的帮助。

记者在各种社会活动中交友，要讲究以下方式方法：

1. 真心诚意、平等待人。这是记者社会交往中的根本态度。"精诚所至，金石为开"，诚，是打开人们心灵大门的钥匙。作为记者，无权无势，两袖清风，要获得对方的信任，靠的就是"真诚"。记者不能以无冕之王自居，要善于处理好与采访对象的关系。

2. 要善于寻找感情桥梁，缩短彼此的距离。共同的思想，共同的兴趣、爱好，彼此投机，能在感情上形成交流，这是建立友谊的基础。

3. 要注意互相帮助、互相服务，记者不能只索取、不回报，要给予对方力所能及的支持。

4. 要善于维系友谊。记者在采访后要注意经常与被采访对象保持联系，经常造访，才能使双方的关系上升为友谊，使彼此更加亲密。同时经常保持联系，也便于记者及时了解情况、发现新闻线索，更好地从事报道工作。

(三)新闻采访使记者为自己的写作、编辑、评论奠定扎实的基础

记者的工作是向受众及时报道新闻事实。在报道过程中，采访是获得原材料的首要环节，随后进行的新闻写作、编辑、评论则是在这个基础和前提下进行的“来料加工”，也就是根据新闻报道的基本规律，对新闻素材进行提炼、归纳和概括，用流畅生动的文字加以描述和分析，使之形成为受众喜闻乐见的新闻作品。在这个环形链条中，采访是首要的、关键的，可以说，没有扎实、深入、细致的采访所积累的大量新闻素材，写作、编辑、评论就成了无源之水、无本之木，根本无法进行下去。

(四)新闻采访可以锻炼记者吃苦耐劳的品质，提高记者分析和判断事物的能力

采访工作的艰辛要求记者付出大量的体力和脑力消耗，有人说：“记者工作是世界上最艰苦的劳动之一。”在采访中，记者随时会遇到各式各样的困难甚至危险，没有吃苦耐劳的品质是无法胜任这项工作的。也正是在这个过程中，记者的逻辑思维和辩证思维能力逐步得到提高。

1936 年范长江赴中国西北角采访，一路上风餐露宿，条件极为艰苦。其中从银川返回包头过程中，他骑着骆驼，横穿荒无人烟、飞鸟绝迹的大沙漠。途中很少水草，又常遇大风沙，一路常常遇到成堆的尸骨。有一次他骑的骆驼受惊猛跳，他从驼背上摔了下来，立刻失去知觉。醒来后，头昏目眩，腰部重伤。由于报道任务急迫，仍然坚持前进。由于沙漠昼夜温差悬殊，又加上大风沙袭击，他脸上的皮肤，先结成硬壳，后再龟裂，疼痛使他

夜不能寐，到达目的地时，他脸上的皮肤已经溃烂，即使熟人相见也不相识了。⑦

(五)新闻采访使记者视野开阔、胸怀宽广，成为一位永葆青春活力的战士

新闻工作要求记者必须完全融入到火热的现实生活中去。记者在采访中与各种各样的人物、事件进行接触，无形之中使记者成为社会各行各业中最见多识广的职业角色。随时紧扣时代的脉搏，使记者更能通过采访切实体会到社会主流昂扬向上的精神感染，形成活泼开朗、乐观进取的性格，能够正确对待工作中的挫折，更好地完成报道任务，在采访实践中逐步成长为优秀的新闻工作者。

四、新闻采访可使记者自身形象得以集中展现，为记者提供了展示才华的天地

记者的形象除了外在的音容笑貌、谈吐举止、穿着打扮之外，还在于记者本身的思想、才华、胸襟、情操等内涵，而这些素质都能通过记者的采访活动逐一表现出来。

记者形象是记者的人格与社会实践融会贯通的产物，是记者的个性风采。要树立良好的记者形象，就要在采访中不断揣摩，反复总结经验，养成正直、坦诚，是非鲜明的处世态度，雷厉风行地了解社会事件，入木三分地透过现象看到本质，以观察家的独特眼光和思维，向受众传递这大千世界的每一个有价值的变化；同时以整洁大方的外表、谦恭热情的态度，展示自己的良好修养。惟有如此，才是记者走向成功的正确途径。

第二节 新闻记者是创造新闻采访艺术的主人

新闻记者作为新闻活动的主体，通过各种新闻采访实践，创造出丰富多彩的新闻采访艺术。

一、许多著名中外记者，都对新闻采访技巧和方法作过十分精辟的论述，这是新闻学中的宝贵财富

名记者黄远生强调记者必须有“四能”：“1. 脑筋能想，2. 腿脚能奔走，3. 耳能听，4. 手能写。调查研究有种种素养，是谓能想。交游肆应，能深知多方面势力之所存，以时访接，是谓能奔走。闻一知十，闻此知彼；由显达隐，由旁得通，是谓能听。刻画叙述，不溢不漏，尊重彼此之人格，力守绅士之态度，是谓能写。”[⑧]从脑力、体力、听力、笔力四个重要方面对记者采访素质提出了专业要求。

邵飘萍在其专著《实际应用新闻学》中，对采访方法作了具体剖析，指出记者在采访中要“机警敏捷”，“知新闻之价值”，且须具有“观察力、推理力、联想力”。

交谈是记者采访的一个重要手段，而善于交友更是记者重要的交际本领。范长江认为：“记者一定要善于交朋友。交朋友要讲求方式方法，要做大量的工作，要生活在他们中间，很熟、有感情，彼此有交流，互相给予方便，互相服务。不单是要朋友帮你的忙，你也可以给对方提供消息、情况，互通有无。做到这一步，你随时都可以找人交谈，人家非但不觉得麻烦，日久不见，他还想你哩！”[⑨]

著名新闻教育家王中将训练采访技巧比喻为“训练侦察兵技术”。他说：“采访就是获得材料，这十分重要，好比打仗，一

个侦察兵漏掉了材料，战士冲锋时就会战死上十、上百人。所以采访事关重大，一定要准确，详细。”⑩

穆青作为著名的激情记者，他与人合作采写的《县委书记的榜样——焦裕禄》，曾使千千万万的读者、听众为之动情、落泪。他认为，记者的采访就是要深入群众进行调查研究，记者的一生就是调查者的一生。

法拉奇以善于采访大人物著称。她的一项重要采访技巧就是作大量的准备工作。她说：“我的人物采访大多连续进行两次。第一次主要是互相熟悉，当然我事先做了大量准备工作，例如访问邓小平以前，我看了好几公斤的材料。不过是到见了面，才真正熟悉对方的性格，掌握对方的特点。第一次采访以后，我不是去游山玩水，而是关在小屋里，把录音记录下来，加以整理，看看哪些问题没有弄清楚，或谈漏了，没有问。第二次访问效果便好得多，因我跟采访对象互相熟悉了，精神上放松得多，问答也更得要领。”⑪

二、新闻记者的实践构成了新闻采访的多种样式

(一)按新闻采访的形式分

1. 个别访问。即记者代表媒体与采访对象交谈从而获得新闻，这是最常见的采访形式。

当代新闻工作者一般按访问的准备程序将其分为两类：一类是事前有明确方向或主题的专题访问；一类是只有报道思想，而无确定主题的非专题性访问。前者的采访对象一般事先确定，后者一般不确定。

个别访问应注意选择地点和时机，同时要注意遵守时间，按时赴约，衣饰整洁，态度诚恳，言谈礼貌，举止落落大方。

2. 开调查会采访。这是采访先进人物，了解某种经验或收集意见进行批评报道常使用的一种方式。它可以在较短时间内搜

集到大量的情况，工作效率较高，同时易于集中听到各方面的意见和看法，有助于记者分清是非，进行判断。

开调查会应注意选择与主题直接有关并有代表性的对象，最好采用聊天方式，使其畅所欲言。要善于启发引导，把调查引向深入。

3. 现场观察采访。主要适用于突发性的自然现象、新闻事件以及不适合用言语进行采访的采访对象。柏生在采访因病不能说话的高士其时，就是一看高士其的眼神，二看他的活动，三看他家里有特点的物品，写成了专访《韧性的战斗》。

4. 参加会议采访。会议虽然比较程式化和枯燥，但由于参加人数较多、范围较广，既有领导又有群众，有不少人来自生产第一线，会议往往是新情况、新经验、新问题和一些重要决策集中的地方。记者要善于从众多的会议材料中选取和发现有价值的新闻线索，就某一问题深入报道。

记者招待会，新闻发布会，这种专门为记者举行的会议，能更集中、更权威地提供新闻事实。这种会议的采访技巧鲜明地表现记者的提问水平如何。

5. 蹲点采访。即深入一个具体的单位，掌握大量的第一手资料，像解剖麻雀一样作扎实深入的采访，以总结典型经验，反映典型人物，探讨典型问题。这一般没有太强的时间性要求，适合于工作通讯、人物通讯、报告文学、调查报告的采访。

(二)按新闻采访的性质分

1. 常驻采访。包括中央或省级新闻机构派往下属地区或城市的常驻记者或各新闻单位派往外地的常驻记者的采访活动。这种采访要求记者对所负责地区各方面情况都要较为熟悉。

2. 突击采访。许多编辑部都有一定数量的机动记者，他们在一些突发事件或需要进行深度报道时，能够招之即来，来之能战，战之能胜。这要求记者有灵活机动的采访作风，头脑清楚，行动敏捷，不怕吃苦，忙而不乱，冷静沉着。

3. 交叉采访。主要是指在同一时间采访两条或两条以上的新闻。这要求记者要善于合理安排时间，最有效地利用各种采访条件，抓住机会，有条不紊地完成采访任务。

4. 巡回采访，又叫旅行采访。指记者沿着某一预定路线，对某个特定主题进行采访。如为纪念长征胜利，各地纷纷组织“重走长征路”的专题采访，就是沿着当年红军的行军路线走访当地风俗民情，揭示今昔巨变。

5. 隐性采访。即记者在采访中，不向采访目标公开自己的身份，也不公开表明采访的目的。比如张学良在台湾被软禁期间，从不接受任何采访。一次他因重感冒住院，联合报一位记者得知后伪装成病人住进他的隔壁病房，事后写成一篇“访问记”发表。这种采访现在愈来愈常见于批评报道中。

6. 易地采访。指甲地的记者到乙地进行采访。它与旅行采访有相同之处，区别在于易地采访主要针对到乙地一地的所见所闻进行采访，不需要沿途游历许多地区。近年来，不少地区之间或国家之间互派采访团组织异地采访，对促进交流，提高记者的采访水平起到了很好的作用。

(三)按新闻采访的方法分

1. 口头采访。即记者通过具体深入的口头交谈，从新闻人物或知情人那里得到新闻材料，这是记者最常用的采访方法。

2. 目击采访。指记者深入新闻事件发生现场，用眼睛去捕捉那些瞬息万变的具有典型性、新闻性，能使受众产生强烈共鸣的生动细节。

3. 电话采访。是记者通过电话与采访对象交谈，从而搜集新闻事实的方法。其最大特点是速度快，且简便易行，对保证新闻的时效性极有好处。随着电话的普及，这种采访方法也运用得日渐普遍。电话采访中要注意核实工作，讲求新闻来源的准确性。

4. 书信采访。是记者通过信函方式采集新闻素材的采访方法。它可弥补记者因为不能到现场采访造成的不足，是对不愿或无暇接受面谈的采访对象而进行采访的重要方法。书信采访时，提问要简洁明白，切中主题，并对获得的材料加以筛选和鉴别。

以上这些各种各样的采访样式，都是记者在实践中创造出来的。

三、新闻采访艺术是无数新闻记者从事新闻活动的实践经验的总结和概括

新闻记者在大量新闻采访活动中的得失成败、心得体会，逐渐积累汇聚形成的宝贵经验和教训，是新闻采访艺术得以形成的源泉。理论色彩浓厚的新闻采访艺术直接来自于新闻记者丰富多彩的新闻实践，新闻记者对实践经验的提炼和归纳就形成了新闻采访艺术。这实质上是一个实践、认识、再实践、再认识循环往复的运动过程。

对无数新闻记者所积累的丰富实践经验的总结和研究，能使后来者从中探索到进行新闻采访所应遵循的基本规律，对采访艺术有感性认识。

学习和研究著名记者黄远生的采访经验，就可以从他获得成功的采访经历中总结出：记者在采访中切忌信口开河，要力求真实准确；切勿采访时走马观花，浮光掠影，要坚持脚踏实地的采访作风；记者在采访中要树立读者观点，努力提供读者需要的报道。这是黄远生多年采访经验的结晶，也是新闻采访艺术的要旨所在。

从另一方面说，对记者采访经验的总结使之形成高于实践的采访艺术，这反过来又对记者的采访实际提供了可供参照的标准，具有较强的现实指导意义。不仅能突破记者个人经验的局限，还能具体指导新闻记者在新闻采访中不断获得成功。

第三节 重视和加强新闻采访，造就大批新时期的优秀记者

一、只有重视新闻采访，才能培养出真正合格的新闻人才

21 世纪，是社会主义市场经济体制进一步深化发展繁荣的新世纪，是竞争更加激烈，对新闻人材提出更高要求的新世纪。重视新闻采访，这是时代发展、新闻竞争的必然要求，是培养新闻人材的必由之路。

当前，一部分新闻记者的头脑中还有“重写作，轻采访；重后果，轻过程；重作品，轻功夫”的不良倾向。这是对采访工作重要性认识不充分，不重视采访工作导致的后果。要造就高素质的新时期的新闻记者，必须克服这种不良倾向。

要想成为 21 世纪的优秀记者，必须时刻意识到：采访是新闻活动的首要环节，没有扎实深入、认真细致的采访，写作就无从谈起；要通过采访了解新闻发生、发展的整个过程，在采访中发现和捕捉活鱼，最大程度地再现和还原新闻的原貌，而不应仅仅满足于成为只把新闻事件的结果通报给受众的传声筒；要通过各种采访来说话，而不应一味沉溺于字斟句酌的文字游戏当中，本末倒置。

新闻采访在记者的社会活动中所起的作用，如同行进中必须倚靠的手杖，记者不重视采访就等于自己主动放弃了获得成功的工具和武器，只会是有百害而无一利。

那么，怎样重视和加强新闻采访呢?

加强新闻采访是一项社会各方面人士齐心协力，从各方面全方位都必须下功夫进行的综合工程。

从新闻界的角度讲，媒介要大力鼓励和提倡记者在采访中磨炼和提高自己，并且建立有效合理科学的激励机制，奖勤罚懒；记者要主动、积极地深入生活实际进行采访，为完成报道任务创造条件，并在采访中积累经验，努力成为合格，并且优秀的新闻工作者。

从社会角度讲，要形成尊重、支持、协助、监督记者的良好机制，引导和督促记者重视采访，为记者顺利进行各项新闻采访工作创造良好的社会氛围。

二、21 世纪对新闻记者的基本要求

江泽民同志 1996 年 9 月 26 日视察人民日报社时指出："新闻事业能不能办好，关键在有没有一支高素质的新闻队伍。"他提出，"新闻工作者在以正确的舆论引导人、以高尚的精神塑造人、以优秀的作品鼓舞人的过程中，要打好理论路线根底，政策法律根底、群众观点根底、知识根底及新闻业务根底，坚持发扬党的新闻工作的优良作风，包括敬业的作风、实事求是的作风、艰苦奋斗的作风、清明廉洁的作风、严谨细致的作风和勇于创新的作风。"这"五根底"、"六作风"既是新闻记者严于律己的基本要求，也是新世纪对记者要求的高度浓缩和概括。

21 世纪的新闻人才应该是德、智、体全面发展的具有更高的全面素质的人才。具体地讲，在政治上，他们应当有坚定正确的政治方向，忠于党的新闻事业，坚持马克思列宁主义、毛泽东思想和邓小平理论，全心全意为人民服务，具有高尚的职业道德和全面的素质修养。在业务上，他们应当知识面广泛，既懂新闻学专业，又比较熟悉文、史、哲、经、法乃至自然科学知识，有现代新闻意识和较强的业务工作能力，包括社会活动能力、观察与分析能力，调查研究能力以及用现代化手段从事这些工作的实际动手能力。有人形象地比喻说，记者三件宝：汽车、外语和电

脑，这恐怕是21世纪新闻记者必须具有的工作能力和手段。当然，从体质上说，他们必须有健康的体魄，以适应日益繁重的新闻工作的需要。

下面具体阐述新世纪对记者提出的新要求。

(一)记者应提高政治素质修养

有人认为“新闻学”从某种意义上来说，是一门政治学。新闻事业从她诞生的那一天起，就深深地打上了政治的烙印，与政治结下了不解之缘。搞新闻工作，必须坚持“政治家办报”的思想，准确把握新闻宣传的政治导向。江泽民同志1991年视察新华社时，强调“新闻工作者要努力学习马列主义、毛泽东思想，学习邓小平倡导的建设有中国特色的社会主义理论，学习党的十一届三中全会以来的路线、方针、政策，用以指导我们的宣传报道，使我们的宣传工作出现一个新的面貌。”他在接见解放军报社师以上干部时对新闻工作者讲政治提出了明确的要求：“报社的同志必须讲政治，必须具有良好的政治素质，具有很强的政治鉴别力和政治敏锐性，必须树立高度的政治责任感，每个同志都要自觉地在思想上、政治上与党中央保持一致，在任何复杂多变的形势面前，都要保持清醒的头脑。”他在视察人民日报社时指出要首先打好理论根底，新闻工作者“要坚持马列主义、毛泽东思想和邓小平建设有中国特色的社会主义理论，坚持党的基本路线，用以指导自己的思想和工作。理论根底打好了，不管情况有多么复杂，形势怎样变化，都会保持坚定正确的政治立场和方向。”⑫

良好的政治修养是记者在新闻采访中的航向指示灯，使记者能明辨是非，不辜负党和人民群众的重托。

记者在采访中要遵守严格的组织纪律，培养良好的工作作风。

(二)记者应提高知识技能修养

新闻学是一门开放的学科，涉及到社会科学与自然科学的多个学科。江泽民在接见解放军报社师以上干部时说：“新闻工作有很深的学问，涉及方方面面的知识。一个称职的新闻工作者，必须始终保持坚定正确的政治方向，努力做到知识广博、视野开阔，才能在新闻领域里得心应手，纵横驰骋。”所以新闻记者要特别注重学习反映当代政治、经济、文化新发展的各种新知识，努力使自己的思想水平的知识水平适应时代前进的需要。

在提高知识修养的过程中，要既当“专家”又当“杂家”，掌握现代的科学技术、技能，如网络传播等。不论是新闻基础知识修养，还是基础知识修养(如在语言文字方面的修养)，在日常的学习中，都要做到：1. 善于学习，勤于思考；2. 勤于积累；3. 学以致用，勇于实践，边干边学。[13]

(三)记者应提高职业道德修养

重视新闻职业道德修养，是我国新闻事业的传统。大凡在事业上有成就的记者，都十分重视这方面的修养。

记者应努力通过采访实践树立正确的苦乐观。记者是一个艰苦甚至危险的职业，记者的采访没有休息时间，有的记者甚至在采访中付出了生命的代价。1999 年 5 月 8 日不幸遇难的许杏虎、朱颖，就是两位战斗在第一线的记者。尽管如此，记者的采访仍然是苦中有乐。

记者要有崇高的追求，远大的抱负，不能得过且过。范长江曾说过“一个记者要有抱负”。

记者职业道德修养的具体内容还包括：要在采访中坚持真理，忠于事实，不屈服于任何邪恶势力，不弄虚作假；谦虚谨慎，戒骄戒躁，与采访对象以诚相待，虚心求教，深入实际，体察民情，反映广大群众的呼声与要求；互敬互学，积极竞争，不断增进友谊，共同进取；摆正位置，不谋私利，妥善处理好公与私的矛盾；甘为人梯，严禁剽窃。[14]

(四)记者应提高情感修养

记者要善解人意，在采访过程中巧妙而不露痕迹地营造融洽友好的采访气氛。记者饱满奔放或沉郁低回的情感都会通过他的作品拨动读者的心弦，产生强烈的共鸣。这是由于记者的个性情感已经与新闻作品浑为一体从而赋予报道强烈的感情色彩。穆青是一位著名的激情记者，他在采访焦裕禄的先进事迹时深深被焦裕禄大公无私的高尚品质所震撼，他是流着热泪完成写作的，因而这篇《县委书记的榜样——焦裕禄》才能如此催人泪下，令人难忘。如果没有充沛丰盈的情感，是写不出这样的优秀作品的。

记者在提高情感修养时，除了要永葆热爱生活、热爱生命的激情之外，还要善于控制情感，处理好理智与感情的关系。这有助于记者在面对法与情，政策与感情的矛盾时，头脑冷静，不至于做出错误的选择。

注释：

①刘明华:《西方新闻采访与写作》,中国人民大学出版社,1993 年版。

②同上。

③同上。

④同上。

⑤邱沛篁:《新闻采写手册》,四川辞书出版社,1993 年版。

⑥同上。

⑦同上。

⑧黄远生：《远生遗著》第一卷，《本报之新生命》。

⑨范长江:《记者工作随想》,《中国记者》,1991 年 1 期。

⑩摘自王中在复旦大学与进修教师的谈话，1980 年 12 月 13 日。

⑪《中外记者经验谈》，人民大学出版社，1983 年版。

⑫赫佳、李寒清：《为何学　学什么　怎么学——对江总书记关于加强学习问题讲话精神的领会》，载于《中国广播》，1999 年 3 期。

⑬同上。

⑭刘海贵、尹德刚：《新闻采访写作新编》第二版，复旦大学出版社，1998 年第 2 次印刷。

◀思考题▶

1. 为什么说新闻采访是新闻记者的基本功?
2. 举例说明新闻记者是创造新闻采访艺术的主人。
3. 新闻采访有哪些基本形式和方法?
4. 新世纪的新闻记者应当具备哪些基本素质和修养?

第三章
新闻采访与新闻写作

第一节 新闻采访是新闻写作的前提和基础

一、没有新闻采访就没有新闻写作

新闻采访是采集和分析新闻事实的活动；而新闻写作，则是“新闻采集者根据已收集的材料用文字形成新闻作品的过程”[①]，它要求准确、鲜明、及时地将新近发生的有意义的事实表达出来。新闻写作是对采访来的新闻素材进行加工制作的过程，即提炼新闻主题、安排新闻布局、形成新闻作品的过程。

新闻采访与新闻写作的关系，在新闻实践中是紧密相关的。对此，许多新闻界的名人都有论述。

著名报人邵飘萍认为，采访最为重要，“每遇内政外交之大事，感觉最早，而采访必工”。著名记者黄远生在其“记者四能”中，也突出强调了采访的决定性作用。人民日报记者田流也指出：“写作当然要用力气，但应该在采访上花更大的力气。如果把采访和写作需要花的时间和力气机械地划分一下比例的话，我认为应该用60%、70%、80%，甚至90%的时间和精力去采访，只用10%，顶多用30%至40%的时间和精力去写作比较恰当。否则写不出好稿子来。”

美国全国广播公司原新闻中心主任鲁文·弗兰克曾这样评价采访的地位："采访是我们行业的基本工具，没有它，我们就无法生存。""凡是重要的情节都是采访来的。采访内容可以有选择地被记录下来并传播出去。""我们只有通过采访，才可以把抽象的观点用人类的言辞表达出来。""我们对于自己同时代人的最鲜明生动的印象是从采访中得来的，今天比以往任何时候都是如此。"②

曾任新华社总编辑的陈克寒在抗战时期写的一篇《献给敌后青年记者》中提醒记者，"采访确实重要于写作"，"大家一直在怨恨一件事，便是我们新闻通讯的一般化，并在写作上挖尽心机来加以补救。这种努力是真诚的、可敬的，然而这真的仅仅是写作上的问题吗?从一般原理说来是内容决定形式，那么从新闻观点上出发，便应该是采访决定写作。"③

从新闻信息传播的过程来看，我们也可以得出没有新闻采访就没有新闻写作这一结论。

新闻活动中，新闻信息传播的过程是：发现新闻→壮化新闻→凝结成文→发布新闻→受众反馈。这一过程表明，先有新闻采访，后有新闻写作，这一程序不能颠倒。否则，就违反了新闻工作的规律，成了闭门造车。

再从新闻传播活动的内在联系来看，唯物主义的观点认为，存在是第一性的，意识是第二性的，存在决定意识，意识能动地反映存在。用这个原理来看新闻传播活动的内在联系，事实是第一性的，新闻是第二性的。先有事实，后有新闻，这二者之间的桥梁是采访。因为采访有主观认识客观的特性，而写作离开了采访就不能具备这种特性，所以要完成一篇新闻报道，必须经过两个阶段：采访阶段和写作阶段。采访在先，写作在后。采访为写作搜集事实，着重解决新闻如何从群众中来、从实际中来的问题，写作则是把采访收集来的事实加以表现，着重解决新闻如何到群众中去、到实际中去的问题。可见，采访是写作的前提和基础。离开了采访，写作就成了无米之炊、无本之木。

没有采访就没有写作，这已是一条众所周知的概念。然而在实际工作中，仍然有人没有彻底认识到采访的第一性作用，从而造成了许多本可以避免的失误。例如，1980 年 3 月 27 日，上海的一家报纸发了一条新闻：《昨晚四川北路避免了一次重大事故——公交驾驶员唐维科临危不惧可钦可佩》。第二天，另一家报纸就同一件事发表了一篇意思完全相反的新闻：《一辆 21 路公共汽车闯入绿化地带，虚惊一场引以为戒开展安全教育》。究竟谁是谁非?原来，3 月 26 日傍晚，上海市一辆 21 路公共汽车在四川北路行驶时，左前轮胎爆裂，而驾驶员对这一事件判断错误，误以为是气泵管爆裂，刹车失灵，于是慌忙急转方向盘，闯入绿化带，撞坏了栏杆、车窗玻璃等，乘客幸无伤亡。当时车上乘客也误以为驾驶员急中生智、化险为夷，纷纷向司机表示谢意。事后，经技术人员鉴定，气泵完好，刹车也灵，这恰恰证明了驾驶员惊慌失措、乱闯一通。第一家报社记者仅根据与驾驶员的谈话及乘客的反映就写出了表扬报道，采访的不全面使他被假象蒙蔽，造成了新闻失实。第二家报社的记者则根据有关部门的分析鉴定，抓住了真相，写出了符合客观实际的报道。④

杰克·海敦在他的《怎样当好新闻记者》一书中，曾经举了一个例子，借以告诫那些倾向于轻描淡写处理采访过程的新闻记者们“千万不要想当然”。这个例子是“美联社内部通讯《美联日志》曾有一篇新闻，报道如何把人的心脏移植到人体内的消息。实际上，那是一只黑猩猩的心脏。医院的公告提到它的时候只说是一只捐赠的心脏，记者没有进行认真采访，就误以为是人的心脏而写报道，闹了一场笑话。”⑤

大量事实表明，没有采访就没有写作，这是由新闻事业自身特征所决定的。新闻贵在“事实”，而采访才是获取事实的手段。不经过认真采访写出来的新闻作品，其生命力必然是脆弱的。

二、新闻采访的深度决定新闻写作的深度

1948年4月2日，毛泽东同志在对晋绥日报编辑人员的谈话中说："报纸工作人员为了教育群众，首先要向群众学习。""要使不懂得变成懂得，就要去做去看，这就是学习。报社的同志应当轮流出去参加一个时期的群众工作，参加一个时期的土地改革工作，这是很有必要的。"⑥

这段话对于我们今天的新闻工作者仍然具有指导意义。实际上这里提出的就是一个深入采访、深入实际才能写出好作品的问题。

为什么说采访的深度决定写作的深度呢?

(一)记者只有通过深入的采访才能得到大量的第一手材料，从而为写作奠定扎实的基础

报道中有没有足够的和必要的第一手资料，是一个记者是否进行了独立的、不可替代的、有成效的工作的重要标志。通观中外成功的新闻作品，无一不是运用了大量的第一手材料，无一不是记者进行了深入细致的采访工作后才完成的。有的记者常常满足于新闻发布会、工作简报等信息来源，写出来的新闻就很难有深度。穆青指出："现在有的记者等消息上门，等通知，靠书面材料，泡在会议上，作风松松垮垮、拖拖拉拉等，状况十分严重。……这种状况必须改变。好文章都是在深入实际中发掘出来的。"

恩格斯在《致大不列颠工人阶级》一文中，曾经这样谈到《英国工人阶级状况》的写作："我曾经在你们当中生活过一个相当长的时期，对你们的状况有足够的了解。我非常认真地研究过你们的状况，研究过我所能弄到的各种官方的和非官方的文

件，但是我并不以此为满足。我寻求的并不仅仅是和这个题目有关的抽象知识，我愿意在你们的住宅中看到你们，观察你们的疾苦，亲眼看看你们为反抗你们的压迫者的社会的和政治的统治而进行的斗争。我是这样做了。我抛弃了社交活动和宴会，抛弃了资产阶级的葡萄牙红葡萄酒和香槟酒，把自己的空闲时间几乎都用来和普通工人交往，对此我感到高兴和骄傲。”⑦由此可见，恩格斯正是在进行了深入采访、掌握了大量第一手材料的基础上才写出了他的重要作品《英国工人阶级状况》的。

穆青、陆拂为在 1979 年曾写过一篇通讯《一篇没有写完的报道》，这篇通讯的采访过程能给我们很多启示。早在 1965 年秋，穆青就访问过通讯的主人公“老坚决”潘以正，后来形势变化，报道没有完成。1979 年春天，要求报道一些林业战线上的先进人物。他们就想，潘以正是普通社员，文化大革命中不会受到多大冲击，这些年凭他的坚决劲儿，一定做出了很大成绩。但记者到河南郑州以后，给潘以正所在的县打电话，得到的回答是：“他工作成绩不大，年老了，又有病，在家休息，多年不搞林业了。”如果轻信此话，通讯自然没法写了。但记者偏偏不死心，还是亲自到村里去看，结果发现潘以正多年来一直坚持搞苗圃工作，与电话所讲的有很大不同。当记者了解到潘以正造林三起三落的经过时，立即被他的事迹所打动，并从中挖掘出代表全国人民心声的主题：“不能再折腾了！”⑧正因为记者坚持深入采访，不偏听偏信，才掌握了第一手材料，也才能产生这篇感人肺腑的新闻作品。

(二)记者只有通过深入的采访，才能抓住生动活泼的材料和意味深长的细节，从而为新闻报道动人、感人创造条件

娴熟独特的新闻写作技巧在一定程度上能使新闻“生辉”，但从根本上说，要把新闻写活，还是要在采访上下功夫。新华社上海分社在总结怎样把新闻写活的经验时指出：“一般说来，记

者获得的材料，多是被采访者按照自己的理解和从他的工作角度提供的，有的则是业务部门向上级的汇报。但我们的报道是写给社会上广大读者看的，其范围，比被采访的业务部门那个小圈子不知要大多少。因此，记者决不能让被采访部门牵着鼻子走，别人怎么讲，自己就怎么写，也陷进那个狭小的业务圈子中。这恰恰是许多新闻写得枯燥的原因之一。”“记者在采访中应努力挖掘读者关心和感兴趣的新闻事实……”[9]这段话阐明了采访细节材料对写出好新闻作品的决定性作用。

合众国际社记者戴维特里在其《快乐的巨人》一文中，通过实地观察采访，抓取了一系列生动有趣的细节来表现穆铁柱腼腆、温和、善良的性格。例如：“当六英尺高的泰国运动员跳跃着围在穆的身旁，毫无效果地企图拦球或者扰乱穆投篮时，泰国人民向这个温和的巨人热烈喝彩。当穆被两个人夹击时，他却咧开大嘴，笑嘻嘻地拍拍身材矮小的对手的肩膀。于是人们又发出阵阵欢呼声和笑声。”[10]这样的细节读来饶有趣味，同时也颇具表现力，不通过记者亲眼所见、所听、所感，是不可能被搜集到的。而当它被恰当地运用到新闻作品中时，作品就“活”了。

美国洛杉矶时报专职撰稿员迈克尔·帕克斯在《中国农村初绽繁荣花》的开头写道：“一长串手推车正从中国春时人民公社推出，前去赶集，每辆车上装着一头捆绑着的、嗷嗷怒叫的四百五十磅重的大肥猪。这个景象恰好无意地反映了中国农村正在发生的深刻变化。”[11] 这是记者在中国农村采访时的亲眼所见，然后将这一典型场景巧妙地写进报道中，从而引出其真正想要告诉读者的主题：中国农村实行改革后，正在发生深刻的变化。如果没有记者的深入采访，他当然不可能抓住这样一个动人场景。

(三)只有通过深入的采访，记者才能更好地抓住事实的本质和特点，从而掌握到新闻在深层次的深刻涵义，使写作能够提炼

出有更深价值的主题思想

新闻的主题是从对客观事实、具体材料的分析研究中产生的。一些记者习惯于“主题先行”，“坐在家里想点子，跑到下面找例子，关起门来写稿子”；或者把事实当作“面团”任意搓捏，自个儿想要什么样，就捏成什么样；或者依靠推测、推论、“合理想像”、拔高主题等，这些做法都是不可取的。提炼新闻主题最根本的方法是深入采访。事物的本质往往具有隐蔽性，必须深入到事物内部寻找，才能发现和掌握它。“感觉到了的东西，我们不能立刻理解它，只有理解了的东西才能更深刻地感觉它。”⑫

下面是一篇曾获1979年全国好新闻一等奖，由段心强采写的报道：

前些天，北京市的街头巷尾都在议论：酱油为啥突然脱销?我们走访了北京第二大酱油厂——宣武区酱油厂。

宣武区酱油厂多年失修。1974年经有关部门鉴定，应停产修缮。厂里立即向商业局报告，商业局又向市级机关打报告，三年之间，写了22次，根本挂不上号。直到1977年底，批给了50亩地。指示下到区里，一位书记把地转给了产值高的汽车配件厂等单位。经力争，区委才从煤建管理处要出9亩地给了酱油厂。

计划批准后，只给钱，不给料。酱油厂上下跑几百趟，二商局打报告13次，结果，划圈的多，办事的少，拖了两年，材料还没凑齐。

今年9月，老厂房险情严重，被迫切断电源，停止生产。宣武区酱油厂停产，一月少上市100万斤酱油。因此，使全市酱油脱销半个多月，直接影响了居民的生活。

脱销后，市里有关部门采取紧急措施，日夜修缮老厂,并从郊区调酱油进城,这才使供应情况稍有好转。[13]

从这篇报道可以清楚地看到作者是如何通过层层深入的采访去挖掘事实本质的。酱油脱销看来是小事，然而和老百姓生活密切相关，这事就不小了。记者从酱油脱销这一表现在外的基本事实顺脉摸去，终于慢慢逼近真相，触及了事实的本质：酱油脱销是官僚主义造成的；在官僚主义者的头脑中，正确认识社会主义生产目的的问题还没有解决。这也是文章的主题思想所在。

光明日报记者陈禹山采写《科技战线上的铁人——陈篪》时，曾遇到这么一种情况，“我在采访过程中了解到对陈篪有两种截然不同的看法。一种意见认为，陈篪是一个又红又专的科技人员，另一种意见则认为，他是只专不红的人。后者虽是少数人，也必须认真对待。我请钢铁研究院党委安排我们问及对陈篪意见最激烈的同志。这些同志坦率地谈了自己的看法，说陈篪一贯重任务、轻政治，有时院政治部通知他去参加政治学习、开会，他也不去。我又访问了一些同志和陈篪本人。陈说：‘我对那些政治学习、会议不感兴趣是事实，那是形式主义的东西，像是开‘神仙会’，不解决任何实际问题。搞形式主义等于自己欺骗自己。’通过这些访问，我弄清了问题，对陈篪同志有了更深的了解。”[14]

陈禹山在采访过程中抓住问题，深入实际，一查到底，终于克服了片面性，抓住了事情本质，从而在报道中更深刻地体现出陈篪的性格特征及精神面貌。

从另一个角度讲，记者通过深入采访把握事实真相、掌握问题本质，不仅是对读者负责，而且也是对自己负责。只有掌握了事实的真相，记者才能摆正自己的位置，做到心中有数，写出有深度、有意味的新闻作品。范长江说过：“一个记者，要有抱负。这个抱负就是穷毕生精力，研究一两个什么问题。而这些问题是从群众中提出来的。”范长江本人也正是这么做的。他在写作《中国的西北角》时还只是一个进步青年，并没有确立无产阶级立场和马克思主义的世界观。范长江作为一名记者，不是从概念出发的先验论者，而是从实际出发的唯物论者。正是在对西安事变、对延安苏区等的大量采访中接触的大量事实，使他对所要探索的问题有了越来越明确的答案，并从根本上确立了自己的生活方向，确立了马列主义的世界观，从而写出了越来越多立意深刻的优秀新闻作品。

三、新闻采访的成败决定新闻写作的成败

(一)一些新闻报道写作的失败，源于新闻采访的不成功

文学家靠形象感人，哲学家靠理论服人，记者靠传播事实说服、打动、启发人。记者是和事实打交道的。记者发现事实、弄清事实、反映事实，这就决定了记者要有老老实实、脚踏实地的工作态度，在新闻采访上下功夫，为写好新闻报道打好坚实的基础。不少新闻作品之所以失败，其根本的原因是采访造成的。

1. 新闻作品中信息量少。新闻活动实际是一种信息传播活动。“新闻现象主要是一种传播正确、和谐和有效的信息的艺术。”[15] 当然，新闻并不等于信息，但新闻必须以传播客观世界最新变化的信息为主要特征。一些记者由于在报道过程中，没有采访或只进行了肤浅的采访，造成新闻作品信息含量很少，显得十分单薄。如有的记者根本不出席会议，或即使出席了会议，事先也不了解背景材料，在会场上也不认真听、不仔细看、不动脑筋，写报道只把时间、地点、出席人物、会议主题罗列出来就完事。这样当然无法写出有大量新信息的会议新闻。

2. 新闻作品中材料一般，很零乱，缺乏有机组织和一个突出的中心。其主要的原因，是采访不成功。记者缺乏全局观念，

没有对事物有一个透彻深入的了解，不能把握新闻事实中最本质、最核心的东西，因而报道停留在表面上。

3. 报道片面、不真实。原因是记者在采访中知其然而不知其所以然，采访不深不透。新闻失实存在两种情况，一种是无意失实，一种是有意失实。有意失实是记者思想作风上的问题，而造成更为大量存在的无意失实的原因，采访环节上出差错是主要因素。如采访中不认真了解情况，偏听偏信，采访的面不广，只了解到片面情况，采访作风不深入，只看到表面而被假象所迷惑等等。

4. 有的新闻报道只有观点和结果，缺乏中间那部分让人信服的、活生生的发展变化的事实材料，作品显得平淡、干巴、无力。其原因就在于记者满足于现成的或易于获得的材料，而没有深入采访和细致采访。

5. 新闻报道中套话、空话、大话太多。原因也是采访不仔细。记者采访不细致，得到的材料不多，没有生动感人的素材，只好拿一些人云亦云的话来滥竽充数，抓不住具有新闻价值的细节，只好去搞概念游戏，说空话，堆概念。

(二)新闻采访的重要技巧，是保证新闻作品质量的关键

1. 从新闻价值的判断来看

新闻价值，是新闻事实所具有的一种客观社会属性，是一个事实本身所具有的足以构成新闻的各种特殊素质的总和。衡量一个事实的新闻价值，主要从重要性、新鲜性、受众关心程度三个方面来考虑。是否能敏锐地判断新闻事件的价值，对新闻作品的质量将产生重要影响。

(1)重要性

重要性是新闻的基本特征之一。新闻事实是否重要要看事实本质的内在意义和它可能产生的社会影响。如它能否体现党的路线方针政策，它对国家政治生活和社会进步所产生的影响和发挥

的作用，它对国民经济的发展和繁荣，生产力进步所产生的作用与影响，还要看它对社会秩序和人们的道德风尚所产生的作用。只有善于迅速判断新闻事实在这些方面的重要价值，才能写出好新闻。

(2)新鲜性

新鲜是新闻的本质属性。新闻就是关于新近发生、发展和变动的事实的报道。不新鲜就不是新闻。新鲜包括时间新、内容新和意义新。时间新是指时间越近、价值越大，及时而迅速地将新近发生的事实报道出来，才不会淹没新闻价值。内容新是指新闻事件是鲜为人知的，是过去没有发生过的。如果是陈年旧事，那么要有新鲜的新闻由头或新的变化才能成为新闻。人云亦云，简单重复的东西，不是新闻，没有什么价值。意义新是指事物在运动过程中有了新的意义，而不是无意义的重复。采访中善于抓住新意，突出新意，是写出好新闻的重要保证。

(3)受众关心的程度

新闻传播的最后落脚点在受众。受众是否关心这件事情，也是判断新闻价值的重要标准之一。受众的关心程度具有相对性，它会因为地域、职业、年龄、性别等因素的不同而有所不同。一般说来，受众最关心的是：直接反映他们工作、学习、生活中各种要求、愿望和心声的事实；国际国内大事，以及人们亲自参加过或正准备参加的事情，受众也很关心；传播新的科学文化知识，丰富人们精神生活的事实，与人们经济利益密切相关的政策，从来没听说过、感到好奇的事情等等，大家都很关心。

好的新闻作品必须具有高的新闻价值。而新闻价值的判断又是新闻采访的重要技巧之一。记者只有准确判断新闻价值所在，并由此深挖新闻，才能写出优秀的新闻作品来。

2. 从新闻敏感的强弱来看

新闻敏感是记者发现与鉴别有价值新闻的能力，又叫做新闻嗅觉或记者的新闻鼻、新闻眼。新闻敏感与新闻采访关系十分密切。有了新闻敏感，记者才能抓住那些瞬间即逝的好新闻。没有新闻敏感，会使记者痛失采访良机。新闻采访可以使记者以小见大，见微知著，从平凡中发现不平凡的新闻，还可以使记者敏锐地预见到将要发生的新闻。

例如，《1997 年新华社优秀新闻选》中有这样一篇报道：

夏收何必搞仪式　小麦未熟遭“剃头”

新华社西安 5 月 30 日电(张伯达、韩晓晖)　几十亩尚未成熟的小麦，昨日在陕西省农机局主办的一个“小麦机械化‘东进西征’收获活动开机仪式”上被数台联合收割机“收获”。当地一些干部群众对这种形式主义造成的损失惋惜不已。

在关中东部大荔县朝邑农场一片上万亩的麦田里，12 台大型联合收割机参加了这一颇具规模的仪式。上午 10 时 40 分，仪式开始，应邀而来的各级领导讲话、剪彩后，一台台收割机驶入麦田开始收割。

30 分钟后，参加仪式的人们陆续离开。这时，记者意外地看到 3 台尚未进地的收割机掉头离去，4 台在麦田中间的收割机向回转向，5 台收割了有 400 米左右的收割机也边收边返。

在“龙口夺粮”的“三夏”，为何不一鼓作气持续收割?农场一位负责人告诉我们：“这儿的小麦还要三四天才能完全成熟，现在收割有点可惜。省农机局 5 月 26 日就派人来打前站，为了应付这个会，我们场 140 名干部职工整整准备了 3 天，兄弟农场支援了 5 台收割机，向外单位借了 6 位礼仪小姐。从早晨 7 点，我们等了 3 个多小时。”旁边一位戴着眼镜的干部也插话说：

“今天割的五六十亩小麦，因未成熟和湿度太大导致脱粒不净，要影响产量。”据了解，朝邑农场今年庄稼长势喜人，每亩产量可比去年增产30多公斤，但这样一折腾，增产就要受到影响。

隆隆的机声中，一台台返回的收割机向3台卡车“吐”出了“一口口”泛青的麦粒。一台收割机因麦粒太湿发粘而发生“肠梗阻”，3个工人顶着烈日，为此忙乎了半天。一位在农场干了30多年的老师傅指着快装满的卡车对记者说：“唉！麦子熟了才能割嘛，何必为了搞个‘仪式’。这样的麦子不光减产，还要费更大的功夫去晒晾。”

11时40分左右，最后一台收割机也轰响着离开了这块未到收获期的麦田。[16]

这篇新闻是记者在事先没有预料到的情况下，发现了线索后随即进行现场采访而抓到的，表现出较强的新闻敏感，它表明采访对写作起至关重要的作用。

3. 从采访中寻找和接近采访对象的能力来看

寻找和接近采访对象，是记者正式展开采访活动的第一步，直接关系到采访的成败，决定着新闻作品的质量高低。记者应当寻找和接近最了解情况的人进行采访。有一次，一位记者采访一所中学，事先没有联系好，也没有明确的采访对象。到了学校办公室后，党支部书记接待了他。他提出想采访学校教学改革方面的情况，支部书记只作了一般的介绍。记者感到很不够，希望作深入了解。支部书记却坦率地说：“真正了解这方面情况的是校长、教导主任，可惜他们外出了，请改日再来吧。”这位记者只好收获不大地离去。如果事先约定了采访校长、教导主任，效果就会不同。[17] 这说明，记者在采访活动中不能忽视对采访目标的选择。而这种选择，与新闻作品内容直接有关。又如1984年12日，著名戏剧家曹禺随全国人大代表视察湖北沙市。沙市报记者王家绵找到曹禺下榻的房间，刚敲门，就被保卫人员拦住。王家绵说："我是沙市报记者。"对方却说："省报、长江日报的记者我们都拒绝了。"王家绵只好暂时离开。后来视察组全体代表合影，他乘机走进会议室，找到贴有"曹禺"字样的沙发。合影完毕，曹禺从沙发上站起来，王家绵立刻按事先想好的话向曹禺提问："曹老，您懂我的话吗?我是《沙市报》记者。"曹禺微笑答："我的祖籍在湖北潜江，潜江和沙市过去都辖于荆州府，父亲一直都说荆州话。你的话，我听得懂。"这就一下子把名人与记者之间的距离拉近了。王家绵双手扶着曹禺说："我拜读过您的剧作《雷雨》、《日出》、《原野》，沙市青年想听您讲戏剧，可是有人说您的创作受易卜生的影响……"这时，保卫人员又来拉他，力图阻止继续采访。但曹老却认真思索着这位年轻记者提出的问题，没有理睬保卫人员的干涉，耐心回答记者说："真正的文学艺术是人类的共同财富，它没有国界，可以互相学习。从来没有这样的文学家，他不读别人的作品，或者不识字而创作的。"曹禺意犹未尽，亲切地拉起年轻记者的手说："走! 到我房间谈。"这样，王家绵终于成功地接近并深入地采访了名人，写出了很有深度的专访《雷雨关山故园情》。[18]这篇报道的成功，不能不说是记者巧妙地接近采访目标所致。

第二节　新闻写作是新闻采访的归宿和结晶

一、新闻采访的目的就是要写出新闻

(一)记者采访的目的就是要向老百姓报道新人、新事、新现象、新动态、新发现、新问题和新思想。如果采访之后不报道，那就没有完成任务

新闻活动是一项非常讲目的性的活动。新闻活动目的的达到，不能缺少写作这一环节。从新闻写作这一角度来说，采访是手段，新闻报道是目的；新闻采访是新闻报道的前提和基础，而新闻写作则是采访成果的集中体现，是采访的归宿和结晶。

新闻采访的使命正如斯诺所说："就是寻找事实"。新闻采访就是要寻找具有新闻价值的事实，为新闻写作做好准备。而新闻写作是对采访来的新闻素材进行制作的过程，包括提炼新闻主题、安排布局、形成新闻作品等，是记者运用语言文字撰写各种新闻体裁的艺术。从这个目的与手段的关系来看，单纯为采访而采访毫无意义。采访后获得的信息，不通过一定的符号进行整理、组合，传达给读者、听众或观众，那么采访就毫无价值。

(二)广大受众只能通过新闻作品来了解新闻，不可能像记者那样都进入现场，因此采访必须写出报道

事实上，作为读者、听众、观众，大多数人只是通过新闻报道来注意新闻，不可能都到新闻现场去感受新闻内容；而记者的职能就是采访后写出新闻报道为大众服务。感人的新闻人物和事件，突发性事实，国际国内变幻风云，除了目击者、当事人外，受众都能通过新闻报道去知悉。例如，河南兰考有一位鞠躬尽瘁、死而后已的县委书记焦裕禄，兰考以外的人们如果不读报，

焦裕禄何其人也，可能不得而知，更不可能知道他甘为人民公仆的许多感人事迹。焦裕禄后来成为妇孺皆知的新闻人物，甚至人们把他视为心中的一座丰碑，都是通过《县委书记的榜样——焦裕禄》这篇通讯。

这充分显示了新闻采访与写作的巨大作用，它可以使受众足不出户而知天下事。如果记者只采访不写作，那么就只能是记者自己知道而广大受众却不知道、不明白了，采访的目的也就不能达到。

(三)新闻传媒编辑部企盼的也是记者通过辛勤、扎实的采访，不断地向它输送好的新闻作品，进行传播

新闻编辑部门的工作就是出版报纸和播放新闻。其业务范围包括总体策划、编辑修改稿件和编排版面。而记者撰写的新闻稿，可以说是这三大业务中最主要的内容。没有好的稿件，总体策划出的方针将无法实现，稿件编辑也没有了工作对象，至于版面编排，则成了建筑在沙滩上的高楼。因此，编辑部需要记者提供优秀的新闻作品，而不会希望记者只采不写、没有成果，那样它就会无米下锅了。

二、新闻采访和新闻写作是彼此联系、不可分割的统一体

写作离不开采访，采访也离不开写作。同时，写作也可以反作用于采访，影响采访。

(一)新闻写作不好，体现不出新闻采访的成果，实际上抹煞了采访的艰辛

如果说采访是浇灌、施肥，那么新闻作品就是果实。果实的硕大圆满与否直接体现着浇灌、施肥的功夫，同样，新闻作品优劣也直接检验着采访。我们的采访内容、信息，只有通过写作才能在作品中体现出来。作品是采访后内容的体现形式、信息的载体，写作则是内容形式化、信息载体化的必要环节，形式与内容

应当高度统一。

1. 采访的深浅度可以在写作中得到充分展现。写作的角度往往就是采访时的透视点，透视点新颖深刻，则写作角度新颖深刻；写作素材翔实、准确、典型有说服力，直接体现的就是采访收集素材时的认真程度及筛选能力；写作的主题往往表现采访者立意的高度。

优秀的采访者善于在写作中体现独到的观点，以普通而又典型的素材表现深刻而不故意拔高的主题。魏巍在采访志愿军战士时想到："朝鲜战场上有许多激烈的战斗场面和战士英雄形象，但如果把我们的战士写得不像一个活人，而像一个投手榴弹的机器，这就是只写了战士的一层皮，没有写出英雄的生命和灵魂。"他认为，"再出奇惊人的事迹，总觉不感人。可是，如果我们写出了战士的思想感情，那给人的感觉就会大不相同。他们会感到：原来做出这样英雄行为的人，是跟自己一样有血有肉的人。""比如负伤不下火线的事情，这在革命队伍中，几乎是最平常的，但如果能把一个伤员负伤却不下火线的思想感情写出来，就会感动人的。原因是人民的思想感情总是相通的，你只要传达思想感情，就可以把相距千万里、所处情况完全不相同的人们连接在一起。特别是我们战士的思想感情，是如此的崇高而美丽，它本身最具有感人的力量。"[19]《谁是最可爱的人》正是从反映战士思想感情这一独具匠心的高度出发，并最终取得了报道成功的，从作品中我们清晰地看到了作者采访中立意的新颖和深刻。

2. 新闻写作可以体现新闻采访艺术的高低。新闻作品犹如一面镜子，可以折射出采访艺术、水平的高低与优劣。采访艺术高明者获得的材料内容真实、信息量大，从而写作出的作品则具有真实感，可读性强，报道中人物形象生动，新闻现场感强；反之，应付式、蜻蜓点水式的采访，得到的材料内容粗浅，信息量匮乏，那么写出来的作品则文字干瘪，其真实感、可读性都将大打折扣，即使是再优美的文笔也掩饰不了采访的失败和肤浅。

(二)新闻写作可以推动、改进、提高新闻采访

1. 新闻写作有了经验，采访可以少走弯路

新闻写作常常反作用于新闻采访。记者从事新闻工作的时间长了，经验教训多了，在采访之前，就能凭借掌握的写作能力和丰富经验，清晰地知道采访如何才能更加有的放矢，如何才能有效地把握访问的深浅，从而避免失误和少走弯路。例如，下面这篇报道：

姜波破世界纪录摘五千米桂冠(英文)

新华社上海10月23日电(记者王子江、谢培林) 辽宁著名田径教练马俊仁的新弟子姜波一鸣惊人，今天在这里举行的第八届全运会最后一天的比赛中，打破了两天前刚刚诞生的女子5000米世界纪录，同时夺得这个项目的金牌。

姜波是中国女子中长跑新秀，5天前才在这里夺得1500米冠军。今天她又以14分28.09秒的成绩，把队友董艳梅在21日预赛中创下的女子5000米世界纪录提高了3.18秒。

董艳梅也不示弱，以14分29.82秒紧随姜波之后获得银牌，成绩也超过她在两天前跑出的14分31.27秒的世界记录。她之前的纪录为14分36.45秒，由葡萄牙选手里贝罗两年前在比利时创造。

山东选手刘世香以14分38.14秒的成绩获得铜牌。

姜波年仅17岁。她赛后说：“又得金牌又破世界纪录，我感到非常激动。”

姜波是两年前师从马俊仁的。她说，她还想在2000年奥运会上取得更好的成绩。“参加奥运会一直

是我的梦想。我相信，只要好好跟着马指导训练，就一定能取得更大的突破。”

女子5000米决赛有15名选手参加，其中8位来自辽宁。比赛一开始，辽宁王晓霞一马当先，冲出重围。随后几圈，辽宁选手轮流领跑。1500米后，姜波脱颖而出，占据领先位置。

跑完第六圈，领先阵营中只剩姜波、董艳梅、队友尹丽丽，以及1500米铜牌获得者刘世香。四位好手你追我赶，相持不下。

比赛只剩下两圈了！姜波和董艳梅突然冲刺，很快就把对手甩在身后，在全场8万多观众震天动地的助威声中，先后冲过终点，双双打破世界纪录，上演八运会最激动人心的一幕。

这时，新建成的上海体育场欢声雷动。姜波和董艳梅从队友手中接过辽宁代表团的旗子绕场一周，向热情的观众频频挥手致意。

“这个荣誉也属于马指导。没有他，我们不可能获得这么好的成绩，”姜波说。“马指导赛前精心布置了战术，让几名队员轮番领跑，打乱对手的节奏，然后由我们几个最后冲击世界纪录。”

两天前的预赛后，马俊仁就断言，他的选手在决赛中还能再破世界纪录。他说，他的队员在经历两年多的低谷后，现在是东山再起的时候了。

不过，马俊仁说，夺得全国冠军只是他的新队员迈向世界体坛的第一步。“对我们来说，全国冠军并不很重要，重要的是夺取世界冠军和奥运会冠军。”

这篇新闻主题重大、时效快、新闻性强、文字简洁、信息量大，是一篇采访和写作都很成功的好新闻。辽宁中长跑选手时隔两年再度崛起，成为八运会甚至世界体坛关注的焦点。10月23日，近千名记者采访女子5000米决赛。在这场新闻大战中，新华社记者凭借丰富的经验，根据将要进行写作的报道内容，事先就对报道进行了详细的分工和部署。记者赛前就对辽宁女子中长跑队，对姜波等优秀选手进行过多次采访，积累了关于她们的大量资料。比赛当天，记者又很早赶到赛场，分别占据采访和抢发快讯的有利位置，并通过望远镜在密密麻麻的观众中“搜索”到教练马俊仁，对比赛过程进行了详细的跟踪记录。比赛一结束，记者又分别采访了运动员和教练员，采集到了许多难得、宝贵的“引语”，并在很短的时间内完稿，此稿播发后被世界多家报纸、通讯社转发。可以说，这次采访的成功，与记者丰富的写作经验是分不开的。记者知道写作中最需要的材料是哪些，这样在采访中就能够有的放矢，提高了效率。

2. 新闻写作中发现了问题，可以促使我们去补充采访；写作中发现了矛盾，可以促使我们去调查核实，确保新闻作品的真实性

新闻写作是一种创造性的精神劳动。面对采访得来的一大堆零散的、无系统的、无序的事实材料、数据、人物资料等，记者要进行整理、加工，然后成文。在整理、加工的过程中，常常可以发现很多在采访时没有注意到或没有进行深入思考的问题。这样的情况大致有三类：一是发现新的新闻线索，这就促使记者对新的线索进行采访；二是发现采访时考虑的主题不够深刻或材料不够丰富，这能促使记者进行更深层次的思考，进行补充采访；三是发现采访得来的材料有矛盾的地方，究竟事实真相如何，这就迫使记者进行调查核实，以避免新闻失实。

通讯《祖国，您的儿女回来了——刚从美国归来的青年博士研究员欧阳本伟和助理研究员李镜莲》，就是三易其稿才完成

的。第一次，记者匆匆写了一则报道欧阳与李从美归来的消息，之后记者认为对照知识分子外流的现象，他们能毅然回国是难能可贵的，可以大作文章，只写一则消息太可惜了，于是决定写一篇欧阳夫妇怎样从海外归来的详细报道。第二次采访后，写出来的文章仍不尽如人意，不生动感人，没有把欧阳夫妇为什么要回国的思想境界写出来，不能给人以真实可信的感觉。于是在第三次采访时，记者改变了前两次采访的方法，撇开有关回国的具体过程而与采访对象深入闲聊起来，向他们了解了我国经济发展与国外的差距，探讨怎样使祖国建设发展得更快的途径，关心他们今后在工作上和生活上可能遇到的一些不习惯之处……显然，这次采访中的谈话艺术比较前几次是一个质的飞跃。正是这样，在写作中不满意，再采访，又不满意，又再采访，不断使主题深入，使采访技能由拙入巧、由粗入细、由浅入深。最后取得报道的成功。此稿因此被评为全国好新闻作品。

3. 新闻写作体裁不同，采访的方法也不同。熟悉了各种写作体裁，采访能更加得心应手

新闻体裁多种多样，不同的体裁其写作要求不同，所需材料的详略程度、侧重点也各不相同。因此，记者熟悉了写作体裁，则可以在采访前或采访中根据事实本身的特点与性质以及报道计划、版面的需要确定报道这一新闻事件或人物的体裁，并根据该体裁对所用材料的要求有目的地进行采访，从而使采访更为得心应手。

总之，新闻采访和写作不能完全孤立、分割，在实践中，采访和写作是互相关联、完全统一的。记者往往在采访的同时就开始了写作构思，考虑标题、开头、布局、主题甚至细节。完全将采访与写作分割开来是不科学的，也是不真实的。

正如名记者田流所说："采访过程中就要想着如何写作、如何表现，而且随着采访的展开和进行，如何表现的问题应该越来

越占重要的位置。最后是采访完了，稿子也写出来了，最少腹稿已经完成。”[20]

三、新闻采访与写作的关系实际就是记者认识事物、了解事物和反映事物、报道事物的关系

新闻采访与写作是主体(记者、通讯员)对客体(事物、世界)的两种活动。新闻采访是主体对客体的一种独特的、物质性的实践活动，而新闻写作是主体对这种独特的物质性的实践活动而进行的一种独特的精神活动。唯物主义告诉我们，物质决定意识，意识是对物质的能动的反映。采访这种独特的物质性活动，是主体直接贴近客体，主体用眼去观察正在发生的现象、事件，用嘴去探问已发生的现象、事件。新闻写作这种独特的精神性活动，主体已经暂时远离客体，在头脑中整理采访得来的信息，最终反映在文字中，以文字为媒介告诉他人。二者之间关系的本质就是记者认识事物、了解事物与反映事物的关系，采访是写作的前提和基础，写作是采访的归宿，这就是我们得出的结论。

第三节　加强新闻采访和新闻写作的辩证统一，创作出更多高质量的新闻作品

一、提高思想认识

记者在思想上应当牢固树立起采写并重的观点，既看重采访，又看重写作，两者不可偏废。我们强调新闻采访与新闻写作的相互关联作用，其目的是要加强新闻采访，提高新闻写作质量。在实际的新闻工作中，不少记者存在重写作轻采访的倾向，这一方面是因为这些记者的思想中对“妙笔生花”看得过重，另

一方面是对记者成绩评定的标准往往只注重发稿量，忽视采访的投入和功夫。因此，我们必须在思想上牢固树立采访和写作并重的观点，在实际工作中既评选好新闻作品，也要评选成功的采访实践和优秀记者，从而形成一种采访和写作并重的社会氛围。

二、加强组织措施

要大力加强记者队伍建设，记者必须深入第一线采访，不能有空头记者、挂名记者。要建立一支高素质的、灵活机动、深入实际的记者队伍，强调和确保记者深入到第一线，深入到群众中去。绝不能做等新闻上门的空头记者、挂名记者。

要建立和落实新闻记者深入基层调查研究的制度。大兴调查研究之风，认真纠正一些记者安于泡会议、坐办公室的不良风气。要建立一些相关的制度，并认真落实。只有深入基层认真地进行调查研究，才能准确地把握时代脉搏，发现实际问题，并真正做好采访报道的工作。

要注意培养名记者，允许并提倡记者有不同的写作风格，避免新闻报道的趋同化，不要千稿一面。要建立一支灵活的队伍，专门采写热点题材，随时随地报道人民群众最关心的问题。

要建立新的新闻采访体制，加强新闻改革，推广和运用聘用制，加快人事制度改革，使更多优秀的、年轻的记者迅速成才。

三、做好后勤保障

要继续提高新闻工作者，尤其是在第一线采访的记者的政治地位和经济地位，大力表彰优秀记者，并在待遇上给予落实。比如定期评选优秀记者，在社会上形成尊重记者、支持记者工作的良好风气。

要进一步加强管理，建立一套行之有效的奖惩制度。鼓励深入细致、认真负责的采访，批评闭门造车、主题先行、观点强加于人的不良采访作风。

要改革内部管理体制，为好的采访提供条件，为好的新闻作品开绿灯，加强时效性，提高新闻生命力。为记者配备必要的通讯工具、交通工具，简化审稿制度，从而为采访、写作提供更好的条件，确保新闻时效性。

要营造出一种有利于记者在坚持四项基本原则的前提下，大胆采访、顺利采访的社会环境。这需要整个社会加大对新闻舆论监督的支持，不断健全和完善有关法规、制度，使新闻采访与写作工作能更有力地推动国家两个文明的建设，在人们生活中发挥更大的作用。

注释：

①甘惜分主编：《新闻学大辞典》。

②[美]约翰·布雷迪：《采访技巧》。

③陈克寒：《献给敌后青年记者》。

④复旦大学新闻系：《新闻采访与写作》。

⑤[美]杰克·海敦：《怎样当好新闻记者》。

⑥《毛泽东选集》。

⑦《马克思恩格斯选集》第二卷。

⑧陆拂为：《谈谈两篇人物通讯的采写经过》，载新华社《新闻业务》1980年第1期。

⑨《怎样把新闻写活》,《新闻业务》1980年2月24日1期。

⑩《西方记者报道中国作品评介》。

⑪《西方记者报道中国作品评介》。

⑫毛泽东：《实践论》。

⑬《市场报》1979年12月15日。

⑭陈禹山：《我是怎样采写张志新等通讯的》，载《光明日

报通讯》1980年第8期。

⑮[法]旦尔纳·瓦耶纳：《当代新闻学》。

⑯《1997新华社优秀新闻选》。

⑰吴培恭：《访问贵准备，特点需鲜明》，载《新闻与成才》1986年9期。

⑱周泽新、丁时照：《采访名人的艺术》，载《新闻战线》1986年第3期。

⑲我怎样写《谁是最可爱的人》，《人民日报通讯》1951年第1期。

⑳田流：《我这样当记者》，人民出版社。

◀思考题▶

1. 为什么说新闻采访是新闻写作的前提和基础?
2. 举例说明一些新闻作品写得不好，是新闻采访不成功造成的。
3. 新闻写作怎样作用于新闻采访?
4. 怎样加强新闻采访和写作的辩证统一，不断提高新闻作品质量?

第四章 新闻采访与创新思维

第一节 新闻采访需要创新思维

新闻采访是新闻工作者为了报道新闻而进行的采集和分析新闻事实的活动，新闻采访的核心是要能采集到有价值的新闻事实，并且加以分析、整理、判断，选择和提炼出其中真正最有价值的事实加以报道。新闻采访的关键在于创新，在新闻采访的全过程中，都需要新闻记者善于掌握和运用创新思维。

创新思维，是人们思维的最高形式。所谓思维，实际上就是思考，是反映客观现实的能动过程，这种过程在新闻采访中是必不可少的。而创新思维，是在创造活动过程中，运用已有的知识和经验，从某些事实中寻求新关系、新价值、新含义，找出新答案的思维过程。新闻采访中的创新思维，就是记者要有创见、有创新，报道的新闻有新意，不人云亦云、不雷同重复，从而不只是一般地报道客观事物，揭示出事实的本质和内在联系，而是更深刻地提示人们、引导人们去了解新事物，获得新知识，掌握新经验，进而更成功地去创造文明、改造世界。记者在新闻采访中掌握和运用创新思维，对于提高采访质量、确保采访成功具有特殊的重要作用。

1. 创新思维可以使记者眼光更加敏锐，在日常生活中，捕捉到意想不到的很有指导意义的新闻。有些事情，用一般的眼光、用常人的思维模式去观察和思考，发现不了新闻，并且以为很平常；但是敏感的记者运用创新思维一下就抓住了大新闻、好新闻。例如，1965年秋收季节，一位记者在四川农村采访，遇到他所住的农户家女主人王时珍煮饭时，发现生产队刚分给她家的葫豆杆还有一些葫豆没有剥下来，她一边烧火煮饭，一边把葫豆一颗一颗地剥下来，共162颗，王大娘把葫豆全部交给了生产队长。队长表扬了这位女农户，并立即召开社员大会，商讨怎样做到“双抢”中颗粒还家、减少浪费、增加产量的措施。照一般看来，仅仅100多颗葫豆，没什么新闻价值。但是，记者却想到，全国农村正处在秋收时节，如果都能注意增产节约、反对浪费，那是多大的一笔财富啊！因此，他抓住“双抢”中这一带普遍意义的问题，写出了《一百六十二颗葫豆》的通讯。这篇通讯很有新意，在报纸上发表后产生了很及时的好作用。

2. 创新思维可以使记者牢牢把握“新”字，突出“新”意，不追风逐流、不人云亦云，更多地采写出一些独家新闻。新闻贵在新。现在，新闻采访中有一种不好的风气，就是搞“一窝蜂”采访。你采访什么，我就跟着采访什么，你报道谁，我也报道谁，形成了一股喜欢大搞炒作的不良风气，使不少报纸内容趋同化，大同小异，毫无新意。对此，读者意见颇大。造成这种现象的原因固然比较复杂，但一些记者缺少创新思维的素养和习惯，缺乏独创性，也是原因之一。如果记者在采访中，能够牢记一个“新”字，多从独创性方面去考虑，不贪图便宜，愿意吃苦，喜欢抓独家新闻，就能够很好地克服这种不足。比如，一些报纸上文化新闻的许多版面都是所谓“追星”的，甚至详细报道一些没有多大价值的个人隐私，记者为什么不可以另辟蹊径，深入农村、基层，多去采写一些广大农民和社区的基层文化新闻呢？这样深入下去的采访，就会有新意，就是运用了创新思维，而不是雷同思维。又如，1986 年奥运会在美国洛杉矶举行开幕式时，新民晚报一位记者注意到开幕式预演中中国台北队入场时，乐队奏的也是中国队入场时的《三大纪律八项注意》乐曲，这一事实，许多记者并未注意。而她立即奔到新闻中心，同几位同行核实事实细节后迅速发出了《壮观、热烈、优美、有趣》的独家报道，不仅《新民晚报》首先发表，而且洛杉矶的所有中英文报纸和世界各大通讯社也先后转发。①这位记者的成功之处，就在于她思维创新，敏锐地捕捉到了有新鲜含义的和重要价值的事实细节，抓住了独家新闻，比别人胜出一筹。

3. 创新思维可以使记者在采访中掌握主动，运用灵活多样的采访方法，提高采访质量，增强采访效果，获取到大量丰富、有价值的新闻素材。新闻采访，是一个情况相当复杂、环境千变万化的艰苦劳动过程，采访对象也各种各样，其接受采访的心理和态度也大不相同。要想采访到丰富的、新鲜的、生动活泼的新闻材料，并不是轻而易举的。这就需要记者善于运用创新思维，视不同情况，灵活机动地使用新的采访技巧和方法。例如，记者郭梅尼在采写《勤奋出天才——数学家张广厚的故事》时，并没有照一般的思维和方法先去采访张广厚本人，而是先采访了张广厚的同事、妻子和小孩，然而再去访问张广厚。这种新的思维方法，使他获得了非常生动的细节材料。一次，张广厚在家中帮助妻子炒菜，刚安上锅、放了油，猛然领悟了他多日来思考的一个数学问题，便转身坐下来去演算。算呀、算呀……突然，孩子惊叫起来：“爸爸，锅烧着了！”张广厚惊醒过来，只见锅里火苗窜得老高，好险哪！这个很能说明采访对象科研精神的细节，如果不是采用新的思维方法，是不可能得到的。②新闻采访的提问，也不能只使用通常的开门见山、单刀直入法，而要根据采访现场的具体情况，标新立异，适当选择侧面迂回、激将、引证、反问等新的方法。这样，才有可能使采访获得尽量多的新闻事实材料。

4. 创新思维可以使记者视野更加宽阔，选题范围更加广泛，朋友更加众多，新闻来源永不枯竭，从而永葆青春活力，在新闻战线上愈战愈强，新成果辈出。就以记者联系的新闻源来讲，记者在采访中要能得心应手、信息灵通，就必须有广泛而实用的新闻源，换句话说，有一大批积极主动向你提供新闻线索的人。对于新闻源，记者不应当只满足于已有的联系对象，而应当注意随时用新的思维方法去开辟新的新闻源。正如一位老记者所说："新闻记者必须广交朋友、多交朋友、交新朋友。"③只有朋友多了，新朋友不断，你才能新闻线索滚滚而来，并且永远有新意。因此，在新闻采访工作中，也要讲究"不忘老朋友，多交新朋友"。这种新的思维方法，对于扩大新闻来源、保持新闻敏感、增加新闻报道数量和质量，都是至关重要的。

总之，新闻采访需要创新思维。新闻采访工作的特性，决定了记者必须有与一般群众不同的新的思考问题的方式和方法。特别是在改革开放深入发展、社会日新月异、科技飞速变化的今天，更需要记者用创新思维的方法去观察、分析、评价、比较，从而抓住新动向、发现新问题，反映社会新人物、新思想、新面貌，采写出具有新鲜价值和深刻含义的好新闻，推动和鼓舞人民前进。

第二节　创新思维是推动新闻采访进步和成功的强大动力

如前所述，创新思维在新闻采访中具有十分重要的作用。那么，记者应当怎样掌握和运用创新思维，使之真正成为推动采访进步和成功的动力呢?

一、记者在采访工作中，要注意运用各种思维方式和手段，多角度、立体化、全方位地思维

记者不要只局限于传统的新闻工作思维方式，比如因果式、两极式（非白即黑，非此即彼）、终结式、图解式和解剖式的思维方式，而要大胆采用当前市场经济条件下新的新闻工作思维方式。这就包括，既要微观思维，又要宏观思维；既要平面思维，又要立体思维；既要静态思维，又要动态思维；既要纵向思维，又要横向思维；既要直觉思维，又要情感思维；既要经验思维，又要意象思维；既要顺向思维，又要逆向思维等等。正是在这些众多的思维方式的灵活与综合的运用中，产生出新的、有创新价值的思维。就拿逆向思维来说，它可以帮助记者独立思考，不人云亦云，采写出有自己独特个性的新闻，也有利于采访中防止片面性，多问几个为什么，避免新闻失实。同时，创新思维，还包括记者不仅采用自身思维的方式思考问题，而且也要采用对象思维的方式考虑问题。这实际上也就是一种换位思考。记者应当经常跳出自身的圈子，而为读者、观众、听众着想，研究他们需要什么、关心什么、喜欢什么、想什么。这样，思维方式一改变，采写出更多真正为受众所喜闻乐见的新闻作品，也就更加成为可能。

二、记者在新闻采访中，要把创新思维贯穿在全过程中

创新思维的核心，是突出一个“新”字。新闻采访也只有牢记这个“新”，才可能抓住真正的新闻。

1. 选题要新。新闻采访，采访谁？新闻报道，写什么？是记者采访中思考的第一个重要问题。新闻采访的创新程度如何，很大程度也取决于选题上。就以新闻专访的采访为例，西方一些

记者提出应当采访那些“富有魅力的人”、“从事有趣的职业的人”和‘引起人们争论的人”；我国新闻学者也认为，要注意选择新闻人物、英雄人物、权威人士作为新闻专访的采访目标。从创新思维的角度讲，采写新闻专访的视野范围还应当更宽阔些，目标还应当更广泛些。我们不要只注意采访名人，还要注意采访凡人；不要只注意采访已经成名的英雄，还要注意采访那些并不成名，而踏踏实实、默默无闻为社会、为人民做着贡献的人。尤其是，我们要高度注意发现那些已经为国家作出重要贡献，但还没有成名，新闻传媒尚未报道过的人。从某种意义讲，记者的任务就是要把这样的人宣扬出去，让他成名，从而为国家和人民作出更大的贡献。例如，1983 年，一位记者采访了某高校一位普通的年轻的数学教师，他的数学研究成果受到国际数学界重视。这一长篇新闻专访《数坛新星》发表后，全国许多新闻传媒纷纷作了报道。如今，这位数学教师已成为国家科学院院士、国家政权机构领导成员之一。由此可见，记者在采访中善于运用创新思维，善于发现新选题，不仅可以写出好的新闻报道，而且也能够为国家优秀人才脱颖而出尽一份记者应尽的推动力量。这种意义和价值，是不可估量的。

2. 角度要新。所谓角度，在这里指的是新闻角度，它是记者采访新闻事实时所选取的不同侧面，是记者进行采访的一个切入口。选题确定了，从什么角度去报道这一选题，记者必须认真加以思考。为什么人们感觉到一些新闻报道缺乏新意，千篇一律，没有多少阅读或收看、收听的价值，其中有的并不是因为题材不好，而是由于角度不新。采访工作中，运用创新思维，多从新的角度去进行报道，就能改变这种状况，使受众看到这条新闻后为之耳目一新。例如，粉碎“四人帮”后，科学教育事业的春天到来了，报纸上发表了不少关于知识分子刻苦进行科研和教学工作的新闻，影响很好。一位记者运用创新思维，在某高校采访后，连续发表了三篇著名专家、一级教授过周末的报道，包括数学家柯召、植物学家方文培、史学家徐中舒的周末。他们的周末既与本身所从事的专业紧密结合，又为社会、为群众作普及科学、普及教育的好事，而且还生动活泼、劳逸结合。三篇新闻见报后，深受读者好评。因为它新鲜、生动，角度选得好，容易被读者接受。又如，中央电视台每天中午播放的《今日说法》栏目，其角度也很有新意。它虽然经常接触一些社会违法犯罪案件，但不是就事论事，不是去宣扬这些案件本身，而且选择一个崭新的角度，着重分析他为什么违法犯罪，给社会和人们带来哪些思考，应当怎样防止类似事件的发生。记者正是从一种更有价值的新角度来报道违法犯罪事件，实际上是在说法、讲法、宣传法，对普及法律知识、推动社会遵纪守法产生了很好的作用。

3. 立意要新。所谓立意，实际上就是新闻主题，就是一篇新闻报道的中心思想。记者提倡什么、反对什么、爱什么、恨什么，尽在立意之中。现在，少数报纸上的一些所谓“新闻作品”，之所以显得平淡、低级、格调不高，老百姓意见比较大，其原因之一就在于立意不好，甚至错误，没有什么指导意义和价值，反而迎合少数人的低级趣味。因此，采访中注意正确而创新的立意，十分必要。有一次，一位记者随同模范县委书记李锁寿深入基层搞调研，路过一个村口时，看到墙壁上写了一条大标语：“热烈欢迎县社领导检查指导工作。”李锁寿就对大家说；“这是群众在批评我们下来得少，如果我们经常跟群众在一起，一家人就不说两家话了。”记者很敏锐地抓住这一新闻事实，就事论理，写了一篇《不要爱听“两家话”》的新闻报道，深刻地宣传了干部要经常深入群众、时刻同群众脉搏息息相通的重要道理，对人们很有启发。这就是记者在采访中善于应用创新思维，立意很新，很有指导性，以细小的事情，表达了一个重要的主题思想。我们在采访中，随时应该有这样一种思维，即注意用新的事实，来说明新的道理，充分发挥新闻报道的舆论引导作用。

4. 方法和形式要新。记者的创新思维，在新闻采访的方法和形式上，也能得到充分的运用与体现。记者不能老是因循一种固有的采访形式和方法，而必须根据采访的任务、目的、环境、时机等多种情况，灵活机动地使用多种采访方法和形式。拿采访方法来说，记者不仅可以采用口头采访提问的方法，而且可以采用目击采访观察的方法；不仅可以书面采访，也可以电话采访；不仅可以正式采访，也可以非正式采访，或者现场临时采访。拿采访形式来讲，包括个别访问、集体采访、隐蔽采访、易地采访、开调查会式的采访和出席新闻发布会式的采访等等。无论哪种方式和形式，都要立足于实效，都要有利于真正采访到有价值的新闻。因此，在选择哪种方法和形式时，记者应当有创新的思考，注意突出新意，注意抓新闻，使采访马到成功。

三、记者在新闻采访工作中，要善于不断学习、积累和实践，努力培养和提高创新思维能力

创新思维能力不是天生的，而是在学习、积累和实践之中不断形成和培养的。学习对于创新非常重要。如果不学习，不了解政策和时局，采访中根本无法创新。最重要的学习，就是学习党的方针政策，它是记者正确展开采访活动的灯塔，也是记者创新思维活动的源泉和根据。只有熟悉了党和国家的方针、政策，才能够准确地去认识和发现新事物，也才能从中选取出最有新闻价值的事实去进行报道。创新，也才有了前提和基础。例如，改革开放的前几年，一位长期跑教育战线的记者，认真学习了党的十一届三中全会所制定的知识分子政策后，先后写出了学校党委为被“四人帮”迫害致死的教师干部昭雪平反、党委积极发展教师入党、一批新中国培养的知识分子走上高校领导岗位等新闻，发表后引起社会高度重视和好评，生动有力地宣传了党的知识分子

政策，体现了科学和教育事业春天的到来。这种采访中的创新思维，就是学习政策的成果。当然，记者在采访中，还要善于向群众学习，向各行各业的基层工作者学习，向生活和多种学科学习。这样，才能有丰富的知识，才能在采访中不断创新。

积累对于采访中创新思维的运用，也很重要。没有积累，不了解客观情况，手中没有生动的数据和资料，也就谈不上采访中创新。20 世纪 80 年代初，一位记者采访某著名作家。当记者提出一、两个问题时，这位作家说，你提的问题，前不久香港《大公报》与上海《文汇报》都已经发表了采访我的专访，解答了。这就是因为缺乏积累导致的不成功的采访。著名作家、翻译家兼记者戈宝权，十分善于积累。1979 年，他到成都、眉山、乐山采访，沿途收集了许多关于四川风土人情和经济文化发展的资料，后来他写的有关四川的散文与游记，成功地利用了这些有价值的资料，生动地表现了改革开放以来巴山蜀水的变化，很有新鲜感和趣味性。这就是戈老善于在积累的基础上进行创新的成功范例。记者就是要养成勤奋积累的习惯，学习一些农民拣肥料积少成多的精神，使自己成为一名知识丰富、资料众多的人。这样，采访中创新也就更能得心应手了。

实践是培养创新思维的重要途径。记者只有在不断实践、反复实践的过程中，才能增长聪明才智，增强新闻敏感，也才能在采访中更加具有创新思维的能力与习惯。比如一位常年跑教育新闻的记者，他每年都要报道高等院校招生、开学、毕业分配的新闻。时间长了，实践多了，他就最了解当年这些工作有什么新的变化、新的情况，从而以新的思维选择最佳角度，采写出最有新闻价值的新闻来。从更广的意义上讲，实践对于提高记者总体采访能力、开扩记者眼界、结交更多朋友、总结出更多的正反两方面的经验，从而在更深层次上成功地运用创新思维也有重要的意义。

第三节　正确掌握和运用创新思维，不断提高新闻采访工作的水平和质量

新闻采访中运用创新思维，必须正确处理好以下几个关系：一是创新与继承的关系。创新是在继承基础上的发展，是创造性的思维和实践，是思想认识上的升华。新闻采访中的创新思维，是建立在我们党一贯的新闻采访工作传统的基础上的。因此，不能背离这种优良的传统，而是要在继承传统的基础上，发扬光大，把新时期的采访工作做得更好。例如，我们党的新闻工作所一贯倡导的深入调查、实事求是、全面辨证地看问题的思想和方法，都是今天所仍然需要坚持的。我们所要创新的，是突破那些不适应新时期社会情况的陈规陋习，是突破那些阻碍改革开放的旧观念、旧思想，是以当前新闻工作的特点创造出新的采访技巧和方法。所以，创新与继承二者是不矛盾的，也是不可分割的。

二是创新与原则的关系。新闻采访，是一项政策性、实践性很强，关系到国家政治经济生活、人民实际利益的严肃的工作。因此，新闻采访必须遵循一些基本原则。比如，新闻报道必须坚持正面宣传为主的方针，新闻必须客观、真实、实事求是，新闻要尽可能用事实说话，做到迅速及时等。新闻采访中运用创新思维，也不能背离这些基本原则，而是要更加生动、有力地体现这些原则。创新可以标新立异，但不能异想天开。新闻采访中的创新思维，正是在维护新闻报道基本原则的前提下，不断开拓新天地、新思想，采写出有新的时代特色的好新闻来。

三是创新与真实的关系。新闻是新近发生的事实的报道，新闻必须真实，这是新闻和新闻采访工作的生命。无论新闻采访中怎样创新，绝不能以损害或削弱新闻报道的真实性为代价。如果

那样，创新也就完全失掉了意义。新闻采访中，可以想像，可以思索，可以设计多种采访方案和报道计划，但决不能虚构。瞎编乱造，不是新闻，新闻采访的一切思维活动必须在维护新闻报道真实的前提下进行。只有这样，记者才能取信于民，传媒才有生命力，新闻采访也才能永葆青春，成为推动新闻事业前进的真正动力。

今天，世界已经跨入新世纪，新闻事件层出不穷。我们必须更好地掌握和运用创新思维的武器，采写出更多好新闻，为推动时代步伐和社会发展作出新的更大贡献！

注释：

①言毓强：《我想当一名第一流的女体育记者》，《新闻战线》1986 年第 2 期。

②郭梅尼：《细节是通讯的血肉》，《解放军通讯》1984 年第 11 期。

③张西洛：1992 年 10 月 7 日在四川大学新闻系新闻讲座上的讲话。

◀思考题▶

1. 为什么说新闻采访需要创新思维?
2. 新闻采访中的创新思维包含哪些主要内容?
3. 怎样培养和提高记者创新思维的能力?
4. 新闻采访中运用创新思维应当注意哪些问题?

第五章 新闻采访与人际心理

第一节 新闻采访是人际间心灵沟通的艺术

一、新闻采访是一种特殊的交往，而交往是人与人心灵交流的外在体现

(一)从新闻采访的本质看，它的社会意义就是交往，采访是记者通过各种方式采集新闻素材的活动，这种活动必然要融入人际交往之中

马克思说，报刊是无所不在的耳目。那么，记者必然是无所不在的社会活动家。众所周知，新闻工作是一种与人打交道的职业，这主要表现在新闻采访中记者的活动方式上。新闻采访是以传播为目的，自身又是传播的一种方式。新闻采访比其他任何工作都更依赖交往，它通过交往来获取信息，再借助传播媒介，以特殊的交往方式把信息传播出去。

例如，新华社的一位记者在采访某佛教协会会长时，很有礼貌，进入客厅时，脸上顿生庄严之色，还双手合什，对 90 高龄的法师躬身举礼，并说："法师，您好!"记者的行为赢得了法师的好感，因而他们之间越谈越热烈，使得记者这次采访很

顺利、成功。

(二)从新闻采访的特性看，新闻采访要求采访到可供报道的新闻，而这些新闻是要通过记者的交往来获得的

作为记者的社会活动，是在新闻领域内为完成新闻业务工作而进行的人与人之间的交往。它有着明显的二重性，即："活动内容的新闻性与活动形式的交往性。"①

(三)新闻交往不同于一般的人际交往

1. 新闻交往较之一般的交朋友有很大不同，它的目的很明确，就是为了要写出新闻作品

许多交往中，交往的双方都有一定的目的，或是物质的交换，或者是心理的安慰，或者是生意的往来，或是知识的获取等等。新闻采访亦不例外，作为交往的双方，记者和采访对象都各有目的，而记者的目的性更加强烈，并贯穿于整个交往过程。采访伊始，记者便开始力争迅速地从被采访对象那里获取自己所需要的东西，这种东西正是记者想要了解的新近发生事实的信息。几乎所有的记者都是带着获取信息的目的与采访对象交往的。换句话说，新闻采访作为交往，其得以开始的前提就是采访对象具有记者所需的信息。记者与采访对象的交往是围绕着记者所需的而采访对象又有的信息进行的。当记者发现采访对象没有自己所需的信息时，会适时中止这种交往。由此可见，完全是新闻采访的目的，把记者与采访对象联系到了一起。新闻采访的目的就是要寻找并弄清事实的真相，这一鲜明而特殊的目的贯穿于交往的全过程之中。

2. 在新闻采访中会遇到各种复杂的情形，情况千变万化，不完全以记者的主观意志为转移。新闻记者与采访对象关系的复杂性，是其他任何交往所不能比拟的

新闻采访的复杂性主要表现在两方面：一方面是记者所面对的采访对象的复杂性，另一方面则表现在记者与采访对象的交往

涉及的层面上。“教师的主要工作对象就是学生，有时加上家长；售货员每天要接待各种各式的顾客，但他们交往的内容，一般只是局限在比较单纯的买和卖的关系上；法官，要审查各种各样甚至稀奇古怪的案件，但他面对的也主要是罪犯。”②记者所面临的关系不可能像老师对学生、售货员对顾客、法官对罪犯那么单纯，他面对的是各种年龄层次和各行各业的各种身份的人。在采访活动中，记者为了从采访对象那里获取材料，需要同采访对象进行深层次的心理交流。这就使记者与采访对象的关系呈现出相对的复杂性。艾丰认为：“人类社会人与人之间的各种关系的复杂性，都要反映在记者和采访对象之间的关系中来。”③这种说法一点也不夸张。正因为新闻采访这种交往的复杂性，记者在处理与采访对象的关系时，应避免按照一个固定模式来进行，而要针对不同的采访对象、不同的情况具体分析，善于发现新情况、新问题，适时调整与新闻采访对象的关系，以求交往的顺利和采访的成功。“世界上也许没有哪一种工作像记者这样要求掌握高超的与各种各样的人‘打交道’的艺术——他们必须日复一日地和大量的陌生的采访对象迅速熟悉起来，在最短的时间里获得最佳的采访效果。”④

3. 新闻采访中交往的关系，总的来看，是平等的关系。记者处理与不同采访对象之间关系的总的原则，应当是双向平等的原则

新闻采访所采取的是社会活动方式。尽管有的记者是由权威新闻单位派出的，但它仍不同于一般的行政活动、法律活动，不具有行政的、法律的约束力，不具有强制性。采访活动作为一种社会交往，完全是两厢情愿，不允许一方使用行政或法律手段逼迫另一方。不管双方的社会地位和身份如何，在采访过程中，他们的地位是平等的。面对不同的采访对象，记者的地位处于不断的“浮动”之中。记者采访总统时，他与总统是平等的，而非总

统的下属；而记者采访老农时，他与老农是平等的，而非领导。可以说，采访对象的社会地位有多高，记者的地位就有多高，记者既不能以“无冕之王”自居，自以为高人一等，也不必自己看低自己，而应与采访对象结成“平等、友好、亲切、同志式的关系。”⑤美国新闻学院教授阿伦森也认为：“记者和采访对象之间应当是平等的。”⑥记者在采访中既要尊重采访对象，又要自尊，明白自己的身份，了解对方的身份，并采取正确的态度。中国一位老记者的名言：“庄严而不流于傲慢，谦恭而不流于谄媚”，是很值得我们借鉴的。

同时，我们也应当看到，新闻采访的交往也是一种多变的关系，它有着较为频繁的心理活动。记者需要采访对象，需要选择、观察、了解采访对象，希望通过自己的言行，打动对方，使对方谈出或提供出自己所需的情况，从而完成采访任务。同样，采访对象也需要记者，他需要记者来反映情况，表明自己的看法和主张。在记者挑选采访对象时，采访对象也不是处于完全的被动之中，他也正在挑选记者。在具体的采访中，他会用自己的言行影响记者。记者与采访对象在交往中呈现出一种双向的互动的关系。

众所周知，在新闻活动中，自始至终贯穿着人的认识过程、情感过程、意志过程，表现出人的不同兴趣、爱好、才能、气质和性格等心理特征。采访中，记者与采访对象都有着复杂的心理活动，而采访的材料经过加工、制作又是供给受众的，受众的心理也不可能不影响采访活动。不过，从直接影响采访活动成败的角度来说，记者与采访对象的心理交流显得尤为重要。记者与采访对象的心理需求是不相同的，记者需要采访对象谈出自己想知道的重要情况和见解，而采访对象也不是“材料篓子”任你索取，他也有自己的需要。双方各有所需是采访进行的前提，而双方各自的需要能否得到满足，就要看双方的交流是否成功。采访成功的关键就在于记者在采访中能调动采访对象参与交流的积极性，促进与采访对象的沟通。

从某种意义上讲，可以说新闻采访是一场心理战。记者能否在这场无形的战斗中取胜，还要看记者能否在这场战斗中遵循以下的交际原则：真诚、平等、信用和大度。

二、新闻采访工作，是对记者心理素质的极好检验

在新闻传播过程中，包含着三种心理现象，即记者的心理、受众的心理和采访对象的心理。在采访活动中，在记者与采访对象进行心理沟通中，记者的心理状况起着至关重要的作用，直接决定着采访的成败，采访工作是对记者心理素质的极好的检验。

记者心理从广泛意义上讲，包括记者的个性、兴趣、毅力、意志、情感，以及探索心、求胜心和好奇心等多种品格和情绪，还有记者对采访活动的应变能力和调节心理的能力。

新闻采访会遇到各种不同情况，有时顺利，有时困难，有的采访对象热情，有的冷漠，还有威胁、利诱、恐吓等。所有这一切，记者如何处之，都与心理状态密切相关，这也是对记者心理素质的极好检验。

面对危险和艰难，有的记者不惜牺牲生命，勇往直前，写出了震撼人心的作品；有的记者却知难而退，无所收获。有时也有这样的情况，两个记者抱着同样的目的去采访，一个能随机应变，谈吐不凡，获得了有价值的材料；另一个却因为不善言辞，不能充分调动采访对象的合作积极性而丧失了大好机会。一个记者因为在采访中善于控制自己的情绪而取得了成功，另一个却因为过于激动或情绪化而导致了失败。这些都与记者个人的性格、气质等心理因素有关。郭超人说：“记者要有适应各种生活环境和密切联系群众的本领，能够在艰苦的条件下同需要采访的任何人打交道。”记者就是要有敲开采访对象心灵大门的本领，让他

们觉得可亲可信，有滔滔不绝的话要告诉你，这不一定是什么思想品质问题，而是同一个人的气质、性格有关。”[7]记者能否正确地认识和把握自己的心理因素，在采访中扬长避短，保持优势的心理状态，不卑不亢，是采访成败的关键所在。

“路由泥石夹杂而混成，雨后泞滑不堪，记者滑倒数次，满身污泥……”“过平溢、铁煽、铁沟等处，时疫流行，苍蝇遍地，居民传染一种软体病，最多七日即死。”赴松潘之路“山险路小，平时已经人烟稀少，食宿困难，兵乱期间，通过尤非易事，最令人害怕的是过‘大雪山’，似乎这一架山有赌生命的危险。”[8]范长江的西北之行简直是被死亡包围着，如果没有明确的报道事实的信念的支撑，他不会选择这条路；而他一走上这条路，也就走上了一条检验自己意志品质并走向成功的路。

如果说范长江的成功归于他心理素质中良好的意志品质的话，邵飘萍的经历则向我们展示了记者心理素质中随机应变的重要性。他指出“外交记者之职务，每在时间、分秒上竞争，故机警与敏捷乃外交记者应具备资格之一。”[9]在 1917 年黎元洪和段其瑞“府院之争”中，段辞职赴天津，后又在各方挽劝下奏凯回京。邵飘萍前往采访并记下了整个过程：“其时已为晚间十一时半，愚赴车站欲与段氏会晤，至则段已由站归宅，迎讶之人亦散。此时想已无法可以与段会面，然愚尚欲为最后之奋斗，急换乘汽车，奔赴府学胡同段邸。两方栅门已闭，守卫森严。愚令车夫急鸣警笛，仍向邸内进行，门者以为时已夜深，必系阁员或要人有何重大问题报告总理，栅门大开，愚遂入门。门者见愚，显示不悦，谓总理自天津归，非常劳顿，业已就寝，请明日来。愚告以我有要事，请君姑且入告，谁知此时段方胜黎氏，满腔得意，愿对愚谈，遂肃愚人，可谓大功告成。”[10]一些人把邵氏这次采访的成功，归结于他善于分析采访对象的心理。事实上，善于分析采访对象的心理只是一个小的方面，其成功的真正秘诀在于邵氏自己所作的总结：机警和敏捷。

记者面对的是新近发生的，甚至仍处于变动中的事实，采访本身处于一种未定和不测中。外国新闻史上曾有一名记者受命去采访一著名女演员的一次演出。当这名记者赶到剧院后被告知演出取消了，于是记者心安理得地回家去睡大觉了。第二天各大报刊都刊登了这位女演员自杀的消息，使这位记者非常惭愧。这就与记者缺乏应变能力、不够机智、不动脑筋有直接原因。邵飘萍的采访则处处显示了随机应变的灵活性，没有随机应变的能力，攻不破其中的任何一个环节，采访都难以顺利进行。

杨长源在《关键是思想感情》[11]一文中，生动地记录了采访一个农民的全过程，清楚地说明了采访中遇到各种情况是对记者心理素质的极好检验。过德生是湖北省攸县田乡大洲村的一个普通农民，为了帮助炎陵县中村乡三个村两千多户人家摆脱贫困、解决水的问题，他带领一家人在高山上战斗了十五年，作出了巨大牺牲。记者用了3天时间对他进行采访。

第一天，记者与过德生初次见面。过德生问记者：“县里怎么也不派小车送你来?”记者答：“我没有到县里去，直接坐班车到你们乡政府的。”过说：“啊，乡政府到这里有20多里路。以前也来过一些记者，都是县里上午派车送来，问一问，在这里吃顿午饭，下午就回去。”记者说：“我就住您这里吧!”过连忙摆手说：“这，这里不好住呀!”记者说：“没关系。”不过记者到房里一看，的确出乎意料，房里到处是老鼠洞，柜子、床、桌子也老掉牙了。但记者还是住了下来。晚上，过德生与记者谈到了承包隧道工程的经过，并说：“对从前来的记者，我也谈这么多。”

第二天，过德生以为记者会走，便说：“今天太阳好，我晒晒谷子去。”记者说：“我也去”。过感到很意外，在晒谷场，两人各谈了自己的家庭和身世，双方在心理上缩短了距离。

第三天，早上，过德生借钱买了一串油豆腐回来。早餐除了油豆腐、芋头和白菜外，还有两个荷包蛋。过德生夹了一个荷包蛋放在记者碗中，另一个给了他的小孙女。可四岁的小孙女两眼一直盯着记者碗里那个荷包蛋。开始记者没有反应过来，直到过恶了小孙女一声，小孙女哭了，记者才反应过来，赶紧把自己碗里那个蛋夹给小孙女。过德生生气地喊小孙女出去，记者一边哄小孩，一边说："来，咱们一起吃。"又从小孙女碗中分半个蛋，眯着眼一口吃下去。过德生看见记者像在自己家里一样，心里很高兴，说："老杨，你到底是农村出去的，真是看得起咱农民呀……以前来的个别记者，我同他们谈得流泪的时候，他们不理睬我，还扭过头去捂住嘴巴笑我。"晚上，过德生特地邀请了他的一些亲友同记者一起吃饭，他们谈了许多有关承包隧道的精彩细节。过德生谈到当母亲去世自己也没能回家给母亲送终时，放声痛哭，记者也哭了……

在记者叙述的这次采访中，记者和采访对象的各种心理活动都得到了淋漓尽致的展现。由于以往记者的所作所为使采访对象对记者抱有成见，采访伊始，采访对象态度冷谈，见面第一句话就一点也不友好。尽管记者的回答使采访对象有点意外，但采访对象的不合作并没有改变。此时多说无益，记者只有用行动打动对方。记者同采访对象同住破屋，采访对象按以往惯例谈了一些情况，并且告诉记者对以前的记者也谈这么多。可见采访对象依旧把记者同以前来的记者划为一类，态度不冷不热，说完即睡。记者认为采访应当是记者与采访对象思想的交流，采访对象紧闭大门，记者只有继续努力，于是第二天同去晒谷场，拉近了双方的距离。第三天记者饭桌上的表现最终打动了采访对象，采访对象高兴起来，说出了心中的积怨。于是记者才了解采访对象抵触记者的原因在于以往记者对采访对象不尊重、不理解，伤害了采访对象的自尊心，而记者则不遗余力地打开了这个缺口，采访对象变得积极合作了。这表现在行动上便有了第三天邀亲友吃饭，给记者提供施工细节的出现。由于采访对象感受到了记者的亲切、尊重和理解，他也在采访中敢于表现自己的情感而不用担心嘲笑了。可以说，整个的采访，就是采访对象心理活动的展示过程，显示了采访对象从抵触，到有点体谅，到进一步亲近，再到最后积极配合的心态变化。在采访中，采访对象的心理活动总是通过一系列具体的言行表现出来的。一个好的记者必须善于分析采访对象的言语、行动，判断采访对象的心理状态，适时地调整自己的言行，以此来进一步调动采访对象合作的积极性，最终获得自己想要的材料。任何一个合格的记者都不会忽视采访对象的各种心理表现。

在采访中，妨碍记者正常发挥采访技术、影响采访效果的心理状态有：固执心理、停止不前的心理、缺乏创新精神的心理、急躁心理、自卑心理、盲目自大心理、惰性心理、盲从心理、厌倦心理、应付心理。

所有这些心理状态，都是十分有害的。记者一定要努力克服这些消极的心理因素，随时以一种积极的心理状态去迎接每一次采访活动。

三、新闻采访活动也是采访对象各种心理状态的集中表现

从新闻采访活动中，采访对象所持的态度不同，我们不妨把采访对象常见的心理分为以下十种：

(一)积极心理

在采访中，大多数采访对象都认为记者来采访，是看得起他们，有一种光荣感，也认为接受记者采访是自己应尽的义务。因而他们在采访中，积极配合记者的提问，热情、坦诚、负责任地把自己知道的事情和情况介绍给记者。这种积极合作的态度，是最便于记者采访的，也是最理想的。

(二)为难心理

有些人工作上取得了成绩，但一听记者要采访，却显得很为难。或者是采访对象出于为党、为人民做贡献完全应该，没必要宣扬的想法；或者是担心自己的事迹见报后会给自己的工作、生活带来不必要的麻烦。在采写表扬性采访中有这种情况，在采写批评性报道的时候，也会遇到为难的采访对象。他们怕的是打击报复和得罪人。记者要具体情况具体分析，充分替采访对象考虑，耐心加以劝导，打消其为难情绪。一般这种采访对象还是愿意配合记者的，这就有赖于记者的正确调动艺术了。

(三)紧张心理

在采访实践中，采访对象和记者一见如故的情形很少。面对陌生记者的采访，采访对象一般都有不同程度的紧张心理。紧张心理产生的原因有两种：一是因为采访对象不了解记者的访问意图，不知该怎样回答记者的问题。在这种情况下，记者应当迅速与采访对象交流，说明来意，让采访对象消除顾虑。只有采访对象明白了你的采访意图，才知道该不该接受记者的采访，以及怎样回答。有的记者习惯在采访前把采访提纲提交给对方，使对方有所准备，而不必担心面对记者时不知所措。这在某些条件允许的情况下固然可行。产生紧张的另一种原因是由于采访过程中采访对象反应不灵敏、词不达意，知道情况说不出而造成的。这就要求记者适时寻找缓和紧张气氛的契机，比如转换话题，另换采访环境等等。著名女记者金凤采访抗美援朝的排弹英雄郭金升时，就遇到了这种情况，当时金凤及时转换了环境，把英雄请到天安门广场，边逛边聊，郭金升触景生情，一谈就是三个小时。

(四)戒备心理

这种心理产生的主要原因，往往在于采访对象吃过记者采访的苦头，或者认为记者将会给自己带来苦头。因而在采访中谈话不主动、不积极、不愿意敞开谈，心存戒备。有的采访对象曾碰到过个别采访作风不正、官派十足的记者，他们对采访对象指手画脚，提条件、讲派场，甚至毫不客气。这种记者采访不可能深入，写出的报道不可能满足采访对象和受众的要求，只会让采访对象反感和避犹不及。还有的采访对象知道记者要写批评报道，采访对象出于为自己的将来谋划，怕自己将来人际关系不好处，所以往往采取戒备的态度。对第一种采访对象，记者应该做的是用自己的言语和行动证明自己并非采访作风不正的那类记者，而是出于公心来进行采访。对第二种采访对象，记者就应晓之以理，说明进行批评报道的意义和作用，同时也应保证在采访过程和采访后的报道中不损害采访对象，尽可能为采访对象着想，让采访对象放心，变戒备为支持与配合。

(五)迎合心理

一般说来，任何记者遇到说话痛快，要什么给什么的采访对象都会觉得采访轻松又顺利。但正是在这种轻松中，记者应当提高警惕，防止对方迎合自己。迎合心理最常见的表现是采访对象一旦摸准记者意图，记者需要什么，他就提供什么，当然前提是对采访对象有利。有的采访对象不惜提供假材料、信口开河，他利用的就是记者获取材料的急切心理。而这种迎合态度又看似像是积极合作，有很大的迷惑性，记者一定要小心应付，善于分辨采访对象言行中过分的积极和虚浮，防止被采访对象利用。

(六)偏激心理

它是指采访对象在被采访的事件中占据某一立场，竭力突出自己一方的观点，失去公正、辩证的态度，而陷入一种极端情绪之中。一般说，当采访对象处于这种心理状态时，其言语和行动都有过激的表现，情绪显得难以控制，记者还是能够觉察出来的。记者自始至终都应保持冷静，避免被对方的偏激情绪同化，同时还要善于分析和挖掘偏激情绪产生的原因，原因搞清了，才能更全面地看问题，防止偏听偏信。尤其是在事实未弄清楚以前，偏激不利于弄清真相。

(七)鄙视心理

一般说来，不管是出于人们对记者这种职业的尊重，还是出于人对人的尊重，采访对象很少会对记者产生鄙视之心。但有时也不排除这样的情况。由于个别记者道德水平低下，职业素质太差，在采访中严重损伤了采访对象的名誉、人格，或者采访对象的视之宝贵的尊严，也会诱发采访对象对记者产生鄙视心理。还有的采访对象把这种情绪扩大化，祸及整个记者队伍，为记者的采访工作埋下了隐患。鄙视之心往往意味着采访对象受伤太深，积怨也深，所以不是轻易能够化解的。如果是正在采访中的记者给采访对象造成了伤害，那么这名记者应停下手中的工作，着眼于自身人格、道德的改造。如果是别的记者给采访对象造成了伤害，那么正在采访该对象的记者则应采取宽宏大量的态度，以自己的模范言行，消除对方的鄙视心理和敌意。

(八)推诿心理

它表现为采访对象对记者的采访进行推诿，找借口，不愿意接受采访。产生推诿心理的原因也是多方面的。有的确实是因为采访对象很忙，没有时间接受采访；有的是因为采访对象生活或工作中遇到了挫折，正处于不顺心当中，觉得记者采访是添乱，没有心情接受采访；还有的采访对象因为以前接触的记者水平不高，浪费了自己的时间，所以就找借口推掉采访。面对采访对象的托辞和推诿，记者不必悲观失望，而是要从侧面弄清对方不愿接受采访的真正原因，对症下药，为自己的采访打开通途。

(九)虚伪心理

一般人都有把自己好的一面给别人看，把不好的一面隐藏起来的心理，这是一种虚荣心。但做得过分，为了满足自己的虚荣不惜作假，那就变成了虚伪。采访对象面对采访，考虑到记者报道的威力，自然就有“报喜不报忧”的想法。有的采访对象为了宣扬自己，不惜弄虚作假，把自己的过错说成功劳、成绩。新华社记者芦殿洛在《在深入实际、深入群众中改进文风》一文中就谈到这样一件事。有一年，某汽车站发生驾驶员伙同无票乘车者殴打乘客的事件，《人民日报》刊登了被打乘客的来信，引起了领导重视，要求汽车运输公司党委认真处理这件事。此后，汽车运输公司党委向交通部、人民日报社写了报告，说对事件进行了处理，并结合文明礼貌月在公司开展了“假如我是一个乘客”的大讨论，开展了评选“模范驾驶员、模范乘客、模范服务员”的活动。报告又说，通过整顿，做到了“不脱班，不晚点，所有旅客对号入座”。根据他们的报告，人民日报社与新华社联系，希望写一篇该公司知错就改，转变服务态度的连续报道。记者接受任务后，赶到这个汽车站，看到到处贴着有关整顿服务态度的标语，到党委了解情况，内容与报告一致。这个时候，写稿上交就行了。但是记者没有这么草率，经过和十多个基层干部谈心，记者发现情况和报告大不一样，公司根本没有开展什么活动。为了解真相，记者又来到公司搭乘汽车，发现无票乘车现象仍有，车上无座号，更谈不上对号入座。充分的调查表明该公司所谓的整顿完全是应付上级，欺骗舆论。看来要避免被采访对象的虚伪心理利用，记者必须深入群众、深入实际，要注意材料核实，听取各方意见，不能想当然下结论。而再聪明的作假也难免会留下蛛丝马迹，这就要靠记者的细心去发现了。

(十)抵触心理

它表现在采访对象对记者的采访持反感、不合作的敌对情绪。新华社记者杨建业采访马寅初时就遇到了这种情况。记者5次访问，两次吃闭门羹，在一次电话采访中又遭马次子的一顿教训。但记者静心思索后，找到了马家对自己抵触的原因是自己帮不上忙。记者没有泄气，他查阅有关报纸和资料，对采访对象更加同情和理解，把自己的调查写成了内参，引起了中央领导同志的关注，终于使马寅初得以平反。这就是记者做了一件大好事。可以说，任何一种心理的产生都有其原因。有时采访对象的抵触，原因就在于记者只顾自己完成任务，忽视了采访对象的需要，自然引起了对方反感。只要记者找出根源，疙瘩总会解开的。

总之，采访对象的心理是多种多样的，而且不断地在变化。只要记者心中有一个总原则：对有利于采访的心理状态善于加以利用和保持，对于不利于采访的心理状态善于加以引导，使采访对象心甘情愿地改变态度并加以配合，采访就一定会成功。只有记者与采访对象心相通，他们之间的心理沟通才可能实现。

第二节 人际的心理沟通，是新闻采访成功的保证

一、记者的心理活动，是采访心理活动的动力、核心和主导，因此正确调节记者的心理活动是采访成功的关键

(一)记者的心理在新闻采访中占主导地位

当记者，在这个世界上是奇特而诱人的职业。在局外人看来，记者可以“见世面，识名流，跑遍天下，名扬四海”，好不潇洒。但他们只看到了一面，却不了解这后面紧张节奏下的艰辛、不停奔波和危险。

人民日报记者金凤回顾了自己的记者生涯，她的切身感受是“宛如经历一场艰难的、冒风险的，然而又是多姿多彩的长途跋涉，时而天朗气清、风和日丽；时而暴风骤雨、冰雹相加；时而高山峻岭疑无路，时而峰回路转又一村……长途跋涉中，既有多年采访的艰辛，更有多年风风雨雨给予当代中国知识分子的诸多

考验与磨炼。”[12]

俗话说：七分采访，三分写作。新闻记者经历的考验与磨炼大多数是在采访中碰到的。采访是什么?意大利著名女记者法拉奇称之为“一场探讨事实真相的战斗”，范长江也说过：“要做一个顶天立地的记者，必须能坚持着真理的火炬，在夹攻中奋斗。在这场战斗中，记者要与时竞争、与人竞争、还要与己斗争。”这个“己”就是记者的心理状态，如果心理状态不佳就会使战斗受到干扰，甚至不战而退。

新闻采访的心理活动的引起，是以记者的心理活动为开端的。同时采访心理的结束，也是由于记者顺利地完成了任务，或采访未获成功、另觅良机而结束的。在采访过程中，记者的提问的多少、详略，观察的深浅、长短，也都是以记者的心理为发端的。因此，我们可以说，记者的心理是采访活动的主导心理。

(二)记者在采访中，应该具有什么样的心理状态呢

1. 应该具有强烈社会责任感的心理状态

强烈的社会责任感，说得通俗点，就是记者要有乐于“管闲事”的勇气和决心。就拿马路上下水道井盖失踪的小事来讲，普通百姓想的是要小心绕开，骑车注意别掉进去，别的自己就管不着了。记者却不能仅仅绕开了事，他一方面要向上面反映情况，尽快解决问题，问题未解决以前还要提请老百姓注意安全；另一方面要谴责偷盗者，号召群众监督。作为记者应处处发现问题，时时肩负责任，勇于把别人视为“分外”的事当成自己“分内”的事。一旦发现社会的某个角落有问题，记者都有责任去采访、去研究、去报道，哪怕是冒着生命的危险。

1937年初，“西安事变”刚发生不久，真相如何是人人欲知却无从知道的事情。当时西兰公路中断，一路上危险重重。但是范长江抱着向人民群众报道真相的决心和目的，义无反顾地踏上了征程。他当时想的是：“万一有什么不幸的话，也是做记者

的职务上所应当。”[13] 他后来到了西安、延安，写出了《西安》、《万里关山》等新闻名篇，真实地报道了西安事变的真相与红军的业绩。

90 年代，当我们从电视屏幕上第一次看到中央电视台《东方时空》记者出现在波黑战场上时，不禁睁大了眼睛：记者的身后不远的地方正在激战，断壁残垣的废墟上只有提着枪的武装人员敢通过，子弹随时会从某个角落里飞出。在这种环境中进行采访，记者们早已把生死置之度外。他们心中的社会责任感压倒了一切恐惧和懦弱，他们一心要做的就是让祖国和世界人民真实地了解波黑局势，让世界看到中国的记者也出现在了世界最激烈的热点土地上。

2. 对事物很敏感、很果断的心理状态

在新闻采访中，为什么有的记者“吃了上顿愁下顿，苦于手中没线索”，而有的记者却“左右逢源来路多，不尽线索滚滚来”呢?这在很大程度上应归于记者的心理素质。试想一个人如果对外界的事物没有兴趣，感觉迟钝，甚至麻木不仁，觉得一切都司空见惯，他怎么可能当好记者呢?

1996 年初，某市一家娱乐场所在开张后生意一直不景气的情况下，突发奇想，从外地请了一个斗兽表演团。名曰斗兽，实际上饲养员拿着一只小山羊在狮子面前晃来晃去，在挑起狮子的兽性后便把小山羊扔进笼子里，狮子扑过来，毫无抵抗力的山羊连挣扎都不挣扎，就被狮子咬死了。记者这样描述他当时的心理：“被吞噬的小山羊虽是动物，但我感觉它那双无邪的眼睛就像婴儿一样，狮子的利齿咬在他的背上，就仿佛咬在我的脖子上，这时我感到脖梗发冷。”这位记者敏锐地感受到这种充满血腥的表演不再属于健康的娱乐活动，对少年儿童的心理健康会产生不良影响。于是当即采访了观看斗兽表演的家长与孩子，听到了人们要求关闭表演场的呼声。这篇新闻表现了记者敏锐的心理素质。

在敏锐的感受力的基础上，记者还应该具备准确果断的判断力。美国新闻学者麦尔文·曼切尔曾要求记者一方面必须学会用孩子般的眼睛观察世界，把每一件事都看成是新鲜的，各具特色的；另一方面必须用聪明长者的眼光洞察世界，能够区别出有意义和无意义的东西。他所要求的实际上就是敏锐的感受力和准确的判断力。新闻记者不同于常人之处，就在于他时刻需要保持一颗好奇心，对飘过耳边的每一句话和落在眼中的每一件事都能思考一番，从中抓住有价值的新闻事实。

3. 勇于开拓、热心改革开放、乐于广交朋友的心理状态

所谓“开拓性”的心理状态，一方面是要求记者在日常生活中乐于并且善于同他人交往，能够毫不费力地把自己的想法同他人交流；另一方面则要求记者在工作中，要眼观六路、耳听八方，多多搜集新闻线索，学会新闻采访的十八般武艺。

新华社记者孙世恺曾讲过他某个星期天上午半天的经历：先带着孩子上街买菜，边买菜边与售货员聊冬贮大白菜的供应；到了肉铺，又同肉铺民众谈论城市供应的猪肉为啥肥的多、瘦的少；路过邮局报刊门市部又要问问邮局的同志读者喜欢什么期刊；到了居民楼乘电梯，又加入了关于奖金的讨论之中。事实上，许多新闻就是在这些不经意的交谈中被发现的。记者都有自己的信息网，而信息网的建立绝不是一时一刻就建立起来的，它是记者在日常生活中慢慢培植起来的。平时记者不经意联络到的人，说不准某天就成了给你提供大新闻的可靠新闻源。当然，记者在建立自己的信息网时，不能因为是“泛泛之交”而漫不经心。一个没有取得别人信任的记者，别人是不会轻易地把心里话告诉给你的。以诚相待是记者与人交往的基础。

一位新闻界前辈曾说：“记者要做‘两广总督’，不仅要‘广交人缘’，而且要‘广交报缘’，不能搞‘同行是冤家’那

一套。”[11] 这话是很有道理的。

4. 始终具有较强心理承受力，乐观向上的心理状态

记者应该不怕碰钉子。因为记者的工作，对记者自己来说是分内的，而对采访对象来说则往往是分外的。如果没有一个硬挤的精神，往往不易办成。此外，记者的社会接触面很广，什么人都可能遇上，这就要求记者在采访前对可能受到的各种待遇有心理准备。记者必须有非同寻常的勇气和力量来承受某些磨难，排除各种障碍，以保证采访的顺利进行。在诸多成功的采访中，胜利也常常垂青于具有超凡承受力的记者。

(三)在新闻采访的不同阶段，记者应当适当调节自己的心理状态

记者在采访前的准备阶段，应当分析、设想自己将要采访的对象和采访目的，并预计出可能会碰到的各种情况与对策。这时对采访活动进行的思考应当认真、细致，而不能抱任何侥幸心理。

当记者和采访对象一旦见面，这也就进入了采访的初期阶段。这时记者应当考虑如何以得体的表现、动作、言语去影响采访对象，从而使采访对象很好地配合记者采访。记者此时应当采取谦虚、热情、大方、得体的态度，既不盲目乐观，也不能盲目自卑，而应充满信心，主要利用视、听等感官来影响采访对象，使其成为一个积极配合的被采访者。

记者与采访对象谈得投机，采访即进入高潮期。此时记者要不断根据对象提供的情况，调节自己的心理。一方面正确理解对方的讲话，另一方面还要从谈话中发现新情况、新问题，并深入挖掘下去。在高潮期，记者要保持持久的耐心、严密的分析能力和敏锐的判断能力，以及善于随机应变的灵活性。

采访的最后一个阶段即结束阶段，记者基本已完成了采访的任务，但应注意克服匆忙收兵、草草结束的心理状态，而应提纲

契领地把握采访的全过程，注意对方谈话中的新的闪光点，以获得意想不到的收获。

二、分析和掌握被采访对象不同的心理表现和特征，是记者采访艺术的重要内容

采访对象是提供新闻事实的主要渠道，记者为获得新闻，要经常和各种采访对象接触。杰克·海敦说过："新闻事业是一个跟人打交道的事业。大约99%的新闻是部分或全部以访问——也就是向人提问题为基础写成的。"[15] 记者在采访当中会遇到各种职业、年龄、文化程度和性格的人。这些采访对象在接受采访时会表现出不同的态度，这种态度是由他们当时的心理状态决定的。记者要想在最短的时间里得到尽可能多的材料，提高采访成功率，就必须注意揣摩采访对象的心理。然而采访对象的心理状态，并不是一下子就袒露在记者面前的，往往是在一言一行，甚至一个表情或手势中，隐隐约约地显现出来。记者采访时，只有通过敏锐的观察，才能及时地掌握采访对象的心理，把采访引向成功。

(一)一些采访对象不愿意接受采访的原因

采访对象拒绝接受采访的原因是多种多样的，只有了解和把握了这些心理原因，才能对症下药，使采访对象得以接受记者的采访。采访对象不愿接受采访的原因一般有以下几种：一些采访对象对自己缺乏实事求是的认识，表现得过分谦虚；一些人则是担心自己的事迹被报道后，吃苦受累不沾光，典型难当；有的人由于过去看过一些不实报道，对新闻报道产生了误解，认为广播、电视、报纸都是在吹牛；有的人害怕被误解成喜欢追求名利、自吹自擂的人，表现出一种少说为佳的态度；有的采访对象整天忙于工作，常常是"两眼一睁，忙到熄灯"，害怕采访耽误了他的工作；有些采访对象怕遭到红眼病的讽刺打击和白眼病的

嘲讽排挤；有的人怕记者乱吹一通帮倒忙；有的采访对象担心记者采访后没有回声、不了了之，甚至把重要资料拿走了，也不归还。

(二)影响采访对象心理状态的主要因素

正像采访对象拒绝接受记者采访的心理原因是多种多样的一样，影响采访对象心理状态的因素也是多方面的。首先是社会生活条件的影响。其次是不同个性特征的影响，有的人热情、有的人冷漠，有的人胆怯、有的人大方，他们面对采访时，便会呈现出各式各样的心理状态。再次是采访对象的能力，知识水平，以及记者的采访技巧对采访对象的心理也有影响。另外，采访的事实与采访对象的利害关系也对采访对象的心理有影响。一般来说，对采访对象有利的事实，他都会主动与记者积极配合，表现出喜出望外的心理，并且希望采访能早日见报；如果是对采访对象不利的事实，采访对象则会揣摩记者的动机，思考应当如何应付，采访时尽量对要害问题避而不答，并希望记者最好不要将报道发表，即使要发表，也要手下留情，不要节外生枝；如果是对对象既无利也无害的事实，采访对象一般不大热心，只希望自己的话被准确报道，不要被记者给曲解。

(三)记者在采访中应当怎样把握采访对象的心理

1. 要注意敏锐地观察和分析采访对象的情绪

萧乾曾说：“新闻采访要求记者机灵，会寻找谈话的良机。”这句话道出了记者在同采访对象交谈时要机敏、灵活，要注意观察对方的表情、目光、眼神、动作、姿态，并耐心倾听和分析其言辞，如语气的变化和动作细微末节的变化等等，从中探测出采访对象心理状态上发生的变化。例如，某厂报记者，曾采访过一位“敬老好儿女”。一见面，记者就说：“闫师傅，您已经是连续几年获得‘敬老好儿女’的光荣称号了。您对您父亲特别孝顺，他老人家生前一直卧病在床，而您对老人家照顾得无微不至。你能不能就您是怎样孝敬老人的谈一谈?”师傅忙说:“其实没什么好谈的,孝敬老人本来就是每个做儿女的本分。”记者说:“是啊,可是就是有许多人不能做到像您那样自觉和耐心。我们也是打算就您的事迹给广大读者一个提示,您随便谈谈嘛。”可闫师傅还是说孝敬是普通的事,尽的是本份,没太多可谈的。此刻,记者意识到自己提的这个问题恐怕有些太大,人家不好回答。于是,记者便说:“没什么,我们随便聊聊,我只是在工会看见您的材料时,觉得很好奇。因为我注意到您父亲临走时,曾对您说过一句:‘景业,有你这个儿子,是爸的福气。’我觉得这种感慨在今天还是很可贵的。”这果然是个很好的采访切入点,一提到父亲,也许是联想到当时的情形,闫师傅一下动了感情说:“我和我爸感情确实很好……”随着他的回忆,记者偶尔插上几个小问题,一系列宝贵的细节不知不觉地记满了记者的笔记本。几个小时过去了,师傅讲述的许多看似平凡的故事一直感动着记者。这一次长时间的采访,也是记者与采访对象情感交流的过程。采访结束,记者已经很有把握写出一篇令人满意的报道了。

2. 要努力使采访对象的紧张情绪得以放松

有位记者在采访一位刚落实政策的老编辑时,谈话中发现他额头上一直在冒汗。于是马上把话题转到这位编辑书架上摆放的书上,这使得编辑的兴致上来了,情绪也放松了,讲了不少他有兴趣的事。记者又继续提出他关心的其他问题,采访取得了成功。

3. 增强对采访对象情绪的顺应性,努力转化不利于采访的心理因素

采访中,记者要注意顺应采访对象,转化不利于采访的各种因素,使采访得以深入下去。例如,一些记者到农村进行采访时,遇到采访对象谈他们所养的家禽和家畜,而且津津乐道,兴致勃勃,记者不妨也顺应他们所说的称赞一番,让他们愿意把记者当

作自己的对话者,从而把记者所需要的新闻材料充分地讲出来。

三、重视受众心理，是采访最佳新闻、促进采访成功的重要因素

(一)受众的心理特征

受众是传播过程中信息的接收者，是读者、听众和观众的统称。受众在采访过程中并不直接出面，但他却无形地影响着采访过程。叶圣陶先生曾经指出：“写文章要注意到两个方面，要顾到自己，也要顾到读者。”记者要采写出为群众喜闻乐观的新闻，必须先了解受众的特点及心理。

一般来说，受众作为大众传播媒介的受传者具有以下特点：受众是分为不同层次和类别的，受传者数量众多，传播者无法同所有受传者面对面地“个别”交流；受传者本身是“自由”的；是否接受你的传播由他选择，受传者是“无名氏”，但在时间和空间上，受传者与传播者是分离的。[16] 可见，记者采写新闻所面对的采访是非常广泛的、复杂的。记者既要认识受众各自不同的心理需求，更要弄清受众的共同心理。掌握受众心理，有助于记者主动地写出真正为广大受众所需要的新闻作品。

求新是受众的共同心理。马达把读者看报的共同心理归之为四个字：喜新厌旧。越是新鲜的东西，受众就越感兴趣。这就要求记者在采访中要千方百计去获取最新的信息，在内容或报道角度的选择上都要新颖，出奇制胜。

求益、求近也是受众心理的特征。商界人士对经济新闻十分关心，因为他们想及时获得最新的经济信息，了解经济政策，以便能在商业投资活动中取得更高的经济效益；百姓居家过日子，对一些可能影响到自己生活的政策性新闻也很感兴趣；受众对社会新闻都很有兴趣，因为这些新闻不仅有助于他们对社会的认识，还可以满足他们求知的心理。广大受众总是抱着有所收益的

态度来接受新闻的。在现代社会，知识更新很快，许多人不可能花费大量时间进行专门系统的学习，从新闻报道中获取信息和知识，就成了他们的强烈欲望和共同心理。求近心理则反映在地域和心理上的接近两个方面。一般人总是对自己身边的事情更加关注，地域上的接近有助于心理上的接近，心理上的接近也可打破地域上的限制。记者在采访的同时，应时常考虑到满足受众求益、求近的心理。

求真、求快的受众心理，也应当引起记者的注意。真实是新闻的生命，也是受众对一切新闻报道的基本要求。现实生活中，有时真相常常被假相所蒙蔽。这既有客观的原因，也有主观人为的蒙骗在作怪。记者要注意的就是拨开迷雾、去伪存真，挖掘出事件的本来面目，以高尚的品质和采访技术维护新闻的真实性。“假、大、空”的新闻报道，在信息流动快速，渠道多种多样的大趋势下，是难以生存的。在求真心理得到满足的同时，受众必然还会求快，希望最快获悉有关信息。为此，当今世界各新闻传媒展开了空前的竞争。谁能最先抢得新闻，谁就是时效竞争中的强者。受众求真、求快的心理和记者追求新闻真实性、时效性的努力是合拍的，也是相互促进的，有益于整个新闻传媒事业。

求美是现代受众对新闻传播的又一心理需求。它要求新闻报道语言美、标题美、文字美、图像美，特别是新闻所表达的思想要美。随着各学科的发展和相互渗透，审美学与新闻学的交界之处出现了融合，于是有了新闻美学的出现。新闻美学是新闻欣赏中特殊的感受或感受的和谐，它强调的是一种欣赏或接受，需要新闻传播在求通的基础上，能给予受众美的享受，也就是“传必求美”。它要求记者要有一定的美学素质，同时又能对新闻媒介的美学特征和受众的审美需要有足够的认识，在保证新闻真实性的基础上，尊重受众“美”的需要，塑造出更多有高度美感的新闻作品。

(二)在新闻采访中记者怎样照顾受众的心理

了解和掌握了受众的一些心理特征，关键还在于应用到采访中去。记者在采访时，首先应当考虑哪些题目、材料、细节是受众所关心的，哪些材料是受众所重视和注意的，尽力将那些受众喜闻乐见的内容报道出来。其次，记者要注意了解哪些内容是受众已经知道的，在采访时尽可能去寻找那些广大受众还未知的内容，突出新意。在采访时，记者还应了解受众最喜欢什么样的报道形式，力求做到内容与形式的统一。最后，记者还应当经常与受众交流，不是把自己封闭起来，闭门造车地搞新闻报道，而是把受众真正当成自己的上帝和朋友，主动走近受众，从他们中了解到他们的所需，并在自己采访工作中不断完善和改进，为受众提供更多更好的新闻作品。

第三节　正确把握人际心理，不断提高新闻采访艺术

一、记者要学习采访心理学

心理学是研究人们的心理现象和心理活动规律的科学。采访心理学是采访学和心理学的交叉融合，是新闻心理学的一个组成部分。它的内容包括：采访心理的本质和活动规律；采访心理表现形式；记者心理特点及形成，采访对象的心理特征及其表现形式；受众心理；采访方法中心理学原理的运用和技巧；采访内容中心理成分的剖析等等。

记者的心理状态，与采访活动有直接关系，是决定新闻采访成败的最活跃因素。记者有必要在平时有意识地加强心理素质训

练，做到“清醒地认识自我，自觉地改造自我，明白自己的气质，调节自己的情感，提高自己的能力，控制自己的个性，培养自己的意志和情操，全面提高自己的心理素质。”⑰

记者采访时，会遇到各种意想不到的困扰和阻力，这就需要记者有意识地控制自己的情绪，保持最佳的心理状态来排除困难。控制情绪不是没有情绪，而是要调节情绪。例如，记者在前往一些容易引起激动的场合采访时，不妨事先在心理上暗暗提醒自己：“不要激动，要镇定！”如果在采访中遇到采访对象对你冷淡，甚至有不够礼貌的言谈举止时，要自我劝解和告诫：“他这种态度，说不定有什么原因。不同他计较，没必要生气。”这样，通过冷静的思维和毅力的克制，逐渐稳定下来。这就有利于记者清醒地开展采访工作，而不至于一时冲动，失去采访机会。

初次进行采访工作的记者往往容易怯场，尤其是当采访对象是名人或领导时，更是显得紧张，不能进行有效的交流，提不出有价值的问题。这就需要记者有一个“敢”字，要“敢闯、敢问、敢侃”，然后才会有“会闯、会问、会侃”。当然，解决“怯场”，有时也可用转移注意力的方法。如观察采访现场的环境，与采访对象拉家常等。也有的记者先不急于交谈，而是与采访对象一起工作、劳动一段时间后，在心理上接近了，自然就不再紧张。记者应当通过不断的实践，克服怯场现象，进入最佳心理状态，使采访获得成功。

二、记者要善于预测和分析采访对象的不同心理状态，根据不同情况巧妙处理，稳操新闻采访工作的胜券

采访要成功，一方面记者要注意自身的心理调节，另一方面也要学会揣摩采访对象的心理，善于分析和判断对方的要求，情感和兴趣，进而确定自己的交际策略，提高采访的成功率。记者面对的采访对象是非常复杂的，正如邵飘萍所说“交游广则品类不一，上自最高当局国务要人、大政治家、大学问家、大资本家、奸人败类，以至卑官小吏、舆夫走卒，皆外交记者所可接触之人物。”[18] 即使是同一职业的采访对象也会因为在年龄、性别、经历、性格方面的不同，而在采访中呈现出不同的心理状态。记者必须学会分析和预测采访对象的不同心理状态，才能在与采访对象进行心理沟通的活动中，占据主动权，保证采访工作顺利地进行。

三、记者要注意增强新闻敏感

新闻敏感是记者的一种职业心理状态，是一种思维的顿悟的反映，也就是记者的感官对新闻人物、新闻事件、新闻事实所蕴含的新闻价值的敏锐感知能力。

记者应当首先能迅速判断某一事实对当前工作的指导意义，通常叫政治敏感或政治洞察力。新闻采访是一项政治性极强的工作，新闻记者不是单纯的“写稿匠”，他应当以一位政治家的眼光和态度去认识事物，并从中挖掘出能够解决社会矛盾、促进社会进步的有重大价值的新闻。

记者还要善于透过一般现象挖掘出隐藏着的有价值的新闻事实。有价值的新闻事实往往被一般表象，甚至假象遮盖着，如何凭借锐利的新闻眼，挖掘出有价值的新闻事实，是新闻敏感的又一内容，也是记者的一个重要能力。

记者应当在同一事物的诸多事实中，迅速判断、鉴别出最有价值的新闻事实。并且在充分调查分析的基础上，预见有可能出现的新闻。

记者要具有新闻敏感，必须注意培养以下特性，即：主动性、洞察力、变通性、疑问性、独创性、独立性、想象力、幽默感、勇气和决心，以及持之以恒的毅力。只有加强这些特性的培养，敏感才能更加成熟。

四、记者要注意不同受众的心理需要，有针对性地进行采访，使新闻报道更具有可读性

早期的受众分析，是西方广告商组织的报纸发行量的调查，因为那时的读者就是潜在的消费者，广告商可以通过调查报纸发行量了解受众的需要。正如推销商品，不研究消费者心理不行，近些年来记者终于意识到提供新闻，不研究受众心理也是不行的。因为没有受众，新闻传播就失去了存在的价值和可能性。而记者“产品”质量的高低，最终的评判者其实就是受众。

“一张报纸，读者欢迎程度的大小与他的需要在这张报纸中得到满足的大小成正比。”[19] 满足受众的需要是新闻工作者们孜孜以求的目标，而要满足受众的需要，就必须首先研究受众有哪些需要。

受众对信息的需要存在着这样的矛盾：一方面，受众总想尽可能多地掌握关于自己所处的环境、社会的信息，有一种多多益善的渴望；另一方面他又要有选择地接收这些信息，时间和精力都不允许他敞开接收所有的信息，他只能选择与自己生活比较密切、自己有兴趣的信息。受众信息需求存在的矛盾必然会影响到为他们收集、采集信息的记者。一方面，记者要把信息网尽可能地张开，以便收集更多的信息；另一方面他面对众多的信息，必须作一个仔细的筛选，筛选的标准就是受众的需要和接收的可能度。前面我们已经谈到，受众对新闻存在着求新、求奇、求益、求近、求真、求快、求美的心理需求，记者只有按照这些标准采集信息才有可能被受众接受。这就要求记者在采访中选择素材、提炼新闻事实时，要充分考虑受众的心理，估计自己即将传播的信息将对受众产生什么影响，以此来“过滤”获取的信息，更多

地去摄取受众感兴趣的新闻信息，自然也就增强了新闻的可读性。

当然，受众的心理也不是固定不变的，它还受自然环境、社会环境等诸多因素的影响。范长江的中国大西北之行在当时举国关注，就因为它牵动的是当时全国人民最敏感的神经，记者所要回答的也正是当时群众最迫切需要回答的问题。所以最优秀的记者总是时刻活动在群众之中，也最了解人民群众的心声。

满足受众需要是每个记者都孜孜以求的。“但是，这种满足不是妈妈对儿子，饿了喂他吃饭，困了哄他睡觉；也不是仆人对主人，叫你端茶就端茶，叫你倒酒就倒酒。”[21]受众的需求合理、健康、积极的话，我们理所应当给予满足，而对于受众中不健康、不合理的需求，如盲目猎奇、追求高消费等心理，我们不但不应当满足，而且应当加以批评和引导。社会主义的新闻事业既是党的喉舌，又是人民的喉舌，记者肩负着“以科学的理论武装人，以正确的舆论引导人，以高尚的精神塑造人，以优秀的作品鼓舞人”的重大使命。一方面，我们要下功夫研究受众心理，尽可能满足受众的需要，增强新闻的可读性，使受众觉得新闻好看，喜欢看；另一方面，我们又想做好社会主义精神文明建设的把关人，传播先进文化，积极发挥正确的舆论导向作用，为国家进步繁荣、人民生活幸福，不断作出新贡献。

注释：

①申凡:《采访心理学》,人民日报出版社 1988 年第一版。

②艾丰:《新闻采访方法论》,人民日报出版社 1996 年 1 月版。

③艾丰:《新闻采访方法论》。

④喻国明：《最佳采访气氛的创造与保持——“斯诺法”对我们的启示》,《新闻学》,1985 年第 1 期。

⑤邱沛篁：《新闻采访艺术》,四川大学出版社1989年版。

⑥阿伦森：《新闻采访与写作》。

⑦转引自刘亲林：《新闻心理学研究会综述》,载《新闻学》1995年第4期。

⑧范长江：《中国的西北角》，三联书店1980年版。

⑨邵飘萍：《实际应用新闻学》，见《新闻文存》，中国新闻出版社1987年版。

⑩邵飘萍：《实际应用新闻学》，见《新闻文存》，中国新闻出版社1987年版。

⑪《中国记者》1995年第3期。

⑫金凤：《我的新闻生涯》第一卷，中国新闻出版社1988年版。

⑬徐培汀、谭启泰合著：《新闻心理学漫谈》，新华出版社1988年版。

⑭徐培汀、谭启泰合著：《新闻心理学漫谈》，新华出版社1988年版。

⑮杰克·海敦：《怎样当好新闻记者》，新华出版社1980年版。

⑯张隆栋：《大众传播学总论》,中国人民大学出版社1993年版。

⑰席文举：《新闻批评心理学》第15页，四川人民出版社1992年版。

⑱邵飘萍：《实际应用新闻学》。

⑲刘声东：《冷静地面对读者》，载《新闻战线》1992年第7期。

⑳同上。

◀思考题▶

1. 为什么说新闻采访是人际间心理沟通的艺术?
2. 新闻采访中记者遇到的最大心理障碍是什么?
3. 联系实际说明，学习心理学对采访工作有哪些作用?
4. 新闻采访中，记者应当怎样正确地把握和对待采访对象的不同心理?
5. 举例说明受众心理对新闻采访工作的影响。

第六章 新闻采访与社会习俗

社会习俗，就是一个地方、一个民族，人民群众长期形成的一种风俗和习惯，包括社会风气、社会习惯和社交礼仪等。社会习俗作为一种约定俗成，与我们的日常生活密切相关，也影响着人际间的交往。社交时如能了解对方习惯，重视对方的习俗，定能得心应手，如鱼得水。新闻采访也是人际交往的艺术。为了能顺利接近采访对象，使采访对象乐于合作，及时深入地获得新闻事实材料，社会习俗也成为不可忽视的重要因素。

第一节　新闻采访要注意和尊重社会习俗

一、注意和尊重社会习俗是记者涵养的体现

社会习俗作为人类社会相沿积久而形成的社会风尚、礼仪、习惯等，是一种具有群体性、倾向性的社会行为，其范围包括人的生老病死、衣食住行乃至宗教信仰、爱好禁忌等，综合地反映着一个民族或地区各个历史时期的社会物质生活、经

济水平、科学文化、社会心理、民族性格。社会习俗作为一种约定俗成的社会性的习惯、礼仪和风尚，它与人们的日常生活密切相关，影响着人们的饮食起居、服饰、信仰、交往等日常生活以及生产、消费活动。每个人作为生活在社会中的一分子，都是在社会习俗的制约下生活。

新闻采访是为了报道新闻而进行的各种采集和分析新闻事实的活动。采访中，怎样才能顺利接近采访对象，如何让采访对象乐于合作，提供详细真实的第一手材料，保证新闻报道的迅速及时深入，这里必须讲究交友的艺术。记者走的地方多，见的人也多，而采访对象可能是不同地区、不同国家、不同民族的人，要能够赢得他们的感情，就应该了解和熟悉不同地区和民族的文化差异、风俗习惯。在采访时，尊重对方的风俗习惯，才会博得对方的好感，搞好人际关系，创造良好的采访环境。

(一)注意和尊重社会习俗，易于在心理上与他人沟通，获取信任，从而顺利地接近新闻源，获得新闻

在新闻采访活动中，一个很重要的问题就是如何接近新闻源，怎样处理好与采访对象的关系?应当明确，记者、通讯员和采访对象之间，完全是一种平等、友好、亲切、同志式的关系。因此，在采访中一定要尊重采访对象。尊重往往是在理解的基础上建立的，善于理解和尊重别人，是一个人道德精神的成熟和完善，也是记者应该具备的素质修养和交际手段。

记者孙世恺指出，尊重对方，是博得采访对象热情接待的一个基础。尊重采访对象，这是我们同对方熟悉起来的重要条件。对一些采访对象来说，接受记者的采访，常常是意外的、附加的事情，甚至可能是对他没有任何好处的事情。因此，采访对象可能会漫不经心不买你的账，甚至与记者发生矛盾。面对这种情况，记者在体谅和理解的基础上尊重对方，入乡随俗，便能改善关系，打开采访局面，使双方感情上容易接近，对方会对你产生

信赖感，乐于把真实具体的素材提供给你。所以，我们在接近采访对象时，一定要注意尊重他们的人格，尊重他们的劳动，尊重他们的兴趣与爱好，尊重他们的职业感情，尊重他们的时间，尊重他们的谈话，尊重他们的宗教信仰、生活习惯等等。这样，采访工作才能得到采访对象的理解、信任和支持，促进采访的成功。

在尊重采访对象方面，有时看上去似乎是一些小节，但却不能忽视。1957 年春天，周恩来总理陪苏联客人伏罗希洛夫访问杭州。在游览虎跑泉那天，三四十位记者争着采访。当伏罗希洛夫一行走进罗汉堂时，因为地方小采访人多，一位摄影记者为了抢拍角度好的新闻照片，就一下子站在了旁边一张供桌上。当他拍完以后，周总理走过来轻轻地提醒说："要尊重人家呀!"这使记者认识到，佛教寺院的器物，从教规来说是神圣的，怎能随意站立其上呢！应当随时注意尊重和维护党的宗教政策。这以后，这位记者无论在哪里采访，要挪动东西或站上桌椅拍摄，都事先征求采访对象的同意，拍摄后注意尽量依原位置把东西摆好，而毫不随随便便了。[①]这实际上也是用自己的行动表明尊重对方，是取得采访对象信任与支持的重要方法。

到异地他乡和不同民族地区采访，接触不同文化背景的采访对象，要建立起共同的情感，就要熟悉和尊重对方的传统文化和习俗。中美建交后，人民日报首任驻美记者张彦，去密西西比河畔一座城镇采访。他是有史以来第一个去该镇的中国人，人们都以陌生好奇的眼神观察他，但当他讲了一番话后，气氛大变，人们都拥来和他热情握手交谈。他讲的一番话是：中国青少年从马克·吐温的著作中早已熟悉密西西比河流，在中国的音乐会上常常可以听到美国著名的黑人歌曲《老人河》。这段话语不惊人，却感人。密西西比河岸的黑人感受到了中国记者对他们历史文化的熟知，对他们民族的尊重与友好。[②]熟悉和尊重对方的历史、文化、传统和习俗，就能缩短彼此距离，成为友善交往的良好开端。

(二)注意和尊重社会习俗，是记者尊重他人，做生活中的有心人，具有良好修养的体现

首先，注重社交礼仪，是既尊重他人，也尊重自己的表现。礼仪与形象是紧密联系在一起的。礼仪指的是待人的礼节和记者个人的仪表和举止。一个人的仪表和举止，包括坐相、站相、吃相等，都与采访有很大关系。常言道："诚于中而形于外"。采访对象不仅看你说什么，采访什么，还往往先入为主地从你的表现上来判断你是否尊重别人、是否有修养，从而决定他的谈话是谈多还是谈少或谈些什么。周谷城先生说了这样一件事：以前有位记者去看他，这本是一番好意，但记者往沙发上一仰，手脚叉开，坐相很难看，让人讨厌，谈兴顷刻大减。③这虽然是小节，但采访对象感觉到自己不被尊重，自然产生不悦。任何时候，端庄稳重、自然大方的姿态都是能赢得好感的。作为记者，必须戒除随心所欲的不良习惯，要有意识地培养良好的行为姿态。

懂礼节是记者的必备素质，既被对方欢迎，又能受到尊重。王光英飞到香港创办光大实业公司的时候，一下飞机，就遇到香港一位记者提问："你带了多少钱来?"王光英见是个女记者，便回答说："对女士不能问岁数，对男士不能问钱数，小姐你说对吗?"这位记者碰了个软钉子。④记者提问题，要考虑到礼节，考虑到合不合乎对方的身份、地位和环境等，也要考虑到人的心理及习惯，这都是习俗的一部分。

作为记者，必须处处做生活的有心人，研究各种习惯和心理，注意各种生活小节。这样做，一则可以防止小节对采访造成不必要的干扰，二则可使采访对象对记者产生好感和尊重之意。不少名记者在这些小节问题上是相当注意的。美国哥伦比亚广播公司的记者华莱士采访邓小平，坐在中南海的紫光阁里，还有半

分钟时间，邓小平就要走出来了，华莱士忽然觉得自己的鼻子上有汗珠，就马上叫他的同事朝他的鼻子上扑上一层薄薄的香粉。这样做，一是形象问题，尊重采访对象，二是不分散对方的注意力，⑤使采访能更顺利地进行，并取得良好效果。

所以，注意和了解社会习俗，注重礼仪小节，记者可在不同的环境里举止得体、应付自如，始终保持自身良好的形象，赢得采访对象的亲近和尊重，这也是采访获得成功的重要前提和保证。

二、注意和尊重社会习俗是采访成功的保证

(一)熟悉社会习俗是顺利接近采访者的前提

采访的成功是靠采访对象的信任和友好合作而取得的。如果熟悉对方的风俗人情、礼仪习惯，不仅记者可以举止得体，避免出洋相，同时也使得采访对象在心理上产生亲近之感，愿意和记者交朋友，把记者当“自己人”，采访当然就能顺利进行了。

上海铁道报记者黄和平，一次沿铁道线采访当地颇具特色的土楼建筑，正赶上一户主人举办婚礼，他们受到了主人热情欢迎。新郎新娘及其父母给他们每人倒了一杯“米酿酒”，并端来花生、糖果、甜枣，黄和平感到不好意思，连忙客套推辞，而随同的通讯员却接过杯子一饮而尽，对端来的花生糖果也毫不客气，伸手就掰。结果黄和平虽没遭冷遇，但和他们的感情总不那么近乎。而那位通讯员不一会儿就成了那里的熟人，参加婚礼的主人、客人、男女老幼，都争相同他攀谈，从这场婚礼谈到客家习俗，从土楼的过去谈到现在，积累了许多有价值的资料。事后通讯员解释说：“客家人当年为避免战乱，从中原一带迁徙到此，久居深山，民风十分朴实，好客。婚礼等喜庆之际遇稀客、贵宾，被认为是好运，他们很高兴。你如果喝了他们端来的“米酿酒”，吃了他们送来的东西，说明看得起他们，是对婚礼的真

诚祝贺，他们自然把你当朋友，无话不说。否则，被认为是看不起他们，必然把你当外人。”[6]所以，作为一名新闻记者，一定要入乡随俗，到什么山上唱什么歌，不然到什么地方都摆着记者的架子，不努力寻找“渠道”接近群众、熟悉群众，又有谁愿意敞开心扉向你谈心里话，提供新闻素材呢？

也有的记者愿意放下架子、入乡随俗，可又不知道怎么做才得体，不知如何才能随俗，随什么俗，因为他根本不了解当地的习俗，可谓“心有余而力不足”。这就要求记者平时多积累这方面资料，在生活中多观察，做一个有心人，从书本上、从各类报道以及亲身经历中，多方面搜集积累这方面知识，到采访时，就能派上用场了。

(二)只有熟悉社会习俗，才能深入调查，获得详细的第一手资料，防止新闻失实

由于了解和熟悉了将要采访对象的生活习惯以及周围环境的生活习俗，记者就能很容易得体地走进采访对象的生活，挖掘新闻事实。人民日报首任驻美记者张彦采访密西西比河畔某个城镇的例子以及上海铁道报记者黄和平同志采访客家土楼的经历，有力地说明了这个问题。正是记者熟悉和了解采访对象的习惯和生活习俗，在未作采访前，能够找到话头沟通与采访对象的关系，打开采访之路。

某些场合采访者拒绝提供情况或者新闻事件本身是严加保密的，但记者通过观察其生活习惯的改变，而推断出发生的情况，再想办法证实它。20年代末期，阎锡山、冯玉祥、蒋介石在争夺地盘，阎锡山将冯玉祥骗到山西太原后便把他软禁起来，以此要挟蒋介石。后在冯的部下的干预下，阎才答应冯回潼关，去联合冯的部队，形成阎、冯联合反蒋，冯化装后悄悄走出了太原。当时这是绝密的情报，走漏了风声，联合部署就会被蒋打乱。恰巧这时徐铸成在太原采访。一天，徐来到冯的办事处，看到冯的

部下在玩麻将。徐立即敏感到，冯已离开太原。因为徐素知冯将军治军严谨，部下是不敢在他眼皮底下玩牌的。徐马上到冯的总参议刘治洲那儿询问情况。徐和刘也是好朋友。徐进门便直探要害："冯先生已经离开了太原?"刘大吃一惊，没来得及思索便本能地答道："啊，你是怎么知道的?"见到刘失态而答的神色，徐确信这里面有"大鱼"可捉。紧接着穷根究底，弄清了冯阎联手反蒋的计划。这个独家新闻，使《大公报》在观察和报道时局问题上占了主动权，提高了报纸的信誉。⑦

有的习俗，是全世界公认的，记者就比较好推断事实。如看见采访对象臂戴黑纱、头插白花，记者可以肯定地推知对方家最近有亲友去世。但由于民族、地域的不同，有的相同的举止动作却代表着不同的含义，如果记者不了解，而以自己周围的社会习俗的含义去解释和看待对方的习俗，就会造成误解和失实。香港人李乐寺在北极探险中发生了这样一件事：走在前面的一位队友与他的猎人(随同的爱斯基摩人)突然连人带雪橇跌入冰海中，留下大半截在冰上。李急忙叫自己的猎人帮助他们。谁知这个爱斯基摩人大叫一声，命令狗队从另一方向迅速登到岛上，头也不回。李见爱斯基摩人竟如此无情，见死不救，非常不满，一路上闷闷不乐。后来他忍不住问了队长，队长哈哈大笑说，这是爱斯基摩人的习俗，男子汉应该懂得什么是险境，而且应该懂得自救，如果谁要去帮助他，反而是看不起他，对他是一种侮辱。所以，爱斯基摩人的语言中是不大流行"需要帮助吗?"这句话的，到必要时，他们才会援手。李了解到这个爱斯基摩人的习俗后，才得以释怀。⑧可见，了解社会习俗，也是确保新闻真实的一方面。我们在采访活动中，一定要穷根究底，多方调查，而不能只凭自己臆想猜测，抓了半截就开跑，这样报道出来的新闻是不全面的，这样的采访作风也是万万要不得的。

(三)熟悉社会习俗，使采访更深入接近人民群众，具有生活

基础和生活趣味，报道出来的新闻更具有可信性和可读性

正是由于记者事先对采访对象的周围环境、生活习惯、社会习俗等有充分的了解和认识，并予以尊重，在心理上使采访对象有了亲近感，自然会把记者当自己人，提供详细而真实的第一手材料。这样，记者报道的新闻就不会只是表面的、肤浅的，而是深入的,贴近群众生活的,读来生动有趣,当然会受到读者的喜爱。

三、注意和掌握社会习俗也是采访活动的重要内容

首先，注意和掌握社会习俗是采访前准备工作的一部分，是静态采访的一项重要内容。采访前的准备工作是采访的重要环节。记者和通讯员经常地、迅速地了解和认识客观情况，做到对采访对象心中有数，对怎样进行采访作出具体部署，从而有条不紊地开展采访活动。这其中就包括了注意和掌握社会习俗的内容和熟悉采访对象的生活环境和习惯等。

美国记者、作家艾泼斯坦曾三次进西藏采访，每次采访前都读了大量关于西藏的书籍，了解旧西藏的历史，并对中西方中世纪农奴制作了研究。人民日报记者纪希晨采访 1956 年宝成铁路通车，翻阅了大量资料，了解铁路沿线历史、地理、经济情况，掌握了川陕界上昨天与今天的许多知识，写出了《从宝鸡到成都》的好通讯。

注意和掌握社会习俗，也是采访活动本身的一个重要内容。在民族新闻的采访中，社会习俗的采访是一个有特色的重要内容。各民族的民间称谓、居住地域、语言文字、服饰装束、生活习惯等不同，以及在心理素质、宗教信仰、意识形态、思维方式、风俗习惯和民族性格等方面的不同，采写出的新闻也应各具特色。在某些时候，异地的风土人情、社会习俗本身就是新闻报道的重要内容，如《参考消息》、《文摘周报》等报上时常刊登这样一些新闻，让我们了解国外奇异的风俗习惯、社交礼仪，既增

添了情趣，又开阔眼界，增长知识。其他一些综艺、文艺类节目也常常涉及到社会习俗方面的内容，如中央电视台收视率很高的《正大综艺》节目,内容主要是介绍我国各地及世界各地的风光、生活及风土人情,具有极强的知识性和趣味性,深受广大观众喜爱。

在采访活动中，由于注意和掌握了社会习俗，并溶入报道内容中，这样报道出来的新闻就能更生动、更深刻地反映当地人民的生活，使报道的内容更丰富多彩，生动活泼，充满情趣，洋溢出浓厚的地方特色。

总之，注意和掌握社会习俗是新闻采访活动很重要的内容，它使采访顺利进行，使报道内容丰富多彩，生动有趣，同时也是有效防止新闻失实的重要手段。作为新闻记者，一定要重视和研究社会习俗，它会使你受益匪浅。

第二节　入乡问俗、入乡看俗、入乡随俗，是新闻采访中的一项重要技巧

作为新闻记者，仅仅在理论上重视和研究社会习俗是不够的。重要的是如何在实践中，借助自己对社会习俗的了解和研究，使采访得以顺利进行。这要求记者能够做到“入乡问俗、入乡看俗、入乡随俗”，从一点一滴的小事做起，提高自己的修养，注重采访中的一般礼节。这些看似不起眼的小节问题与社会习俗习习相关，影响着采访对象的心理和采访气氛，有时甚至成为采访能否顺利进行的关键。

一、新闻采访中的一般礼节

新闻记者的职业是同人打交道的职业，他活跃在各个领域，为千万双眼睛所注视，而新闻采访的艺术也就是与人交往的艺

术。人际交往中的基本礼节，包括良好的形象和礼仪。良好的个人形象是由得体的穿着、端庄的仪态、良好的气质再加上智慧的头脑、广博的知识、敏锐的反应以及各种修养等组成。礼仪则是指待人的礼节和记者个人的仪表和举止，包括坐相、站相、吃相以及谈话姿态等，这些都与采访有很大关系。

中国妇女报的一位记者去采访在新华社工作多年的美国女专家艾琳。记者赶到艾琳家的时候，比原来约定的时间晚到了20分钟。艾琳就在记者坐下来后，提了五条意见，其中一条是："你穿这么漂亮的红连衣裙来采访我这个老太太，恐怕不太合适吧?"艾琳的大实话，讲出了老年人的心理活动。由此可见，记者的服饰打扮也能引起采访对象的好恶情绪。⑨

记者在与采访对象接触时，其服饰打扮既不要马虎，也不要太过分。英国一位新闻学家做了一番研究，说：采访记者的仪表要尽量淡雅、自然，衣着应该是"中档"的，既不要太时髦，也不要太朴素。记者无论如何都必须记住：不可在服饰上与采访对象抗衡。新闻记者所处社会地位的特殊性，迫使记者收敛起某些"个性"。

采访，既是交友的艺术，更是谈话的艺术。所以，采访中谈话时的礼节是万万不可忽视的。谈话的一般礼节包括：

1. 谈话的表情要自然，语言和气亲切，表达得体。说话时可适当做些手势，但动作不要过大，更不要手舞足蹈，不要用手指指人。谈话时，不宜与对方离得太远，但也不要离得太近，不要拉拉扯扯、拍拍打打。谈话时不要唾沫四溅。

2. 参加别人的谈话时要先打招呼，别人在个别谈话，不要凑前旁听。若需与某人说话，应待别人说完。有人主动与自己谈话，应乐于交谈。第三者参与谈话，应以握手、点头或微笑表示欢迎。发现有人欲与自己谈话，可主动询问。谈话中需要离开，应向谈话对方表示歉意。

3. 谈话现场超过三人，不要只与某一个人说话，不理会在场的其他人；也不要只谈两个人知道的事而冷落第三者。如所谈问题不便让旁人知道，则应另找场合。

4. 要善于聆听对方谈话，不轻易打断别人的发言。一般不提与谈话内容无关的问题。在相互交谈时，应注视对方，以示专心。对方发言时，不左顾右盼、心不在焉，或老看手表，显出不耐烦的样子；也不要做出伸懒腰、玩东西等漫不经心的动作。

5. 谈话的内容一般不要涉及疾病、死亡等不愉快的事情，不谈一些荒诞离奇、耸人听闻、黄色淫秽的事情。一般不询问妇女的年龄、婚否，不径直询问对方履历、工资收入、家庭财产、衣饰价格等私人生活方面的问题。所提的问题使对方反感，应表示歉意，或立即转移话题。一般谈话不批评长辈、身份高的人物， 不要讥笑、讽刺他人，也不要随便议论宗教问题。

6. 男人一般不参与妇女圈内的议论，也不要与妇女无休止地攀谈而引起旁人的反感。与妇女谈话要谦让、谨慎，不与之开玩笑，争论问题要有节制。

此外，在涉外采访同外宾谈话时，要注意落落大方，诚恳且自然。要注意内外有别，严守国家机密。不可自吹自擂，强加于人。称赞对方不宜过分，自己谦虚也要适当。外宾谈话时要注意倾听，自己谈话声音高低应适当。不要打听外宾私事，更不要以人家的生理特点为话题。涉及对外事项和对外宾的各种要求，不得擅自表态。自己不知道或不清楚的事，不要随便答复。没有把握的事，不要允诺；答应人家的事情一定要做到。[10] 所有这些，都是记者采访中从入乡随俗的角度讲应当讲究的技巧。

心理学家认为，身体姿态是一种非语言符号，也是人际交流的形式之一。不同的体姿表现着不同的心理含义，传递着不同的情感信息。所以，记者应当了解并掌握能使对方产生良好感观与心理知觉的站立、就座姿势，以及目光手势表情等非语言符号的礼仪因素及效用，体现良好的礼仪风范以保证采访的顺利进行。

综上所述，记者的礼仪风范与采访效应密切相关，不应认为礼仪事小无关大局。记者力求在有限时间内圆满完成采访任务，就不可忽略仪容仪表、体姿及语言等方面的礼仪因素，而应当重视社会习俗具备良好的礼仪风范。

二、入乡问俗，才能助你成功

华盛顿大学教授迈克尔·钦科曾说：“在国际销售学中，最大的一部分讲的是如何适应外国的文化。如果你不注意这一点，你就会丢掉许多生意。”其实，这个道理也适用于新闻采访。记者到外地乃至外国采访，如果不了解当地的文化和习俗，就会闹笑话，甚至引起更严重的后果，导致采访失败。

记者郭洗尘有一次在西藏采访一位叫尼德的女赤脚医生。她有两个十岁左右的小女孩——红梅和冬梅，聪明、伶俐、漂亮、可爱。在记者通过翻译和尼德交谈时，俩女孩始终陪伴在身边，异常亲昵，有时也用汉语代母亲回答问话，采访气氛热烈极了。傍晚，采访即将结束，记者想到该是牧归的时候了，便随口问两个女孩：“爸爸该回来了吧?”这一问不打紧，俩女孩遽然离开记者的膝头，瞪大眼睛望着，继而悄悄离开。记者以为，他们的爸爸准是过早离开了人世，又转身问尼德：“孩子的爸爸……”没等记者的话说完，身边的翻译白卓玛使劲捅记者一下，接过话茬说：“该回去了。”便赶忙拉记者起身告辞，尼德低头站在帐篷的里面，连“结麻结荣”（藏语“再见”）也没讲一声。归途中，白卓玛告诉记者，尼德和她姐姐以前共一个丈夫，现在已离婚好几年了，问孩子的“爸爸”，显然太不合时宜了。由于历史的原因，西藏以前的婚姻制度曾有过“一夫多妻”的现象，这一页历史翻过去就算了，不能再去追问人家讳莫如深的隐私。记者深悔自己的冒失。[11]

"阿加拉"这句藏语，在藏北的含义是"大姐"，在藏北采访，向女同志喊一声"阿加拉"，换来的肯定是热情的笑脸、殷勤的答话。但到了拉萨，"阿加拉"的含义却不尽相同了。有一次，一位记者采访拉萨市邮局的一个"三八红旗手"。去前听说此人会汉话，也就没带翻译。哪知，他去了不大功夫，便悻悻地回来了，并说："这个红旗手太骄傲、太暴躁了，还没谈一句话，就让我滚!"原来，当采访对象被找来后，他也像在藏北一样，恭恭敬敬地称人家"阿加拉"。对方开始一愣，记者以为自己没说清，又一字一板地声明：按我们彼此的年龄，我称你"阿加拉"是应该的。就这样，对方站起身，扔过来冷冷的一个字："滚"!便愤然而去了。听他这么一说，记者中的藏族同志哈哈大笑了：你想占人家的便宜，人家不骂你才怪哩!"阿加拉"在拉萨的含义，是"老婆"、"妻子"、"内人"!这位记者涨红了脸，真是有苦难言。[12] 试想，如果记者在采访之前能对当地的社会习俗多了解一点，能对当地的语言多熟悉一些，这样的尴尬场面就可以避免了。

中国之大，世界之大，民族与民族之间、国家与国家之间、地方与地方之间都有着不同的习惯和礼仪，如果不事先了解，同样也会闹笑话，导致尴尬的场面。

比如交谈时的距离，中东人、意大利人一般是相互间 10 英寸，而美国人则喜欢保持 17 英寸。如果一位中东人同美国人交谈，中东人只保持 10 英寸距离时，美国人就会后退几步。不了解这一点，中东人就会觉得难堪。再如目光，东方人瞪大眼睛表示愤怒，而西方人则表示惊讶。挤眉弄眼，在中国人看来表示调情、轻浮，一般用于贬义，而西方人则表示调皮、诙谐、开玩笑。

不同的地方，"守时"的观念也不同。在巴西的圣保罗，如果你通知上午 10 点开会，人们通常就理解为你实际指的 10 点 45分或者 11 点开会；而英国人则习惯于正点、准时开会。所以英国人会以为巴西人对这次会满不在乎，迟一个小时才来，其实是因为各自的风俗习惯不一样罢了。

颜色也可能传达含蓄的信息。例如，按某些国家的习惯，绿色意味着危险。在新加坡，这种颜色甚至意味着对配偶不忠，是极不好的颜色。而在我们中国，绿色是生命的象征，是绿化、环保的标志，并不意味危险。

世界各个民族的见面礼，也不完全一样，欧洲大多数民族在见面或分别时，一般总是握手和脱帽以及挥手互相致意，可是有许多地方的民族就不这样。在美国，初次见面，通常的客套话是“您好吗”，但对方不会答复你，因为这只是双方见面时互用的一句话。在西方一些国家，男子见面除握手外，还有相互拥抱的习惯。但男子见到女子，不仅不能随便拥抱，而且连握手也有规矩，一定要等到女子主动伸出手来，女子如不伸手，只要点头致意即可。尼日利亚人在握手时，要用大拇指在手上轻轻弹几下；新西兰的毛利族人们见面时，互相碰鼻子作为见面礼，鼻子互相碰触时，还得轻轻地摩擦一下；而在西非的一些民族，见面之时，则用手掌击打胸部，表示问好。

在见面礼上，有些国家还很注意左右手的区分，如马来西亚、缅甸等国和非洲某些地方，把左手看成是低下的、不洁净的。根据他们的生活习惯，平时连递东西都不允许用左手，他们认为左手是脏的，右手才是干净的，所以见面更忌用左手握手。

所以，我们的记者随时随地要做有心人，研究和了解当地的社会习俗，尤其注意不能违犯当地民族和群众的禁忌。如我国藏族家里有人生病或妇女生育时，忌讳生人入内；蒙古族忌讳坐在蒙古包的西北角；哈萨克族忌讳别人当面数他们的牲口等。还比如意大利忌讳菊花，日本忌讳荷花等。以及一些国家对数字 4、13 等的忌讳等。只有了解和尊重各地的社会习俗，做到入乡问俗、入乡看俗、入乡随俗，才有助于采访的成功。

三、善于认真细致地观察社会习俗，是采访中捕捉生动细节的手段，也是使新闻作品写得生动、活泼、有民族地方特色的重要保证

社会习俗可以作为新闻的内容出现，也可作为背景知识出现。1987 年《贵州民族报》发表了一篇新闻《苗族青年宝沙考上研究生》，写的是苗族学生宝沙，除个人聪颖好学外，老人为了他学习好，有出息，给他许多帮助和激励，宝沙牢记父教，暗下决心，奋发努力，不断取得优异成绩，最终考上了研究生。由于溶进了民族风情，使这条新闻富有趣味性，因而增强了可读性。

第三节　坚持和重视精神文明建设，在采访工作中注重移风易俗

一、记者要善于学习，积累知识，尽可能多地了解和掌握一些各地的习俗状况

记者是社会活动家，他要与各种各样的人打交道，要接触各种不同的领域，如果需要，他还要跑遍全国乃至世界的许多角落。所以，一个优秀的记者，必须具备良好的素质和广博的知识，这不仅仅局限于新闻理论方面的知识，还包括各行业的专业知识、生活常识、心理学方面的知识以及各地的习俗知识。有经验的记者都善于在平时从各种途径了解和学习这些知识，并一点一滴地积累起来，厚积而薄发，采访时就能得心应手。

一般来说，了解和掌握各地生活习俗有以下几种途径：

1. 从民族地方志或者当地的《旅游指南》、《民族风情》等册子中了解当地的风土民情、社会习俗。

2. 从一些新闻报道、文学作品中积累。关于民族地区的新闻报道以及描写民族风情习俗的文学作品日渐增加，记者要善于从其中对各地的风俗习惯的背景介绍及细节描写中积累习俗知识。如《参考消息》上常常刊登关于各国风俗趣闻，各地庆贺新年的习俗等报道，把这些收集起来就是很好的资料来源。

3. 亲自到民间了解当地民风、民俗和民情。只有做到入乡问俗，入乡看俗，才能真正入乡随俗，采访也才能得以顺利进行。而且民间是一所大课堂，从民众中了解习俗，其乐无穷。

此外，学讲方言，也是了解和掌握社会习俗的一个重要方面，是入乡随俗的有效交际手段。1980 年夏天，新华社北京分社记者朱继功应北京晚报之约，采写一篇班禅额尔德尼的人物专访。朱继功同志若干年前曾在西藏分社工作过，也学习过一些藏语。但因长期不用，大部分忘却了。为了搞好这次采访，他又重新复习了一下藏语，记住一些见面要说的客气话等。采访的时候，记者告诉班禅额尔德尼，他曾在西藏生活过。班禅额尔德尼果然问："能讲藏话么?"记者说："只记得一些单词儿了。扎喜德来(吉祥如意)，许等加(请坐)!"班禅额尔德尼听了高兴地笑了，僵持的局面一下子就打破了。采访对象热情地谈起来，记者顺利地完成了这次专访。[11]

二、记者在采访中，要注意分析和正确对待不同的社会风俗

一方面，我们提倡入乡随俗，所谓"到什么山唱什么歌"，要尊重对方的风俗习惯。据报刊登载，日本人很迷信"山神"，他们修地下通道、隧道的时候，绝对不准女人进去。他们认为，隧道之中有"山神"，女人进去了，"山神"会震怒，引起山崩地裂的大灾难。所以女性记者在修建期间是不能进隧道里采访的。日本人帮助新加坡修地铁，新加坡女记者照例被拒之门外。于是引起了新加坡女记者的强烈抗议，认为："这是日本人蔑视

女性的表现”。但是，新加坡政府却一再告诫自己的国民，不要对日本人保持自己的传统说三道四。新加坡政府很明智，日本人虽在自己国家工作，但没有违反国家的法律，对他们保持自己的民族信仰应予尊重。⑮

俗话说：“身在罗马，则为罗马人所为”，这也是与采访对象亲密起来的方法。在有的少数民族地区，对方常看你能否大口喝他的酒，大碗吃他的菜，能否按他们的习俗做一些你从未做过的事情，来决断如何作进一步的交往。能，则够朋友，是自己人，他便和你无拘无束，畅所欲言，这已是许多记者的亲身经历。入乡随俗，是进门交朋友，打开采访局面的钥匙。

但是，另一方面，我们也应该看到，由于我国经历了几千年漫长的封建统治，在民间也仍然存在着一些不好的陋习旧俗，如封建迷信在有的地方沉渣泛起，危害百姓。这样的习俗，不仅不能随，而且要坚决加以抵制、反对和教育。新闻工作者肩负着破旧俗、树新风的重任，千万不可被陋习旧俗所迷惑。

1996 年，中央电视台的某期《焦点访谈》报道了浙江某地区流行为活人买地造墓的习俗。由于这一习俗，当地家家户户竞相攀比，活人墓愈修愈豪华，以前的青山变成了光秃秃的墓地。记者对这一陋习作了批评报道，通过教育，引导当地人民转变观念，破除旧俗，着手拆除活人墓，让山林恢复了原貌，这就是移风易俗的成果。

所以，记者到一处地方采访时，不能无原则地入乡随俗，而应注意持冷静分析的态度。一方面要“到什么山唱什么歌”，另一方面要抵制不好的习俗，破除陈规陋习，树精神文明新风。

三、记者要做移风易俗、两个文明的建设者和宣传者

我国的新闻事业，是党领导下的为人民服务的新闻事业，担负着正确宣传党的方针、政策和路线的任务，是舆论监督的工

具。所以，在中国共产党领导下的新闻媒体，具有权威性和引导性的特点。我们的报纸、广播、电视新闻宣传，要对民众进行正面教育，对不好的社会习俗和社会现象进行正确引导。但也有少数记者不注意分析和深入思考，以致在报导社会习俗方面产生负面效果甚至误导群众。

例如，近年来，社会上兴起了查名人先祖之风。对此，《新民晚报》5 月 12 日载文《要不得的“血统论”》指出，翻开各类报刊，不难看到这样的报道：朱熹后裔在韩国定居，子孙昌盛，达 14 万人；诸葛亮后裔定居浙江兰溪；“船王”包玉刚是包公第 29 代孙；周扬、周立波系周瑜之后；孙中山为孙膑之后。这种查名人先祖的做法，有意无意地为“血统论”提供了若干根据。这种追根溯源毫无意义，还很容易产生唯心主义误导。事实上，历史上做过坏事的人的后代不乏好人，英雄之后未必尽是好汉。查祖宗、考血统是封建社会旧小说常用的手法，我们的新闻媒体不应在这个问题上步其后尘。我国有些地区兴起续家谱的封建做法，可以说与此不无关系。[16] 这是很值得我们注意防止的。

新闻媒体的传播是广泛的，它对人们心理和行为的影响是深远的，作为新闻记者，应时刻记住自己肩上的职责，一定要加强思想修养和理论水平，提高理解和分析问题的能力，以正确的舆论引导人，移风易俗，做社会主义物质文明和精神文明的建设者和宣传者。

注释：

①王奎源：《忆周总理对我的教诲》，见 1986 年第 1 期 《新闻实践》。

②高红玲：《新闻采访中的人际关系问题》，《国际关系学

院学报》1993年第2期。

③同②。

④同②。

⑤同②。

⑥黄和平:《放下架子,入乡随俗》,《新闻记者》1995年。

⑦熊兴保:《谈谈熟悉采访对象》,《郑州大学学报》1994年第2期。

⑧李乐诗:《地球的白色力量——探险北极日记》,《读者》1996年第5期。

⑨高红玲:《新闻采访中的人际关系问题》,《国际关系学院学报》1993年第3期。

⑩见《对外宣传参考》1986年17期,《谈话时的礼节》。

⑪郭洗尘:《西藏采访拾趣》,载《记者摇篮》1985年第11期。

⑫同⑪。

⑬余正生:《试论民族新闻特色》,见《新闻窗》1995年5期。

⑭艾丰:《新闻采访方法论》。

⑮高红玲:《新闻采访中的人际关系问题》,《国际关系学院学报》1993年2期。

⑯《新闻战线》1997年7期。

◀思考题▶

1. 新闻采访中记者为什么要注意和尊重社会习俗?
2. 记者应当怎样入乡问俗、入乡看俗和入乡随俗?
3. 试从社会习俗的角度,分析新闻采访与精神文明建设的关系。

第七章 新闻采访与语言艺术

第一节 新闻采访是记者与采访对象，以语言作为最主要交流形式的活动

一、新闻采访是一种语言交流和沟通的艺术

(一)新闻采访必须在人与人的交往当中进行，而人与人的交往就离不开语言

新闻采访是一种特殊的工作，这不仅是指记者通过新闻作品的发表而与社会发生交往，更主要的是指采访过程中发生的社会交往。新闻采访实际上是做人的工作。首先，记者要写出一篇好的新闻作品，新闻发布会的书面材料是一个方面、一种补充，但是远远不够。为此，记者和通讯员要和各种各样的人打交道，从他们那里获取自己没有亲身经历的新闻事实。因此，交谈在整个采访活动中占有非常重要的位置。其次，要想做到报道的全面性和准确性，记者个人的观察是有限的，记者必须从他人那里补充了解一些情况，才能完整准确地作好报道。在采访的整个过程当中，成功地接近采访对象，需要谈

话；接近采访对象以后，要想得到有价值的新闻素材，也需要谈话。采访活动离开了谈话交流，记者可以说是寸步难行。即使科学越来越发达，采访的物质手段越来越现代化，语言交谈依然是记者、通讯员采访工作成败的关键。

(二)谈话这种语言艺术是新闻记者接近采访目标的重要技巧，而语言往往是记者同采访对象从不相识或不熟悉逐步过渡到相识并且熟悉起来的桥梁

解放战争时期，新华社华东前线分社记者戴邦在采访中就充分发挥了语言的作用——交流思想和沟通思想。山东蒙阴阻击战后，他去采访某部连长魏来国英雄的事迹，考虑到部队基层指战员一般来说比较谦虚谨慎，对不熟悉的人比较认生、说话拘束的情况，戴邦隐去记者身份，以政治工作人员的身份，做招待工作，并同采访对象一起生活、看戏、谈心，相处比较自然。他时刻留意寻找采访对象的特点，在聊天时了解情况，观察研究其特点。在采访中，他不当面向采访对象正式提出问题，也不当面记笔记，只是在谈话中插点话，把聊天引入自己需要的话题。像他报道中写到的“要有两个人帮他拿子弹、记数目”、“敌人军官走在前面，先倒下去的一定是军官”，以及医生和他开玩笑的情节等等，都是在同采访对象闲谈中引导出来的。[①]

(三)新闻采访时熟悉了对象，并不一定就能够获得大量材料，必须针对不同的对象采用不同的谈话方式，用不同的方法来获取新闻事实材料

从某种意义来说，新闻采访实际上是一种特殊的交谈艺术。采访中的谈话与其他各种谈话的不同之处，突出地体现在它的特定目的性上，这个目的就在于要取得新闻素材。在日常生活中，领导要与群众谈话，教师要与学生谈话，医生要与病人谈话，商店营业员要与顾客谈话，但是这些谈话都与新闻采访中的谈话不同。记者、通讯员与采访对象谈话，不是要使对方被自己的话吸

引住，听自己侃侃而谈，而是要让对方愿意并且详尽地把采访需要的情况讲出来。记者、通讯员谈话采访技巧的高低，不在于自己讲话是否生动、有趣，而是能否从对方嘴里“掏”出新闻。换句话说，采访中的谈话，就是要使采访对象提供可以写进新闻中去的事实，通过对方的讲话来掌握一件事情的过程，一个人物的概况，一个重要的细节等等。

在1979年自卫反击战中一些中外记者对越南俘虏的了解和采访中，有些记者不区别对象开头一律都问：“你为什么要和中国人打仗?”那些越南俘虏有顾虑，个个沉默不语，使采访无法进行下去。可是，泰国新中原报一位副总编辑则针对不同的人，提出不同的问题。他访问一个女俘虏时，首先说明自己的身份，并申明他这一次采访不为中国政府承担任何责任。接着，他从女俘的家庭、个人身世谈起，使她慢慢消除了紧张心理。当他得知那个女俘是越南共青团员，曾受过八年教育时，马上问：“你作为一名中学生和一名女共青团员，大概总不会不知道过去的一段日子里，中越两国的关系是如何密切吧?”这样提问，使那个女俘无法回避中越两国过去的历史和当时发生的现实，只好说出自己的看法。而对另一名男战俘，因事前了解到他是一个越军军官，这个记者提出的问题非常尖锐，针锋相对，逼得那个战俘只好有问必答，收到较好的访问效果。②可见，采访离不开语言交流和沟通，谈话是取得新闻材料的重要途径。

(四)好的新闻作品离不开生动感人的事实，这就要靠记者的交流与谈话去获得

交谈的形式，可以开座谈会、通电话或直接面对面个别谈话。无论哪种形式，其内容都是语言交流和沟通。怎样利用交谈从采访对象那里取得大量生动的新闻素材，是颇有技巧讲究的。让我们看看老记者是怎样做的。

著名女记者金凤的第一次采访，是跟随去李庄采访一位参加

过"二七"大罢工的老工人、老党员杨宝嵩同志，她回忆说："一见面李庄同志就用双手紧握住老杨的一双大手……只听李庄同志尽在问老杨身体怎么样?老伴身体好不好?国民党撤退时受惊没有?……老杨一一述说着，就像老朋友聊天一样。慢慢地，他讲到了'二七'大罢工的斗争，讲起他坚持三十年的斗争，谈了三个小时。"③

李庄的采访是谈家常式的，在拉家常的过程中，他与采访对象建立了平等亲密的关系，用语言沟通了情感，在自然的气氛中获得了新闻材料。那么，采访作为语言交流和沟通的艺术，就必然涉及到采访中记者的语言表达能力。

二、新闻采访活动中，记者的语言表达占有很重要的地位

(一)正确而得体的语言表达，是记者顺利接近采访对象并取得其信赖的重要前提

人与人的交往很大程度上依赖于语言表达，记者能否通过交谈使采访对象对自己产生信任感并由此向记者一吐为快，采访中记者的表达非常重要，因为对方从记者处接收到的信息主要是来自记者的语言。

记者与采访对象接近并熟悉的过程中，语言交谈起着重要的媒介作用。然而，正如一篇文章写作之难难在开篇第一句，一次谈话能否按照记者的意图顺利进行下去，记者与采访对象的第一句见面语是非常重要的。见面语说得好，表达恰当，就能赢得对方的好感，使对方很快从心理上接纳你，愿意同你交谈。反之，如果一见面，记者的第一句话就引起对方的反感，采访当然不可能进行下去。记者要善于运用语言，迅速在自己与采访对象之间架起一座"桥"。记者要恭敬谦和，善用礼貌用语，对对方值得褒奖的行为和语言表示欣赏，尽量给对方以诚挚的赞扬。

例如，记者张礼性接受了采访应邀访问我国的科威特阿拉伯

经济发展基金会理事长阿克里克·费萨尔的任务，要求写一篇人物专访。对此，张礼性做了大量准备工作。对于见面后的第一句话，他经过反复推敲，最后选定了这一句："费萨尔阁下，这两天，您作为中国人民的朋友，成了这里的新闻人物，大家对您的来访表示热烈欢迎。"费萨尔听了非常高兴，满面笑容，无形中缩短了访者与被访者之间的距离。张礼性顺利地完成了任务。④

(二)采访中，记者的语言技巧是打开采访对象心灵之门的钥匙

在采访进行的过程当中，虽然记者和采访对象已经相识了，并且在交谈中逐渐接近起来，但采访对象是否愿意毫无保留地把情况如实地告诉你，这还是个未知数。要打开采访对象的心灵之门，使他乐意滔滔不绝地吐露出记者所要了解的一切，还是得靠正确的谈话采访艺术。

意大利女记者法拉奇采访了许多知名人物，被称为"政治访问之母"。她取得成功的一条重要经验就是善于运用语言艺术，以提问尖锐泼辣、深刻精到著称于世。她因人设问，不拘一格，事前就深思熟虑、精心设计提问口吻、角度、深度与广度，而且与临场发挥完美地结合起来，形成其独特的口头采访魅力，从而获得采访的成功。⑤

(三)记者的语言艺术是整个采访成功的关键

采访中记者的语言表达技巧不仅表现在交谈方式上，还表现在谈话质量，尤其是记者的谈话质量上。有些记者在采访时，常常问了一大堆问题，记了许多材料，回来后却三五天都写不出一条几百字的新闻。一个很重要的原因，就是问题没有问到"点"上。虽然问题提了许多，却不是紧紧围绕采访主题，这种问题的答案当然也就价值不高了。

记者、通讯员的谈话技巧决定着能否在采访过程中取得主动的地位。如果谈话采访进行得好，采访就能取得好的效果，获得

成功；反之，对方就可能不愿意给你提供情况，致使采访失败。所以，为了采访能够取得令人满意的效果，记者在进行采访以前，特别是进行人物专访之前，要做充分准备，尽量全面地占有材料，对采访对象有一个大致的了解。要善于凝练问题，要围绕某个中心事实或某个问题，有的放矢地提问，既具体简明，又包含了丰富的内容。这样的问题就能引起采访对象的兴趣，使谈话顺利地深入下去。

三、采访对象的语言表达能力，也对采访活动的成功与否产生影响

(一)采访对象是否善于表达，对于记者能不能获得生动的材料直接产生影响

俗话说：一个巴掌拍不响。任何一次交谈都是记者与采访对象双方合作的结果。一方面，记者的语言表达在采访中占有重要地位；另一方面，采访对象的语言表达也会对采访活动产生影响。意大利女记者法拉奇曾直言不讳地说："我认为在采访中，重要的不是提问，而是回答。如果是一个有才华的人，即使你向他提出世界上最平常的问题，他也能作出非常出色而深刻的回答；反之，如果是一个普通人，即使你向他提出世界上最尖锐的问题，他的回答也很平淡乏味。"

(二)采访对象的职业、职务、文化程度、社会地位、年龄不同，谈话也有不同的特点

记者、通讯员经常会遇到各种各样不同的受访对象。老人社会阅历丰富、知识面也较广，一般显得老练稳重一些，不一定很快把一切情况告诉你；小孩一般都爱说爱动，好奇好问，也很直率、坦白；妇女在接受女记者采访时，容易谈得融洽、亲热，而对男记者的采访，开始有生疏和拘束感，要经过一个逐步熟悉和了解的过程。

记者程万里20世纪50年代去采访一位年过古稀的模范社员王志礼，这位模范总是默默无闻地埋头为集体干活，把集体完全当成了自己的家。但是，当他采访的时候，王老汉由于听觉衰退，反应迟钝，很难交谈。不仅如此，当记者准备为他拍摄一张照片的时候，他急忙摆手，不肯照，经过解释才勉强同意。像王老汉这样的采访对象，记者要从他口里掏出新闻材料是非常困难的。但是，王老汉的小孙子就不一样了。当程万里与王老汉的孙子交谈的时候，孩子说："我跟爷爷在一个炕上睡觉。有一天夜里，天下大雪，刮大风，把我冻醒了，用手一摸，不见我爷爷。不知他干什么去了。第二次醒来时，我一看，门外一片白，天上地下都是雪。我爷从外面担着粪笼回来，帽子上、衣服上落了一层雪，眉毛、胡子白花花地结了一片冰花。他已经从几里路以外的涝店镇拾粪回来了。涝店有个骡马大店，我爷每天都到那个农业社拾粪……"这个小孩讲得多么生动，活灵活现地描述了王老汉的形象，为记者提供了一个多么好的事例，记者的采访最终获得了成功。[6]

采访对象的职业、职务、文化和社会地位不同也会在受访时有不同的表现。一般来讲，担任了重要领导职务的负责人或名人，由于工作的关系，他们的讲话通常比较简洁、精练而富有内涵，当然采访他们也就要求记者提问准确、简练；文化程度较高的知识分子、干部，大都具有一定的理论水平和分析、综合、归纳问题的能力，只要记者在采访中说明意图，就能获得较为清晰明白的回答；经济学家经常使用数字来说明问题；工人、农民、个体户等劳动者，有比较丰富的实际经验和技能，记者与他们交流多以随和自然的"闲谈"等方式进行，只要和他们熟悉以后，也能提供很多诸如顺口溜之类的生动、具体的第一手材料。

例如，在中央电视台《读书沙龙》栏目中，主持人李潘对著名作家贾平凹的访谈就是直率、单刀直入、追问的风格。这是因为贾平凹本人的谈风便是质朴、实在，且对自我以及自己的作品有较清楚的认识。主持人采用这种策略，使观众获得大量出自作家本人口中的信息，达到满意的访谈效果。

(三)采访中遇到的采访对象在语言表达方面有天生的障碍时，记者应尽量谨慎耐心，如果实在无法提供准确的新闻材料，就应该另访他人

有时记者会遇到一些特殊的受访对象，一些在生理上有缺陷的人，比如：聋哑人。在这种情况下，记者一般都要带翻译。可是由于各种原因(主观的或者客观的)，这类采访对象难免会对采访活动产生影响，造成障碍，使采访不能顺利进行。对于这种情况，记者应该谨慎耐心，努力克服困难，从而获得珍贵的第一手材料。但是如果受访对象因为客观原因无法提供准确的新闻材料的时候，就应该灵活地选取别的采访对象，以达到采访的目的。

(四)对于特别健谈的人所讲述的内容的真实性、可靠性要留心

一般来说，记者都希望自己的采访对象比较健谈，自己提出一个问题，对方能就回答得比较全面、具体。但是，记者却应该注意下面这种情况的发生：1983年麦收时，记者蒋清泉等人去某县城关镇采访。给他们介绍情况的是城关镇的农技员，镇委书记说他整天在各村跑，谁家的锅台在哪儿盘着，他都知道。他介绍情况时滔滔不绝，时间、地点、人名，张口就来，甚至数字也是问啥有啥，说得还很具体。他一连说了好几个村的情况，而且记者们问他各村有什么特点时，他都能说出来。他这种“要啥得啥”的劲头，引起了记者的怀疑。他们留了下来，又到需要写的三个村去，把情况与干部、群众一一进行查对，发现这位采访对象介绍的情况，不光不少情节有出入，而且许多数字都不对。如果记者们真的按他说的写了，会有许多失实之处。[7]这种利用记者获得材料心切的心理，投其所好、信口开河的情况，应该引起记者的高度重视。

认识到采访对象的语言表达对采访活动的重要影响，记者就应当充分重视分析采访对象的语言，并有针对性地予以正确的引导，才能更好地与形形色色的采访对象打交道，才能获得准确无误的原始材料。

第二节 讲究语言艺术，是记者采访工作通向成功的桥梁

一、在新闻采访活动中，记者与采访对象之间的语言交流的几种形式

正确运用新闻采访语言，是新闻采访艺术的重要内容。而作为历史悠久的文明古国，我们中华民族的语言文字可谓丰富多彩，记者和通讯员在采访中能否恰当地运用语言这一交流工具，是关系到采访成败的重要因素。

记者在采访前经过充分周详的准备，便进入短兵相接的实战——口头采访阶段。所谓口头采访，就是指新闻工作者以口头谈话方式获得新闻素材的一种采访活动。新闻记者在采访中，离不开与形形色色的人打交道，就必然要开口，要用语言进行交流。在整个采访谈话活动中，口头采访占有非常重要的地位。

作为新闻采访活动主要手段的口头采访，有着多种多样的形式，并且每一种形式有着不同的特点和功能。在实际运用中，记者与通讯员必然要根据具体情况，灵活采用各种不同的口头采访形式。而常见的几种口头采访形式有：

(一)召开调查会时的口头采访

这种采访是指根据采访的内容、性质，由记者把所有要采访的对象邀集在一起，召开短小、精干的调查会，一般应选取大约

十位不同类型、职业的人参加。它的优点体现为，在同一时段里可以找到很多值得采访的对象，通过与他们的口头语言交流，得到比较全面、详细的新闻素材，同时又可以使被采访者在集体交谈中互相启发、补充、探讨一些问题。这样，无形中使记者对获得的材料认识得更深刻、全面。再者，因为会议上集中了各方面有代表性的采访对象一起交谈，相对于记者平时对他们单个采访更节省时间，从而提高了采访效率。

开调查会口头采访的内容也是丰富多彩、灵活多变的。或着重于分析当前社会、经济形势，或就人民群众普遍关心，感到困惑的热点问题向与会者寻求答案，记者借此围绕确定的新闻主题收集新闻报道线索；或就某件在社会上有争议的事情、某个有争议的人物向与会者了解情况，弄清事实真相，收集新闻事实材料；同时还可以借此机会把记者写成的新闻初稿向与会者征求意见，核实材料、补充细节等等。

以上列举了开调查会口头采访的种种好处，但这并不意味着这种采访形式是万能的，其弊端也显而易见。比如，被采访对象可能心存顾虑，不愿当着其他人的面说出内心真实想法；有的碍于情面，甚至不得不讲违心话。特别值得注意的是，有时候在开调查会进行批评性报道的调查中，参加会议人员有可能是经过挑选和圈定的，清一色持某种观点，这样，容易使记者得到片面的、局部的认识。遇到这种情况，记者要认真思考，学会分析与判断，打消与会者的种种顾虑，并可采用个别交谈、深入观察等方式，以求获得事实的真相。

(二)出席记者招待会、新闻发布会时的口头采访

随着我国经济、文化的发展和国际交往的日益增多，各有关部门举办的新闻发布会和记者招待会，逐渐成为近年来越来越多采用的一种发布新闻信息的会议形式。例如我国外交部新闻司定期或不定期向中外记者发布新闻、回答问题，采取的就是这种形

式。随着市场经济的活跃，一些厂家、商家也经常召开新闻发布会，公布其产品特色、营销政策等。记者通过在招待会上提问，直接向主持会议的当事者了解情况，获得更直接、更具体、更详细、更深入的新闻事实材料和背景材料，进而增强新闻报道的时效性和可读性。记者应当充分利用这种形式，不仅仅向当事人提问，还要向周围的人了解信息，认真听，仔细问，进行积极的采访。

(三)随遇式的口头采访

这是记者未经事先安排、准备，随时遇到采访对象进行交谈的口头采访活动。它的优点是既方便、自然、无拘无束，又颇有成效。它不分地点、场合、时间、条件，也没有参加谈话人数多少的限定，只要我们随时留心，处处留意，常常可以利用这种采访方式得到新闻。而且这种方式获得的新闻并不局限于社会新闻类的平凡小事，不少重大的国内外新闻和深度报道，最初也往往是由记者在随遇式采访中抓到线索，继而深入采访而写成的。

随遇式口头采访往往使记者得到具体、生动的新闻事实材料。我国著名的记者邵飘萍，很善于运用这种方式采访。他在担任申报特派员时，常常在宴会、舞厅、旅店与政界官员随便闲谈，在海阔天空的闲聊中获得许多有价值的新闻材料，然后迅速地把新闻写在隔壁房间里早已准备好的电报纸上，及时发往上海《申报》刊登。[8]

在随遇式采访中，记者、通讯员要注意巧妙自然地获取新闻，而不是用意明显地索取。同时，还要敏感地判断一个事实所具有的新闻价值，并根据其新闻价值的大小来决定下一步的采访行动。

(四)个别预约式的口头采访

这是记者与采访对象预先约好了的一种口头采访方式。从广义讲，开调查会、参加记者招待会也是一种预约。这里指的是个别预约，利用这种采访方式可使记者、通讯员充分了解到更细致、深入、生动的材料。

预约式个别交谈有两个明显的优点：一是非常方便。记者和采访对象之间只要约好了，可不受其他条件的限制进行交谈。二是因为是单独采访，被采访者不会因为有第三者在场而有所顾虑和保留，可以无拘无束地畅所欲言，对记者来讲，也能够充分地同对方交换意见，启发对方把问题谈得更深入，并进一步挖掘采访对象的内心世界，从而掌握大量生动的细节与背景材料。

采访一些知名人士，如政府首脑、社会活动频繁的成功人士，特别需要进行预约。因为这些人物有自己特定的生活规律，公务繁忙，切不可贸然打扰。法拉奇采访世界风云人物，均是事先预约才成行，并取得成功的。

在预约式口头采访中还有一个很重要的问题是记者必须守时。守时是新闻采访人员的重要职业道德规范之一，进行个别预约式采访，尤其须注意准确无误。这既是对采访对象的尊重，也是表现记者认真负责、一丝不苟的精神和使采访顺利展开的重要因素之一。如果记者在采访中认为这只是“小节”而加以忽视，甚至出现采访对象来等记者的现象，就必然给采访对象造成心理上的不悦，从而给采访造成损失。记者对此不容忽视。

(五)电话式的口头采访

用电话交流方式获取新闻素材，用在由于时空的限制，面对面交谈不可能时，它的一大优势是迅速。恰当利用电话采访体现出记者争时间、抢速度的基本素质。电话采访不同于其他采访，它有许多注意事项。比如，一部电话，最好是有录音装置的电话；记者要有准确齐全的某领域权威人士的电话号码，包括办公室的电话号码、住宅的电话号码、手机号码、传呼机号码等等。记者应该认真准备好想了解的情况或是请教的问题，仔细考虑提问的措辞，并选择好通话时间。

与现场采访相比，电话采访应做更仔细的准备。由于不是面对面的交谈，尤其要注意新闻来源的准确性，仔细核实，力求慎重对待。一般来说，应选择有权威性的、能全面准确掌握事实真相的人物作为电话采访对象。采访中应把人名、地名、数据等核实准确，特别是注意同音或近音的字、词不要弄混淆，以免发生误会。

具体来讲，电话采访应长话短说，且应避免出现停顿。先提什么问题，后提什么问题，最好写一个提纲。一般来说，问题提得越具体越好，因为具体的问题，更便于对方回答；问题提得越短越好，因为问题的长短与回答的长短常常是成反比的。问题越小，往往回答越长；问题越长，往往回答越短。

一般情况下，不要打断采访对象的讲话，有疑问可随时记下来，待他讲完后，再问。如果插话提问，很可能打断对方的思路。但有时采访对象一时兴起，说起话来如大江决堤，滔滔不绝，而且漫无边际，这时就需及时地提醒，把思路拉回到你需要的话题中来，否则会白白耽误时间。

电话采访方式已越来越多地运用于报社、电台、电视台的各类新闻采访活动中。近年来还出现了电台、电视台新闻调查或直播节目中进行电话采访的现象。在这种情况下，对话应更精练、切题，做到能让受众在最短时间内获得最大限度的信息。

应当指出，口头采访的方式并非固定不变的，常常由于具体情况的变化而采用灵活的形式。遇到复杂的新闻事件，更需要综合运用几种口头采访形式。总之，灵活机动地运用各种口头采访方式，是记者、通讯员获得有价值新闻材料的主要手段。

二、重视提问技巧，是采访中能不能正确运用语言艺术的关键

(一)提问要有好的话头

记者与采访对象双方的谈话交流，往往通过一问一答的方式

来进行。怎样找到好的话头，以恰当的方式提问，从采访对象口中获得最具新闻价值的素材，是每一位记者口头采访中面临的最重要的问题。俄国文学大师伏尔泰曾说过：“评价一个人当视其问些什么，而不是答些什么。”[9]这对于记者而言更具有针对性。同为记者，采访中水平的高低，往往直接表现在其谈话内容和提问技巧上。谈话中话头的选取是大有学问的：

1. 要选择与采访对象紧密相关和相邻的话头

有经验的记者在面对采访对象的时候，为了让对方消除与自己的疏远感，往往利用与之是同事、同学、邻居或同乡的关系来拉拢关系，扯起话头。斯诺的前妻海伦·福斯特·斯诺 1937 年在延安采访，第一次见到毛主席时，先拿出了斯诺在一年前访问陕北时给毛主席照的一张相片。这张照片，无形中成了她同毛主席接近的媒介。正如她后来谈起那次延安采访的经验所说：“这张熟悉的照片，就好比桥一样，把我同毛主席之间联系起来了。……”[10] 从这类“话头”谈起，看似闲情逸致，实则用意颇深。正是由于这种思想感情上的交融，打破了生疏之感，缩短了彼此心理上的距离，使访问自然地展开了。

2. 要选择相悦的话头。这是指要提那些采访对象喜悦、高兴的话题，从而有助于打开他的话匣子

3. 要选择相似的话头，注意拉近距离

这主要是指兴趣爱好相似，地位、经历相似，态度、观点相似，语言、习俗相似。由于这些相似，说起话来比较投机。

(二)提问要有好的方法

提问，是针对采访对象的不同心理而采用的不同谈话方式，是记者在采访活动中的主要实施形式，也是关系采访活动成功与否的关键。所谓采访的难度，主要就难在谈话中的提问上。虽然提问方式并无统一、固定的模式，但对于初学者来说，掌握一些提问基本方法是很有必要的，这有助于其尽快成长为一名成熟的

记者。

1. 开门见山、单刀直入法

即直接向采访对象提出需要回答的问题，请求答复，不搞不必要的客套与寒暄，不绕圈子，不撒大网，一开始就进入正题，直截了当地向采访对象说明自己想知道什么。这种方法一般适合在下列情况采用：

(1)当事人或被采访者公务繁忙，行色匆匆之时。这种情况一方面是他没有多少充裕的时间来同我们交谈，另一方面我们必须在很短的时间内达到采访的目的。比如，某位名人、要人到达机场或其他目的地，记者云集，采访对象因时间有限等因素尽力回避采访，这时就必须单刀直入抓住一两个精彩问题，力争短时间内获得最有价值的信息。正如麦尔文·曼切尔所说："政治家、运动员或外交家常常希望记者就有关事宜直接提问，而没空闲聊天。"[11] 这正是我们采用开门见山法提问的原因。

(2)采访一些突发事件，如火灾、凶杀、地震、交通事故等。负责处理这些事件的有关方面负责人非常繁忙，场面也颇混乱，而我们又不愿失去同他们交谈的良机，就应该以精练的提问求得对方明确的回答，这样既节省时间，又能如愿以偿。

(3)采访对象与记者已经非常熟悉，多次接受采访，这种情况也不必客套，可以直接提问。法拉奇对一些国际知名政治家的访问，往往提问犀利、一语中的。这种大胆泼辣的提问，能够使她把读者最关心的焦点问题，及时而淋漓尽致地提出来，从而形成自己鲜明的报道风格。在 1980 年 8 月 21 日和 23 日对邓小平同志的采访的部分提问中，她采用的多为直接提问法。有些问题提得很尖锐，有的为中国人民所忌讳，有的要触动中国人民的感情，有的甚至冒着惹恼对方，使采访中途夭折的风险。所有这些，法拉奇事前是不会不知道的。然而，她不仅大胆地提出来，而且提得毫不吞吞吐吐，因为这些问题正是西方广大读者普遍关心，异常感兴趣的问题。如果不搞清楚，就无法满足他们的新闻欲。同时，真理是愈辩愈明的，采取一味回避和否认态度只能是愚蠢而有害。作为被采访对象的邓小平同志以伟大政治家的战略眼光，从正面圆满回答对方这些问题，这恰恰向全世界作了最好的解释和最有说服力的宣传。[12]

由此可见，直截了当地提问，只要抓住了问题，往往也能获得精彩的回答。

2. 侧面迂回法(又称勾推法)

这里有两层含义：(1)当正面不好直接提问时，从侧面入手，经过迂回，再回到正面题目上来。比如，遇到那些不善言谈、不习惯于记者采访、而且比较陌生的采访对象时，记者可以从一些日常生活琐事或接触到的周围事物谈起，待采访对象与记者逐渐熟悉，感情融洽后，再把话题引回，提出主要问题。(2)采访时，不直接找采访对象本人谈话，而先找他周围的人谈。比如熟悉他的上司、同事、亲人、朋友等谈，待掌握一些基本情况后，再找采访对象本人深谈。这样不仅可以借助预先获知的情况，更好地了解采访对象的性格及行为，以便为下一步在对当事人的采访中争取主动提问打下基础，而且可以挖掘出采访对象本人不愿意谈的生动丰富的细节。尤其是遇到工作繁忙，对琐事易忘的采访对象时更应如此。

用迂回法提问，有时可以产生直接法所起不到的作用。尤其是当对方回避我们正面提问时，更需要运用迂回法。这是一种从侧面刺探的艺术，需要仔细揣摩，灵活运用。

3. 激将法

在谈话采访中，如果掌握了对方某种特点和个性，必要时可以采取旁敲侧击，甚至激将的方法，即记者通过一定强度的刺激提问，促使采访对象吐露事情的真相。正如法拉奇所说："人物采访是一出戏，一场战斗，对话生动、交锋激烈。"[13] 对于自恃高傲、不屑一顾的采访对象尤其适用此法。这时，记者不能不顾实际情形一味“穷追猛打”，而应按心理学原理，通过一定强度的刺激，使对方的心理感觉发生变化，从而获得所需要的真相。激将法的具体操作步骤是记者在其所假设的问题中，投入一定强度的刺激，迫使对方感觉朝相反方向转化。比如顺着对方思路，得出一个错误或荒谬的结论，记者猛一说出来，让对方吃惊，必然加以否认，从而掏出所需要的事实。如法拉奇采访伊朗宗教领袖霍梅尼时，一开始就说：“我要告诉你，先生，你是伊朗的新沙皇……”这一刺耳的言辞，把霍梅尼气得火冒三丈，良久说不出话来，后来又急于为自己辩解。这样，法拉奇就争取了主动，在对方的辩解、表白中获取到新的有价值的材料。[14]

4. 引证法

指由近而远、由浅渐深，用其他事物或消息引起对方谈话的兴趣，从而获得所需要的新闻材料。有的采访对象，对记者采访意图领会不深、不清，不知从何说起，这就需要举出一两件有关事例，帮助他打开思路，明确意图，回答问题。还有一些采访对象，出于谦虚，不愿多谈。这时也可以有记者把准备时了解到的一两件事先讲一讲，引起对方的联想，请他补充细节，畅谈体会。有时还可以根据采访中看到的现场情况或感受到的气氛，加以概括、引证，引起对方的畅谈。

针对有的采访对象思维理解能力较差，记者尤其应注意提问的分寸。一是要将问题化大为小，把一个大问题分解为一个又一个小问题，最好使对方感到“看得见，摸得着”，才便于回答。二是在提问时不宜太快、太急，应给对方较多的思考时间。同时，提问的语气更要亲切，使对方不感到有丝毫的压力。比如，去采访某地的农民朋友时，可先不说采访的事情，而是同他们拉家常，把话匣子打开，在对方“不知不觉”当中，把交谈引到正题上，让对方说出心里话。

引证法还包含引导的技巧。有时如果采访对象的谈话离题太远或未能答清楚问题时，应以自咎的口气来纠正他，比如说："对不起，我没听懂。"或者"我还不太明白，您能举个例子吗?"如果他仍然话不投机，那就换一个话题，过一会再从另一个角度把他引入原来的话题。

有时，采访对象很"健谈"，太啰嗦，抓不住要点，或者表达不精练，特别是在电视新闻采访中，记者的及时正确诱导就显得尤其重要。一个行之有效的办法是从整个新闻事件中找最能激发采访对象的问题，以触发被采访者的感想。一次，一位记者采访了一位在参与庙堂建设中被倒房砸伤的村民，该村民悔恨交加，满腹懊丧，结结巴巴地说了许多后悔的话，就是说不到问题的点子上。当时记者就抓住他被砸伤这个主题提问，下面是当时的一段对话：

记者：你伤在何处?

村民：伤在锁骨。

记者：下次如果再建庙堂，你还去吗?

村民：死都差一点死了，受骗只能有一次，下次再也不会去了。⑮

本来毫无头绪的谈话，经过这样一激发，就把村民因信神反遭不幸，而事实使他醒悟的过程，简单明了地表达出来了。

5. 请求法

指记者很有礼貌地代表受众向采访对象表示自己的希望，请他谈谈人们普遍关心的问题。尤其对于那些忙于工作，无暇接待或由于个性等方面的原因而不愿意接受采访的人来说，用请求法提问效果会更好。这种情况下，采访对象本不想接受采访，但由于记者使用了礼貌性的语言，诚恳地提出请求，使被采访者受感动而腾出时间予以接待，这样的例子是很多的。例如，我们要就"电脑黄色软件毒害青少年"这一新闻话题采访有关电脑方面的专家，不妨采用请求法提问：“现在市场上电脑黄色软件悄然进入用户网，不少青少年深受其害，给他们精神和心灵上造成不应有的污染，家长们为之心碎不已，您作为一位电脑专家，能否就此谈谈您的看法?”这样，使他感觉到你的尊重与信赖，自然不会拒绝，会非常认真、充分地畅谈看法。

6. 重复法

即记者以发问的口气，重复采访对象讲的某一句话，使对方再明确地说一遍，以加深我们的印象，核实清楚对方讲话的原意，并把交谈进一步引向深入。尤其是谈到一些人名、地名、时间和一些数据时，适当地运用重复法，可以减少我们听觉上的失误，确保报道的真实性。当然，在整个口头采访过程中，这种重复法提问不能过多，以免打断对方思路，影响采访的正常进行。只有在比较重要而我们又没有了解得十分清楚时，才运用这种方法。

7. 赞叹法

在同采访对象交谈中，对方谈到某些使我们受到感动的精彩细节或材料，我们可以用赞叹的语气表示肯定，并进而深入挖掘这些细节材料后面包含的更加深刻的意义。例如，旅游文化报记者采访骑自行车独行，周游全国各地的探险者楼兰亭时，真挚地赞叹他这与常人不一般的举动，楼兰亭一下感到“他乡遇知音”，激动地说，“只要能为97香港回归献上一份有全国各族人民签名的长卷的厚礼，再苦再累我也能忍受!”这样，真实而自然地反映出这位探险者骑车独行全国的思想动机。

8. 反问法

即从相反的方面提出问题。这种方法应用得当，可以促使对方思考，或者有的问题我们估计到正面问对方可能不会得到坦率的回答，这时可试用反问法，也就是“先发制人”，把对方的退路截断，使他不得不明确回答，对提问有较坦白的表示。因为对方对于你的反问，不得不作出承认、否认或沉默三种反应，而我们可以从他的表示与反应中进一步掌握事实的真相，深入挖掘新闻事实材料。不过，反问法提问有时容易使采访对象显得被动不堪甚至不悦，应当慎用，要因人而异。要注意不要刺激对方，引起对方反感。

(三)记者要有好的提问技巧

在实践中，新闻采访提问的方法不是一成不变的，而需要我们在实际工作中巧妙运用，这就牵涉到一个“技巧”问题。一般来说，应注意以下几个方面的问题。

1. 提问要精练、精细、精彩

精练是指提问少而精，话不要太多；精彩是指提问要恰到好处，问得吸引人；精细是指提问要细致，要具体。

采访中提问应简短而又不乏活力，问要问到点子上，不要鸡毛蒜皮什么都问。但又不是大而化之、马马虎虎、随便提几个问题了事。要根据口头采访的目的和要求，从细小的地方入手，发掘出那些没有被别人问过，而读者又十分关注的问题。正如美国新闻学教授麦尔文·曼切尔所说：“大多数场合下，由于人们忙于处理自己的事务而不愿多谈，只有被记者精心准备的一连串问题所触动的时候，才进行交谈。”[16]

没有什么比不学无术、不着边际的提问更令采访对象感到厌烦的了。米切尔·J·阿伦在电视新闻文集《生存空间战》中，提出了“你有何感想”这一提问在广播和电视采访中滥用的情况和这种做法的弊端。他认为，对于这类问题，如果采访对象能够回答上来，不是绝对不可以用。但在职业采访中，记者应当争取时间，以便考虑真正的问题，或者他指望采访对象在机械回答中偶尔带出一点真实情况，以便顺藤摸瓜。而“有何感想”一类问题显然达不到这个目的。[17]

提问技巧是记者学识和素质的综合体现，记者应当努力做到在采访的第一步就让采访对象乐于回答自己的问题，用简洁、内行而又精彩的提问来激发对方的谈兴，这样才容易把采访对象引入纵深的“开阔地”，在愉快而明朗的交谈中获得更多的新闻素材。

2. 提问时大、小问题应灵活穿插

记者在实践中应根据不同的采访对象、不同情况、不同场合，灵活巧妙地提问。比如，是提大问题，还是提小问题，怎样把大、小问题巧妙地穿插结合起来，是一个很有讲究的技巧。

一般来说，提小问题、具体问题，是从整个口头采访的过程来讲，以求达到讲究具体、实在、明确的效果，不要过多地搞“大而空”的泛问。提大问题，是从采访刚开始，彼此不熟悉这一点考虑，为缓和气氛、逐步了解和接近而采取的一种步骤，而不是就整个采访过程而言的。

麦尔文·曼切尔把采访中提大问题和小问题，称做开放式问题和闭合式问题。[18] 所谓“开放式”提问，是指提出一些概括性的问题，使对方回答时不受局限，让其畅所欲言，又可轻松自如地交谈。必要时，再抓住关键性问题去追问，请对方有针对性地发表看法、见解，可能收到较好的效果。所谓“闭合式”提问，是指提出的问题很具体，要求对方回答也具体，既可避免“节外生枝”，又便于掌握采访的主动权。他认为，采访刚刚开始常常是提开放式问题，然后再过渡到闭合式问题。

事实正是这样，口头采访中总是开放式、闭合式问题交替使用，需灵活掌握。一般地讲，开放式提问适合于采写专访、特写时运用，能比较轻松自然地引出一些有趣的材料。这种方法又称漏斗型提问采访法，其特点是，首先提出比较笼统的问题，然后收拢圈子，集中在一个话题上。这种采访形式适合有创见的采访对象，因为它能使对方在你示意的范围内自由发挥。如果每个问题都问得太具体、太直接、太狭隘，恐怕写出来的文章只能反映记者的先入之见。在使用这种方法采访的过程当中，只要采访对象领会了提问的意图，即使出现了记者始料未及的内容，也是记者的极大收获。笼统的提问不仅使采访对象有喘息的余地，而且能让记者有功夫牢牢把握住对方。[19]

从闭合式问题出发的采访法又称倒漏斗型采访法。这种方法适合于时间紧迫、采访对象匆忙时使用。因为这时不允许记者去讲泛泛而谈的话，必须简单明了、一针见血地提问。同时，对于坦率、有口无心的采访对象也适合此法。比如在采访儿童时，如果你首先问："你有雄心壮志吗?""你的理想有多大?"这样笼统而又落俗套的问题，他也许就被难住了。因此，应先提具体问题，比如："你长大了最想做什么?"再有，儿童很少说："我不喜欢独断专行的人"这样成人式的话语，但只要你问他不喜欢什么样的老师，他将会说出与上述结论一致的琐碎的关于这类老师的具体行为。[20]

3. 针对不同的人，在不同的心理状态下，在不同的场合要灵活巧妙地提问

有时候，正面提出问题，对方不一定告诉你；侧面或反面提出问题，对方却不知不觉回答了你。例如报道某位学者、专家社会兼职过多，影响了学术研究和创作。如果你直接问他兼了哪些职务，他也许出于谦虚或某种原因不愿意回答，但如果你侧面谈他的学术研究工作和写作情况，了解他近期的研究成果减少的原因，他就会自然地告诉你兼了哪些职。

三、随时注意语言表达，是记者广交朋友、善接人缘、获取意想不到的新闻的一条捷径

(一)记者要培养起同各种各样的人都谈得来的语言习惯和能力

新闻记者要捕捉瞬息万变的社会热点、动态，就必须在日常生活中细心体验，做生活的有心人。这就要求记者深入社会生活

的方方面面，同各种各样的人打交道，也就要同各种各样的人交谈。只有谈得来，谈得投机，才能了解到真实情况，弄清一些新出现的问题，不断挖掘出新闻题材或报道线索。

有的记者，特别是年轻记者，只在带着报道任务去采访时才注意与人沟通，而在平时的社会交往中，意识不到自己应随时随地留意新闻线索。这是必须加以改进的。

同什么样的人都谈得来，是记者深入采访的起点和根本条件，练好这项本领，可以从以下几个方面入手：

1. 要懂得一点人际心理学，交谈时才能善于根据不同心理的人运用不同的语言，以取得其理解。俗话说：“话不投机半句多。”要做到谈话投机，从记者工作来说，并不是投其所好，而是知其所好，胸有成竹，方能一见如故，三言两语就谈得拢。否则，难免出现冷场的尴尬局面。同对方交谈时要善于察言观色，做到随机应变，千万不要只顾自己“抢新闻”，不为对方着想。

2. 要善于在各种情况下都能够找到话题。见面无话可说，就谈不上口头交流。那么，话题从何而来呢?一方面要看记者事前对情况的掌握和准备程度，头脑里是否装有合适的问题?如果自己熟悉有关方面的情况，带有一些问题，交谈时自然就有了话题，还可以借题发挥，“抛砖引玉”，一步步打开对方的“话匣子”；另一方面，又要求记者在交谈中做个有心人，善于在同对方接触中边谈边思索，随时抓住对方谈出的有意义的情况或问题，使话题不断更新，把交谈引向深入，从而有益于记者打开采访局面。

3. 记者的知识面要比较广，要迅速了解国际国内的大事。这样，在交谈当中才会有“本钱”。记者要同什么样的人都谈得来，单靠“公事公办”不行，只靠问寒问暖也不行，而需要双方有共同语言。这个共同语言取决于对于采访对象有关知识的了解程度。博学多知、准备充分的记者，到各行各业采访，总能提出一些内行的话题。如果记者对与采访内容有关的知识一窍不通，见面除了说明一下报道意图以外，就无话可说了，这样就容易造成“冷场”，更不用说进一步了解新闻线索了。

4. 采访中既要丢掉“记者架子”，又要落落大方。有些记者交谈摆起“新闻官”或“老爷记者”的架子，盛气凌人，好为人师，自以为高人一等，这就让人生厌，自然不易与人交谈起来。当记者一定要丢掉这个“架子”，甘当小学生，虚心学习。同时，采访时也要落落大方，镇定自如，记者和采访对象之间是完全平等的关系。意大利记者法拉奇采访风云人物的成功，就在于她摆正了自己与大人物的位置，置自己与大人物在同一水平上，才能镇定自如、尖锐泼辣而又直截了当地提问，顺利进行交流。㉑

(二)记者要善于用语言来寻找、接近采访目标而且找到采访由头

在采访中遇到生疏的采访对象，首先就要解决如何接近对方的问题。如果访问时找不到接近对方的“突破口”，往往也会影响采访的进行。为了同陌生的采访对象尽快熟悉起来，在第一次进行采访时，需要寻找促进彼此接近的“由头”，作为访问的突破口。这种采访由头，需要记者根据当时的具体情况，灵活选用。

(三)记者要努力培养幽默感

在许多场合，适当的幽默感好比润滑剂，能够消除采访对象与记者间的隔阂，把彼此间的距离拉近。这一点，在中央电视台的谈话节目《实话实说》当中得到了很好地体现。节目主持人崔永元那种诙谐的谈话风格，不仅常常使采访获得意想不到的成功，而且成为节目的主要成功因素之一。

第三节 提高记者的语言修养和表达能力，不断丰富和完善新闻采访艺术

一、记者要善于从中外文学作品中学习语言

古今中外，先辈们为后人留下了汗牛充栋的文学作品。作为对人类社会历史生活的真实记载与创造性发挥的文学成果，这些作品具有取之不尽的语言精华。生动的细节描写、严密的情节发展线索、精彩的人物对话以及丰富深刻的哲理，无不通过语言文字的魅力展示出来。各类文学文体、文学语言都早于新闻文体、新闻语言产生，这要求新闻工作者必须要借鉴文学作品的精华之处，才能丰富新闻工作者的口头语言表达能力以及笔头功底。

美国记者斯诺认为，一个新闻记者写的是现实生活，但他必须有文学修养——包括古典文学修养。他临终时，枕边还放着萧伯纳的著作。他曾告诉年轻记者说，当的是记者，但写通讯时，一定要尽量有点文学味道。

二、记者要善于从各阶层老百姓中汲取丰富的语言营养

如果说从书本、从文学作品及各类名家名篇中学到的终究是间接经验的话，那么，从人民群众中汲取语言营养便是直接经验了。

广大人民群众扎根基层，是现实生活的主人。在漫长历史和日常生活中，人民群众积累了大量生动而鲜活的语言。群众的语言朴实、简练、生动、形象，用群众语言去表现群众的思想、情感、生活和工作，群众会更喜欢看、喜欢听，效果会更好。这就要求新闻记者学习和运用群众语言艺术。

群众语言同时又是极其丰富的，充满了生活气息，而且简洁明白、表现力强，恰当运用群众语言，会增强口头采访的表现力。

我国历史悠久，成语、民间故事、谚语、歇后语、打油诗、顺口溜等也是一个巨大的语言宝库，这里面有许多奇思妙想的幽默语言。这无论是对培养记者口头语言表达的丰富性，还是对记者的语言的幽默感，都有极好的借鉴作用。

总之，群众语言是反映群众的实际生活和实际工作、学习情况的，是群众集体智慧的结晶，丰富多彩，有真情、有趣味、有深意。既可以丰富我们的口头表达能力，又能使所写的报道呈现出生活的原汁原味。

当然，学习群众语言不是简单地套用，而是要在思想感情上贴近群众，把群众语言作为取之不尽的宝藏，经常注意收集、琢磨、整理，从中汲取营养，丰富自己的表达能力。同时，群众语言中也有一些粗糙或庸俗的东西，甚至有的还带有一定的封建迷信色彩。因而在学习和运用中，要注意精选和提炼。

还必须注意到，人民群众的语言是随时代的变化而变化的。新闻工作者在学习群众语言时，除了学习有生命力的现成成语外，还要深入实际、深入生活，注意学习人民群众在社会实践和生产中创造的新语言。这样，才能真正汲取人民群众语言的精粹，形成形象、贴切、生动的口头语言表达能力。

三、记者要重视讲好普通话，注意学习地方方言和民族语言

普通话是国家提倡学习的标准语言，我们也称之为“国语”。它以北京语音为标准音，以北方方言为基础方言，以现代优秀的文学作品的语法结构和优美的用语为使用的语言的范例。从小学一年级开始，普通话就成为我国每个学生必学的基本语言，是小学语文课的重要内容。遗憾的是，在一些地方人们学会了却很少使用。新闻记者，尤其是地方新闻单位的记者往往能操

一口流利的地方话，而普通话听来却像夹生饭。这在采访当地人时倒无妨，但是当采访对象是外地人时，就很容易闹笑话了，甚至可能妨碍采访活动地顺利进行。

不久以前，外交部作出一个决定：为了向全世界推广普通话，今后的外交部新闻发布会上将逐步取消翻译。这意味着要想从新闻发布会上迅速、准确地获得信息，外国记者们也将学习中国的“普通话”。那么，作为一名中国人，作为中国的新闻记者，怎么能不会我们的“国语”呢?新闻工作者首先要有对民族文化的热烈的爱，这就是爱国的表现。在改革开放的今天，新闻记者带头学习普通话，在采访中运用普通话，可以消除因地域差别带来的语言交流障碍，有利于采访活动的顺利展开；同时，无疑也将有助于普通话的推广。

在掌握普通话的同时，新闻记者又要学习掌握一些地方方言。方言是一种语言中与标准语有区别的，只在一个地区使用的语言。记者学习方言同样是采访活动的需要。这大致有两个方面的原因：

一方面，记者在采访中使用方言，有利于采访双方的情感交流。方言是在某一区域内被广泛使用的语言，有一定程度的普及性。记者到某个地方采访的时候，不论是预约采访，还是“微服私访”，如果记者不会当地语言，被采访者一听，“噢，是个外地人”，就会不自觉地产生一种陌生感，讲起话来就不会那么随意、自然。如果记者懂一点地方方言，情况就不一样了。

另一方面，记者学习方言，可以避免在采访中产生误会，保证采访顺利地进行。有时候，由于采访中记者完全不懂当地方言，交谈中把采访对象讲的话完全理解错了，或者自己讲了错话引起对方不悦。

由此可见，学习掌握一些地方方言，对于新闻记者来说是有必要的，尤其是当你到一个陌生的地方去采访时，事先了解一下当地的情况，学习一些常用的方言，就可以有备无患，使采访活动取得较好的效果。

注释：

①见戴邦：《〈射击英雄魏来国〉的采访经过》。

②见孙世凯：《学会“问”的艺术》，《青海日报通讯》1984年第8期。

③见小谢辑：《新闻采访经验谈》，《光明日报通讯》1985年第12期。

④见张礼性：《磨刀不费砍柴工》，载于《福建日报》1983年11～12期。

⑤见林玉善：《法拉奇采访艺术初探》。

⑥见程万里：《从采访到写作》，《陕西日报通讯》1980年第7期。

⑦见蒋清泉：《采访六戒》，载于《光明日报通讯》1980年第7期。

⑧见邱沛篁：《新闻采访艺术》，四川大学出版社1989年版。

⑨见（美）约翰·布雷迪：《采访技巧》。

⑩见：《“一分钟”接近法》，载于邱沛篁主编《新闻采写手册》。

⑪见麦尔文·曼切尔：《新闻报道与写作》。

⑫见林玉善：《法拉奇采访艺术初探》。

⑬见邱沛篁：《新闻采访艺术》，四川大学出版社。

⑭见邱沛篁：《新闻采访艺术》，四川大学出版社。

⑮见董凌：《电视新闻现场采访的提问方式》，《绍兴师专学报》1994年第3期。

⑯见麦尔文·曼切尔：《新闻报道与写作》。

⑰见（美）约翰·布雷迪：《采访技巧》。

⑱见麦尔文·曼切尔：《新闻报道与写作》。
⑲见(美)约翰·布雷迪：《采访技巧》。
⑳见(美)约翰·布雷迪：《采访技巧》。
㉑见林玉善：《法拉奇采访艺术初探》。

◀思考题▶

1. 为什么说新闻采访是一种语言交流和沟通的艺术?
2. 在采访活动中，记者与采访对象进行交流有哪些基本形式?
3. 记者在采访中提问有哪些主要方法?
4. 举例说明采访中记者提问应当注意运用哪些技巧。
5. 怎样培养和提高记者的语言修养和表达能力?

第八章
新闻采访与观察技巧

第一节　新闻采访是记者观察人、观察社会、观察生活的活动

一、新闻采访离不开观察

俗话说："耳听为虚，眼见为实。"记者在采访过程当中，不仅需要用嘴来问、用耳来听，还需要用自己的眼睛看——观察，这样"眼、耳、嘴、鼻"并用，才能获得最全面生动的新闻素材。有些记者忽略自己观察到的信息，只是一味地注重对采访对象进行提问，事实证明这是远远不够的。

传播学把符号分为非语言符号(视、听、触、味、体语等)，语言符号(文字、口语、图画)，人类传播的非语言符号显然先于语言符号，而反过来，又强化语言符号。这一过程告诉我们：视觉感应是获取信息的第一环节。

大多数传播学者认为，正式的面对面的相互交往中，信息的社会内容只有大约35%是由语言来传达的，其余65%则通过非语言行为来传达，这些非语言行为包括服饰、仪表、目光的

流动、面部表情、体语等等。

新闻采访活动就需要记者有一双“慧眼”，对现场环境，对采访对象进行仔细地观察，尽力捕捉一切非语言信息。不经意间流露的一切恰恰是最自然、最真实，从而也是最动人的，往往也蕴涵着丰富的潜在信息。

采访中，采访对象皱皱眉头、握握拳头、摇摇脑袋、身体姿势的变化以及采访对象的服饰、周围环境的布置等等，常常包含着一种“语言”，传达着某种“信息”。能不能观察到并且理解它们，不仅关系着记者与被采访对象的交流、沟通，而且关系到记者能不能全面地把握新闻事实，因为这些细节也是新闻的重要组成部分。记者若能通过自己的“慧眼”抓住这一忽闪的眼神、一掠而过的喜怒哀乐以及常人不易察觉的细节，便能体现出采访对象言传不到的精神风貌，写出更有意义并富有立体感的新闻来。①这对提高新闻作品的可读性会大有裨益。尤其对于情景新闻、现场短新闻作用更为突出。

新闻史上许多名篇均来自细致入微的观察与缜密全面地思考：范长江的《中国的西北角》、瞿秋白的《饿乡纪行》、约翰·里德的《震撼世界的十天》……这些名篇之所以具有震撼人心的感染力与影响力，与其感人的现场气氛，鲜明、生动的人物活动都有密不可分的关系，而这一切都不可能仅仅通过“问”就能得到，还必须靠“看”，仔细地“看”。

正因为如此，老记者孙世恺在一次采访总结中写道：“学会观察，确实给我的采访活动打开了一道新的门路。观察能丰富自己的报道思想，观察又能抓住生动的形象，把‘死’材料也能变成‘活’的。记者的眼睛可贵之处就在这里。”②

名记者彭子冈曾用“慧眼、神笔”四个字概括记者的修养。刘白羽同志说过：“记者应该有两只敏锐的眼睛。”③这些都是说记者要比一般人更善于用眼睛去观察，看到别人看不到的东西。

让我们看看记者的眼睛捕捉的细节：1956年10月14日，上海各界举行鲁迅先生灵柩迁葬仪式。当时，“一阵风吹来，把覆盖在灵柩上的‘民族魂’大旗卷起一角，许广平取下戴在胸前的一朵米色水钻扣花，把旗子牢牢扣住……当灵柩带着这朵扣花徐徐落入墓穴的时候，许广平的泪珠滚出了眼眶……”多么感人的细节，而其蕴涵的意义之深刻是千言万语也难以表达的，也许参加送葬的人都没有注意到这一点。但是当这些细节通过记者的笔最终变成铅字以后，就会有成千上万的读者感受到这感人的新闻事实，这就是记者“慧眼”的功劳。④

观察还要与深入调查相结合，二者不可偏废，否则，记者或被“假象”蒙蔽，或只看到现象，而没有深入事物本质，结果难免会笔下写出“失实新闻”。陆定一同志1943年写的《我们对于新闻学的基本观点》一文就指出：“是否亲自踏看就一定可以得到真实的新闻呢?那也未必尽然，因为，第一，记者既非参与此事内幕的人，他即使亲自踏看，也难免主观主义，更难免肤浅；第二，有时亲自踏看的记者，为了某种原因，仍然作不真不实的报道……”⑤

综上所述，离开观察的采访将是不全面的，没有观察细节的作品将是不完美的。因此，作为一名记者，应该处处留心运用自己的眼睛观察生活，捕捉新闻，练就一双“慧眼”。

二、名记者对观察的论述

社会生活是瞬息万变的，有些印象稍纵即逝，记者要随时随地留意地观察生活，留意捕捉每一个精彩的瞬间，而那一点一滴往往会给你留下鲜明的印象，带来深深的启发。因此，一刹那间的感觉能让你运用深邃的眼光来审视各种社会现象的核心实质。所以记者应该有敏锐的眼睛。高尔基曾经赞叹契诃夫有钻头一样的眼睛。不错，我们记者就应该锻炼出这种眼睛，它能像钻头一样深深钻开事物的表层，深入其内核，了解其本质。

著名记者、新华社前社长穆青同志说："人身上最敏感的器官是眼睛，许多记者偏偏不会用眼睛。十八般武器，眼睛是最锐利的武器，许多人偏偏不用它。"

记者华山也曾经专门强调到现场去观察对于采访新闻的重要性，他说："记者要养成一种习惯，叫做'多管闲事，好管闲事'。有事情就往现场跑，往第一线跑，往出事的地方跑，到现场去调查研究、观察。"2000 年底，中央电视台的《东方时空》改版推出，其中特别增加的内容就是富于现场感的报道。如"直通现场"深受观众欢迎。

美国著名评论家李普曼说："好的记者可以借助自己丰富的经验直接观察世界，差的记者不会观察，因为他们觉得没有什么特别的值得观察。"

美国新闻学者曼彻尔说："最优秀的新闻作品，往往来自记者的直接观察。"⑥

杰克·海敦在谈到"仔细观察"的时候说："好的记者就像侦探一样留心细节，说明问题的细节能使稿件生色，并赋予它以现场实感。比方说，一个小女孩拖着一个洋娃娃穿过被龙卷风摧毁了的她家的房屋的瓦砾堆。要把读者引入现场的景象当中去，给他们以身临其境的感受。⑦

美国记者约翰·里德著的《震撼世界的十天》以翔实丰富的第一手材料——亲眼所见，记录了一场震撼世界的伟大历史事件——十月社会主义革命。他亲自参加了这个开创历史新纪元的伟大事件，目击了这一事件过程中许多动人心魄的重要场面。他亲眼看到了革命前夕山雨欲来风满楼的景象，看到了指挥这一次无产阶级起义的司令部所在地斯莫尔尼发生的一切，看到了革命士兵和赤卫队战士欢呼着涌入冬宫的场面……用他自己的话说："这本书是写我亲眼所见的一段剧变的历史。"⑧"亲眼所见"

正是这本书的价值所在。若非如此，设想只靠事后采访，是不会有那么真实、异常生动地描述的，也就不会那么打动人心，产生如此巨大的震撼力量，其价值也许会大打折扣。

观察与看见不是一回事，“粗看百次不如细看一次”。到现场采访，如果只是漫不经心地看看，或者是无目的地看几眼，就不能说是观察。观察需要仔细。著名作家老舍生前对文学爱好者说：“尽管你生活在工厂里、农村里，身边有许多令人激动的新人新事，可是你没有仔细地观察，人和事都从你身边溜走了，因此，到了提笔的时候，你就会觉得没有东西可写了。”

因此，可以说观察比看不仅要深入一步，更有明确的目的性，是一种积极的思维活动，也就是俗话说的：“外行看热闹，内行看门道。”知道应该看什么与不知其所以然的观察活动当然就有不可忽视的区别。麦尔文·曼彻尔在《新闻报道与写作》一书中写到：“记者必须学会用孩童般的眼睛观察世界，他把每一件事都看做是新鲜的，各具特色的；同时，他必须用聪明长者的眼光洞察世界，能够区别有意义的东西和无意义的东西。这也就是说，记者要善于从平凡的事物中发现新鲜的事(新闻)，同时要有深刻的洞察力，分辨出哪些事有新闻价值，值得写，哪些事无价值，不必访。”

“耳听为虚，眼见为实。”苏东坡写《石钟山记》，之所以能纠正前人对石钟山得名的一些错误看法，就是因为他做了实地考察，最后得出结论。凡事不能臆断，必须“目见耳闻”。这个结论对记者也是很有用处的。斯诺曾经说：“从未亲眼目睹的事情我是不愿意写的。”⑨

阎吾曾经这样回忆他同一位老记者在前沿阵地进行观察的情景：有一次我们在前沿阵地看敌人打炮，他指着炮火对我说：“文化人写文章，常常爱说‘炮弹击起缕缕青烟’，这是站在老远地方看到的情况，站在近处，你看到的是滚滚的尘土。战斗越激烈，尘土越浓。”他的采访本上记下了许多战争现场的情景，有关炮弹落下后冒烟的情况，就记下了十几条。因此，只有自己的直接观察，记者才能拥有这种“独家细节”。

20世纪50年代初期，我军解放大陈岛时，有7名记者随军采访，其中有一名人民日报的女记者金凤。她随着军队冲上岛屿，扫雷兵在前面走，她紧跟在后面。金凤同志回忆当时的采访情况时说：“岛上的居民全部被国民党军队胁迫走了，根本没有人可以采访。在这种情况下，我只能用眼睛观察了。我看到田地里扔着锄头，我看到筷子插在饭团子上，我看到沙滩上的——在敌人逃走方向的沙滩上的片片血迹……这些情景表明敌人在逃走的时候，用武力威逼着岛上的居民同他们一起撤走。凭着这些观察到的东西，我写了《大陈在控诉》这篇报道。”[10]

艾丰在《新闻采访方法论》中对观察的重要性作了总结：能当时赶到现场采访，就应在事件中进行观察；能事后赶到现场采访，就争取在事后对事件的有关实际情况进行现场考察——考察也包括观察；现场已不存在，记者也应争取收集一些物证材料，亲自过目。总之，凡是能够使用观察的时间、地点和场合，都应该毫不吝啬地使用它。

三、观察的作用

优秀的新闻报道，总是离不开观察，反过来说，闭着眼睛采访是写不出好报道的。观察在采访中的主要作用包括：

(一)观察可以使报道更加真实

我们阅读美国记者约翰·里德的名著《震撼世界的十天》，就可以看到从直接观察中获得的材料是多么可贵。列宁把这本书推荐给全世界的工人们，他说：“因为它就那些对于理解什么是无产阶级革命、什么是无产阶级专政具有极端重要意义的事件，作了真实的、异常生动的描述。”

(二)观察可以加深记者对采访对象的理解

美国记者哈里森·索尔兹伯里来我国采访当年中国工农红军进行长征的事迹时，就是借助于实地的观察来获取对采访对象的进一步理解的。他从美国专程来到北京以后，访问了不少老红军，并阅读了大量的历史资料，但对当年红军克服重重困难、勇往直前的大无畏精神仍然感到没有理解到位。于是，他决定沿着红军长征时走过的道路进行实地考察，在两个多月的时间里，穿越六个省，行程11 500多公里。当他完成这次长途采访回到北京接受我国记者采访的时候，他兴致勃勃地谈起他在当年腊子口战场实地考察的情景："你只有来到腊子口天险的悬崖峭壁面前，看到此地此景，脑子里才能重现当年红军冒着敌军枪林弹雨攀登绝壁的情景。如果不到现场观察，这是难以置信的。这里关隘险窄，还有敌军架着机枪，红军从下午一直到晚上10点，久攻不克。毛主席组织起一支特别分队，用绳索攀到悬崖背后。现在他们是居高临下了，很快解决了战斗。"说着，这位76岁的老记者又激动地挥动着手："不，我无法对你们说真切。你们必须亲眼去看，你们才能了解这些战士所表现的勇气和大无畏精神。"

(三)观察能够让记者获得许多生动的细节

有的时候，记者需要通过观察来发现一些在口头采访中忽略的细节。有个记者采访一个列车的"三八"先进包乘组，他采访完有关部门的领导，又访问了这个包乘组一些乘务员之后，了解到了一大堆材料，但并不生动。到了这个阶段，记者想不到再问什么，被采访的乘务员们也想不起再谈什么。因此，记者决定去跟车观察。当时正是夏季，雷雨阵阵，忽然，有个乘务员广播说："前方停车站快到了，有下车的同志请准备好，请不要把雨伞、胶鞋忘在车上。"乘务员的话音刚落，看到不少旅客连忙从座位上拿雨伞和胶鞋。有的乘客称赞说："这些乘务员想得真周到，要不是她提醒一句，我当真要把雨伞和胶鞋给忘了。"过一会，看到车上供水的乘务员提着大壶开水走过来，水壶嘴上却塞着用花布缝成的套子。一问才知道，原来乘务员为了防止列车猛烈震动或紧急刹车时开水从壶里撒出来烫伤旅客，特地用她们做衣服剩下的布头，缝成了壶塞，还认真消了毒。这些事虽小，却能反映出这些乘务员为旅客着想，为旅客提供的服务是多么周到。

(四)观察使新闻写作更实在、具体，不空洞

新闻写作贵在实在、具体。有的新闻报道之所以不受读者欢迎，一个重要毛病就是“空”。“空”的病根又在于不深入实际，不亲自到现场看，坐在屋子里编凑。医治“空”的良药，就是观察采访。观察采访使记者亲眼见到新闻发生地的现场情况，把新闻事实中的人物、环境、情节、语言等，富有立体感地报道出来，使读者如闻其声、如见其人，有亲临其境之感。这样采写出来的新闻，才能使读者喜闻乐见。

1980 年 12 月 11 日下午，法国总统德斯坦到上海复旦大学访问并发表演说。一家报纸第二天刊登了通讯《热情的演讲，难忘的印象》。这篇通讯写了复旦校园热烈迎接外宾的气氛。“学生宿舍楼前的黑板报栏刊出了介绍法国情况的专刊，校园内的图片橱窗展出了反映中法友谊的图片”，“好客的青年学生挎着书包，夹着书本，早早聚集在大门口，等候贵宾的来临。”也写了师生们隆重欢迎总统讲演的现场情况，包括总统的形态特征、演讲情况以及听众的反映等等。由于记者写了许多自己亲眼见到的现场材料，给人以丰富、充实、具体的印象。另一家报纸也发表了一篇通讯，但虚写的东西较多，现场观察得来的材料较少，虽然也写得热情、流畅，但总嫌单薄了些。这表明，观察采访是提高新闻写作质量，使之富于现场感和丰满、充实的重要方法。

(五)观察能够激发记者的写作激情

观察的过程当中，由于受到新闻主体的影响，记者的报道激情很容易被激发出来。建国初期，在召开全国英模大会之前，

人民日报一位记者去武汉采访四野代表团的几位战斗英雄，来京参加大会时，路过河北省邯郸市，又会晤了二野代表团。当时，记者同这些英雄模范人物一起去瞻仰邯郸的烈士陵园。本来，这是代表团临时安排的日程，报社也没有报道要求。可是，当记者看到烈士陵园里许多著名将士，包括左权将军的陵墓，听到许多战斗英雄回忆起长眠在地下的烈士，情不自禁地唱起了《左权将军之歌》。那深沉悲壮的歌声和战友们对革命烈士深深的怀念之情，打动了这位记者。于是，她立刻写了一条消息，用电报发到北京，第二天便在《人民日报》头版上刊登出来了。

(六)观察使新闻报道写得简短、扼要

通过观察，记者对所采访的事物、细节、现场，有了直接的印象，有了亲身的感受，因而能够有比较完整、亲切的理解，从而有助于用简明、扼要的语言表达出来。如果不观察，只是提问，也不容易达到这般效果。

(七)观察使记者在采访中加快新闻主题的形成与提炼

记者孙世恺1953年采访新中国建立以后修建的第一个大型水库——官厅水库的时候，了解到伏汛前要使水库工程发挥拦阻洪水的作用，工地上的建设者干劲特别高涨，工程进度也非常快。孙世恺回忆自己当时除了采写一些工程进展的消息外，还想写一篇比较深入的报道。虽然自己手头掌握的材料不少，但是怎样表现出这个巨大工程的进展和人们的建设热情却是一个问题，孙老跑到工地现场去观察，从清晨到夜晚一连几天，最后他被黑夜里紧张施工的壮丽景色吸引住了。于是在《官厅水库工地夜景》这篇通讯中，表达出整个工地4万多工人、农民和技术人员决心“跑在洪水前面”，加紧施工的动人事迹。孙老在那一次采访的总结中写下这样几句话：学会观察，确实给我的采访活动打开一道新的门路。观察能丰富自己的报道思想，观察又能抓住动的情景……

(八)观察让记者能更快地获得第一手的原始材料，节约了采写时间

在采访过程中，经常可能遇到一些采访对象不能、不愿与记者配合，使记者的口头采访遇到很大阻力。例如，有些采访对象比较啰嗦，记者的一个提问他也许需要很长时间来回答，而回答的内容有许多是答非所问；还有一些采访对象由于工作繁忙或特殊身分，记者很难获得采访的机会。这些情况都需要通过观察来获得第一手原始材料，节约与采访对象周旋时花费的大量时间。例如，到现场观看足球比赛就是采写足球比赛的好办法之一。

(九)观察帮助记者把导语写得生动、活泼

记者在写作新闻的时候，把采访中观察到的鲜活生动的细节作为新闻的导语，能够打破旧的一般的新闻写作的惯例，给人一种新鲜感。

(十)观察能够让记者获得重要、新鲜的新闻线索

许多新闻线索的获得，并不一定是靠记者去问，而是靠记者去看。你看见广场周围建筑物上挂的标语、横幅，就可能预见到一个大型活动将在这个城市举行，跟踪采访即可能获得好的新闻。

第二节　观察技巧是新闻采访艺术的重要内容

一、观察技巧在新闻采访中运用的基本形式和种类

(一)运用观察技巧的基本形式

1. 先提问，再观察

我们在谈话采访中获悉到一些新闻事实材料后，如果有可能，都应当尽量争取到发生这些事实的现场上去亲自看一看，通过观察采访加深印象、核对事实，并感受实际情景。

2. 先观察，再提问

记者在采访中观察到了一些实际情况，但还觉得有些情况没有弄清楚，还没有掌握到表面现象后面所隐藏着的许多情况，因而需要再进行谈话采访，以弥补观察采访之不足。

3. 边观察，边提问

一边交谈，一边观察，二者溶合在一起，交叉运用。这是最佳的采访方法，集中了两种采访方式的优点，弥补了各自的不足，使记者能在采访中掌握到更丰富、全面、生动的材料。

4. 纯粹的观察

由于采访中的某些特殊情况，不可能或不允许我们谈话采访，这时就必须单纯进行观察采访，完全依靠记者的眼睛来获取新闻素材。有人把用这种方式写成的新闻报道称做“目击式新闻”。

(二)运用观察技巧的种类

1. 进入式观察

记者不明确表露自己身份，而是成为被采访的一群人或一个场景中的一员，使被采访者的活动不受影响。比如，有时为了充分反映或报道某一事物、某一地区的生活与斗争，记者也可以作为群众的一员，或者兼任当地的行政职务，在那里生活一段时间，充分观察到实际情况后再写报道。这种采访，由于采访对象并没有明确意识到有记者在眼前，往往毫无掩饰，能把一切袒露在记者视野里，因而使报道更富有真实性。对于本身就生活在基层的广大新闻干事、通讯员，这种观察采访更可以说是经常进行着。他自己就是这一群人和这一场景中的一员，只要他有一定的新闻敏感，就可以运用这种方式把许多动人的事实报道出来。

2. 旁观式观察

记者到现场去，表明了自己身份，以观察员(第三者)姿态，通过自己观察获得新闻材料。例如，《人民日报》1980 年 11 月 21 日刊登的特写《在被告席上》，就是记者亲临现场，以旁观的形式，目睹了林彪、江青反革命集团十名主犯受到人民公审的实况而写成的。记者全凭自己的观察，把十名罪犯被押上最高人民法院特别法庭受审席后的表情、动作、丑态，栩栩如生地展现在读者面前。

3. 隐藏式观察采访

这种采访中采访对象不仅不了解记者的身份，而且根本感觉不到有记者的存在。如 20 世纪 20 年代末，上海某条街发生了一件抢劫案。当时只有 19 岁的秦瘦鸥，一边求学于商学院，一边在时事新报社当见习记者。他在现场看到抢劫者与追捕者之间发生激烈枪战，不顾危险，隐匿在现场一所狭小的汽车库里，透过门缝详尽地观察事态发展和枪战实况，很快完成了他的第一篇快速现场目击新闻作品。西方记者把这种观察采访称作“依照藏在角落里的老鼠的观念进行的”。有个记者曾经亲自去数垃圾箱里的威士忌瓶子，从而用来证明这个城市的居民并不嗜酒，这也是隐藏式观察采访。

(三)不同性质的观察采访

1. 对现场情景的观察

记者、通讯员亲自到发生事件的现场进行观察，或者对所采访人物及其周围环境进行观察，这是观察采访的中心内容。只有通过这种对现场情景的观察，才能使我们对事件与人物有直接的感性认识，有真情实感，也才可能使新闻报道写得有血有肉，有现场感。例如，黄钢在《亚洲大陆的新崛起》这篇报告文学中，写周恩来总理参加李四光的追悼会，从八宝山公墓小礼堂出来时，步伐是缓慢的，“总理还没有戴上帽子。这是一个阴雨天，这时候大家清楚地看到，冰冷的雨丝，正在浸洗着周总理的白发”。记者对人物的观察多么深刻，总理白发上的雨丝也看到了，充分显现出周恩来总理不顾自己、只为他人的崇高境界。

2. 对形势的观察

现场情景的观察，在采访中显得比较具体、实在，摸得着、看得见。对形势的观察，则比较虚一些、抽象一些。然而，这种观察采访同样不可忽视。它包括对国际国内各种政治、经济、军事、文化等形势的观察。如果没有这种观察，我们的采访就很难做到方向明，也很难抓住很重要，很有价值的新闻。对现场情景和事物的观察也不易看得深、看得远。

对形势的观察采访，要求记者从大量的现象中，由感性认识上升到理性认识。一方面，我们要深入生活，掌握第一手材料，直接进行观察；另一方面，我们还要广泛建立各种渠道，大量收集各方面的资料，间接进行观察。这两方面结合起来，才能对形势有比较全面的认识和了解。当然，这种观察采访中，最重要的还是靠吃透两头，既要认真领会党和政府的各项方针、政策，掌握这把认识与分析形势的钥匙，又要扎根于人民群众和实际生活之中，广泛体察民情、熟悉民心。无论在战争年代或是和平建设时期，老一辈新闻工作者们写出的许许多多有深远意义的新闻作品，无不是因为他们正确地进行和运用了对形势的观察采访艺术的结果。

3. 对问题的观察

记者在采访过程中，为了加强新闻报道的针对性，在注重对形势和现场情景观察的同时，还应当随时留心对各种问题的观察。我们要时刻了解和察觉那些在执行党和政府各项方针、政策中存在的实际问题，发掘和抓住那些广大人民群众十分关注与迫切需要解决的问题，并且对这些问题进行认真的考察、研究，提出解决问题的办法。这种对问题的观察，不仅仅在一次具体的采访过程中需要，而且在平时的工作、生活等活动中也需要，可以说是贯穿在记者一生之中。因为，随时留心观察问题，有的即使不一定写成新闻报道发表，但也可以为我们今后的采访活动提供养料和线索，使新闻写作更具有针对性。同时，在采访中如果只注重对一些现象的观察，忽略对问题的观察，就容易就事论事，看不到事物的实质，只停留在表面现象上。

二、观察的重点

记者在观察采访中映入视野范围内的对象、事物很多，视野的面十分广阔。当然，不应当排斥尽量能看得广、看得宽、看得远一些。但必须在观察中应有所侧重，也就是应紧紧盯住一些重点。因为观察采访的目的在于报道新闻，要迅速而及时地完成这种报道，不可能什么都详看。有了侧重才能准确地抓住那些有价值的比较突出的新闻素材，并有重点地报道出来。

(一)要注意观察环境与气氛

观察采访的重点之一是自然背景和人物周围的环境。据冯英子回忆范长江的记者生涯说，范长江写《中国的西北角》，“他笔下的地理形势，风俗习惯，政治变革，民生疾苦，都是真正的亲身经历，亲眼所见的第一手材料”。[11] 范长江在报道中，是很重视背景描写的，绝大多数是观察采访所得。事实上，记者采访一个事件、一个人物，都不能脱离事物的环境，都要把这件事、这个人同它所处的背景紧密联系起来。比如采访一个工厂、一所学校，总要对它的环境有所了解、认识，通过自己的观察，最好能画龙点睛地扼要介绍给读者。采访人物，也要特别注意观察他周围的环境，从而衬托出他的工作和个性方面的特点。徐迟曾经谈到，他采写《在湍流的涡旋中》这篇报告文学时，到周培源教授家就很注意房间的每个细节，观察得很细，连墙上挂了一幅明代画家文征明的山水画也写进去了。美国新闻学家梅兹勒说：“要特别注意人物周围的环境，被采访者办公室有多大?书架上有什么书?从书架上取了什么书?摆在桌上的书哪一页被打开?有哪段被圈点了?桌子上摆了什么?是摆得井然有序呢，还是乱七八糟?废纸筐里有什么东西?……”这些常常与人物的爱好、兴趣、文化素养、性格等联系在一起的背景材料，有时会成为引出某一重要事实材料的媒介和线索。

(二)人物是观察采访的重点之一

包括人物外貌、穿着、神态、风度、表情、动作等，记者都要注意观察。著名儿童教育家陈鹤琴，很重视对人物的观察了解。1920年，他的第一个孩子出生后，他对孩子的哭、笑、爬、坐等动作及其表情，身体与智力发展状况等，整整观察了八百零八天，积累了十几本笔记，还给孩子尝甜、酸、苦等各种味道的东西，看他有什么表情。后来，根据这些宝贵资料，他出版了《家庭教育》、《儿童心理学》等著作。记者进行观察，也是这个道理，不过还要求进行得更迅速，一般应在比较短的时间内完成。

黄钢在他的报告文学《马克思是干什么的呢?》中，有一段描写刘少奇同志的一次讲演，其中写道："少奇同志眼中的光芒更锐利了，改变了他进场时那种温静的神态，整个脸容是炽烈而坚定的，惯常爱戴的鸭舌帽前沿下，已经渗出汗珠。9月末10月初，这在延安已经趋向秋凉的季节了，看来，现在已经敞开了他那黑呢干部服上装的少奇同志，这番讲话对他来说，也是富有深情的。"[12] 这段文字表明，作者对人物的观察十分仔细，这样就不是一般叙述讲演过程，而是通过透彻的目击，深刻揭示人物的精神状态，表现人物的思想感情，使新闻作品具有更强的艺术感染力。

(三)不能忽视重要的细节

观察采访还有一个重点是捕捉细节。无论是对人物或背景的观察，都离不开捕捉住生动的细节。美联社记者休·马利根说："把大量的细节加以巧妙的运用，就可以写出可读性很强的新闻"，"生动的细节，可以使纸面上的文章留在人们的心灵上，渗透到人们的情感中去。"这些生动的细节，包括人物性格特征细节、事物细节以及环境景物细节，其中许多是经过观察采访才能获得的。例如著名记者阎吾在《战后谅山》中记录了下面这样两个细节："记者在蒙蒙雨雾中来到谅山敌军的一阵地上，看到那里停放着一辆守敌的指挥车。押送这辆指挥车的战士告诉我们，一个上了岁数，脑袋已经秃顶的敌指挥官被击毙在这辆车上。记者在谅山敌军阵地上，看到所有的日历都没有翻到2月28日的……"正是由于捕捉到了这样具体、真实、生动的细节，才使新闻报道有了现场感，具有了更大的说服力。

观察采访还有其他一些重点，这要看具体采访任务和当时当地的客观条件而定。只有紧紧盯着重点，才能使我们在观察中突出最主要、最关键的内容。

三、观察采访的重要技巧

(一)观察与思考相结合

观察与思考不结合在一起是行不通的。因为观察与思考是紧密结合在一起的，二者的关系是相互制约、相互依存的。"要想观察好，必须思维好。"观察与思考的结合要求记者在采访过程中要学会动脑筋，学会联想，学会比较，通过积极的思考把不同的事物用一定的线索联系起来，构建出一幅崭新的画面，展现在读者面前。

(二)要有正确的立足点

对于同样一件事情，记者个人都会因为立足点不一样，而最终形成完全不同的报道。这就需要我们找准自己的立足点，永远用"三个代表"的思想来指导自己的采访与写作。这样才能保证自己永远都是站在党和人民的立场上，站在大多数人的立场上进行报道，才能保证新闻报道的正确舆论导向。

(三)要选择好的角度

这里所说的角度，主要是指直接用眼睛观察的位置。凡是搞摄影的人都能体验到，同样拍摄一个物体，位置不同，效果会大不一样。同样道理，观察采访应当选择一个最有利的观察点，这个点应该便于自己观察到全面、完整、准确的情况。1955年，一位记者到现场采访我军第一次现代化联合兵种渡海作战，即一江山岛战斗。记者把观察点选择在主要战区的一个制高点上。这里既能观察到海面、岛上的战斗状况，也能非常有利地观察作战的图景。中国有句俗话："站得高，看得远"，"欲穷千里目，更上一层楼"。观察点选好了，采访角度好，就能迅速而准确地反映当时雄伟的战斗场景。

(四)要全面，不要片面

这要求记者不能以点代面，不能道听途说，要全面掌握材料，客观报道新闻，避免用主观片面的语言来报道新闻。同时，观察要看得远，看得全，千万不能一叶障目。

(五)要细致深入，不要浮光掠影

莫泊桑说："对你所要表达的东西要长时间很注意地观察它，以便发现别人没有发现过、没有写过的特点。[13] 这正是记者观察采访中必须努力做到的。许多老作家这方面的功力很强。茅盾就曾经这样描写胡适："大约是当年7月，胡适来了，轮流'召见'编译所的高等编辑和各杂志的主编。我也是被'召见'的一个。我从来没有见过胡适。我觉得这位大教授的服装有点奇特。他穿的是绸长衫、西式裤、黑丝袜、黄皮鞋。当时，我确实没有见过这样中西合璧的打扮。我想这倒象征了胡适之为人。"[14] 这段文字表现出作家长期留心观察，善于发现新的特点，把人物的外貌特征和内心世界入木三分地刻画了出来。这也告诉我们，观察人物必须注意的是人物各方面的特征，而不是像记流水账一样什么都去看、去写。观察景物，也不要把看到的什么都记下来，而是着重抓住那些有特点又与主题密切相关的东西。

要能抓住事物的特点，当然不是轻而易举的。一个最重要的方法是比较，从比较中找到诸事物中的细微差别和特征。有位记者曾经先后到郭沫若、茅盾、巴金三大文豪家中采访，从观察中他比较了三位文学巨匠住家环境、客厅摆设、书桌用具以及穿着、谈吐、爱好、性格上的不同，比较出他们各自的特点，从而在报道中尽力突出了人物的个性，受到读者欢迎。采写《延安庆祝日本无条件投降》的记者，比较了现场中许多人物，从中选择了这样一幕：一个卖瓜果的小贩欢喜得跳起来，把筐子里的桃梨一枚枚地向空中抛掷，高呼："不要钱的胜利果，请大家自由吃呀！"这就是很有特点的人物与动作，显然把小商贩同平时的一般商人，同其他不同个性的人区别开来，生动地表现出在这一特定环境下商人的喜悦，并进而反映了全国人民的喜悦。[15]

黑格尔指出：假如一个人能见出当下即显而易见之异，比如能区别一支笔与一匹骆驼，则我们不会说这人有了不起的聪明。同样另一方面，一个人能比较两个近似的东西，如橡树与槐树或寺院与教堂，我们不能说他有多高的比较能力。我们所要求的是要能看出异中之同或同中之异。[16] 成功的观察采访，正是要求记者抓住采访目标的异同，并把它们深刻地揭示出来，展现给受众。

第三节　加强记者观察训练，提高新闻采访艺术水平

一、提高观察的技巧，要不断增强新闻敏感

大千世界，万事万物，观察的内容应该是什么？为什么同一对象，有的记者看到了却"视而不见"，有的记者却能"慧眼识宝"，写出精彩的报道？如何练就一双"火眼金睛"？这一切的答案就在"新闻敏感"。

新闻敏感是指新闻工作者识别新闻价值的能力，即对新闻人物、新闻事件、新闻事实的鉴别、判断能力。有了新闻敏感，新

闻工作者才能在那些纷纭复杂、浩如烟海的事实中，通过观察和分辨，在“小荷才露尖尖角”的时候，及时捕捉到这个“蜻蜓”——即最有新闻价值的事实。

一位记者在清晨上班的路上，看到三个弹棉花的青年在居民院里弹棉被，围观的人边看边议论。于是，这位记者也好奇地凑上前去打听，知道这几个弹棉花的青年是从浙江来的，他们深入居民院里弹棉花，很受群众欢迎。记者联想到，近些年北京居民弹棉花不方便的情况和自己的经历，产生了报道这件事的念头。经过一番采访，不仅采访这些外地来的弹花匠，而且采访了北京好几家弹花店，最后写出了《弹花声声催》这篇反映群众呼声的报道。编者为这篇报道加了这样一段按语：“它敦促北京市有关部门赶快行动起来，切实解决诸如弹棉被、取奶、做衣、接送病人等一系列‘难题’，让服务工作有一个新的面貌，使首都人民在生活上无后顾之忧，以便集中精力搞好四化建设。”

两位记者去广西兴安县采访，在秦朝开凿的古灵渠边的县招待所里，入夜蛙声一片，不绝于耳。刚入夏，青蛙怎么这样多呢?记者没有轻易放过这个现象，便向县农办的同志请教。得到的答复是，不仅青蛙多，燕子、泥鳅、绒茧蜂……这些农业害虫的天敌也多了。经过了一番采访，于是写出了《古灵渠畔蛙声一片》。这篇通讯说明这样一个问题：兴安县以前过量使用化学农药，害虫的天敌青蛙 等大量减少，害虫越来越多；近几年实行药物防治与生物防治相结合，注意保护和利用害虫的天敌，又给青蛙等创造了繁衍的良好条件。它告诉人们，生态平衡不可破坏，破坏了就会受到自然规律的惩罚。这也是观察中的敏感，抓住了好新闻。

由此可见，新闻敏感的强弱直接关系到记者的观察能否取得积极的效果，最终关系到新闻报道的成败。新闻敏感是一个记者必须具备的宝贵素质。现实生活宽广复杂，瞬息万变，记者只有具备了高度的新闻敏感以及洞察力，才能决定观察些什么，如何观察。

二、观察能力的培养是记者的理论修养和综合水平的体现

理论修养和综合水平高的记者，能够在一般人看起来普通的、偶然的、平淡无奇的事件、人物、环境中发现深藏不露的内在意义，能够洞察隐秘的幕后联系，在看似平凡的世界中看到闪光点。当然，这样的发现并不是随意得到的，而是遵循一定的客观规律，经过多年的磨练和经验积累练就的真功夫。要想具备这样的本领，必须努力拓展、挖掘自己的潜力，扩大、加深自己的知识储备，扬长补短，完善自己的知识结构。通过这些工作，就会不知不觉地具备"察之千里，辨之毫厘"的真本事。

新闻敏感也是记者政治水平和业务水平的集中表现。较高的新闻敏感，可以使记者在大量事实中发现那些具有新闻价值的部分，辨别其价值高低，了解这些价值在社会不同范围的分布情况，知道这些新的信息将会引起怎样的社会效果等等。所以，观察能力的提高，必须建立在理论素养和综合素质的提高上。

三、要多提倡采写现场短新闻，在实践中培养记者的观察能力

现场短新闻要求记者必须深入到现场第一线采访，通过自己的观察，全面、生动、真实地反映新闻事件。多采写这种现场短新闻，能够培养记者深入实际、深入现场的采访习惯，锻炼记者迅速抓现场生动细节和人物特征的本领。观察能力只有靠实践才能提高，多采写、多观察、多到现场中去，自然观察能力就能提高了。

注释：

①见：《新闻采访与写作》，复旦大学出版社 1984 年 11 月第一版。

②孙世恺：《新闻记者入门》，北京出版社 1982 年 7 月第一版。

③孙世恺：《新闻记者入门》，北京出版社 1982 年 7 月第一版。

④《新闻采访与写作》，复旦大学出版社 1984 年 11 月第一版。

⑤孙世恺：《怎样采访新闻》，北京出版社 1989 年 6 月第一版。

⑥杰克·海敦：《怎样当好新闻记者》，新华出版社 1980 年 6 月第一版。

⑦杰克·海敦：《怎样当好新闻记者》，新华出版社 1980 年 6 月第一版。

⑧蓝鸿文：《新闻采访学》，1984 年 6 月第一版。

⑨孙世恺：《怎样采访新闻》，北京出版社。

⑩孙世恺：《怎样采访新闻》，北京出版社。

⑪《记者通讯》1983 年第 1 期。

⑫《时代的报告》1980 年第 1 期。

⑬《作文》1983 年第 1 期第 33 页。

⑭香港《文汇报》1981 年 5 月。

⑮辛彬:《新闻的现场感》,《空军报通讯》1981 年第 4 期。

⑯《上海文学》1981 年第 6 期。

◀思考题▶

1. 为什么说新闻采访离不开观察?
2. 新闻采访中观察有哪些基本形式与种类?
3. 记者在采访中应当怎样进行观察?
4. 怎样培养和提高记者的观察能力?

第九章
新闻采访与倾听艺术

第一节 新闻采访是记者认真倾听采访对象与广大人民声音的艺术

一、倾听在新闻采访中的独特地位

记者是从事新闻采写工作的专门人员。而新闻历来有这么一种说法：新闻姓新，按照中国传统的命名规则，我们也可以以此类推，说新闻名闻。说新闻姓新，是为了鲜明生动地强调新闻时效性的重要地位，而说新闻名闻，闻者听也，正说明了倾听在新闻采访中的独特地位。

新闻名闻这个提法，把倾听的地位提升到了前所未有的高度，这究竟是夸大其辞还是恰如其分呢?为了清楚地回答这一问题，我们有必要引入几个新概念：

(一)实在信息与符号信息

新闻采访归根到底是一种以搜集新闻事实为目的的活动，其实质在于获取有关新闻事件的信息，以飨读者。当新闻事件从发生到结束之前，它是现实存在着的，呈现出种种实在信息。这里试以一起突发的火灾为例，它所呈现出的实在信息包括：火焰熊熊燃烧，房屋相继崩塌的景象；住户呼救或哭喊的声音；各种物品燃烧发出的焦糊的气味；空气受热而产生的灼人高温……人们可以凭自己的各种感官，通过视觉、听觉、嗅觉、触觉来感知这些实在信息。而一旦新闻事件结束之后，它不再现实存在，实在信息也随之消失，保留下来的惟有以符号为载体留存于当事人记忆中的信息，我们称之为符号信息。

实在信息本质上就是新闻事件本身，其最大优点是绝对真实，没有丝毫虚假，然而其弱点在于易消逝，不可复制和转移。而符号信息是通过人的感官感知后经意识编码最终以符号形式表现的信息，其特点是易保留、可复制和转移，其最大缺点是与实在信息相比往往因人而异伴有不同的失真度。

(二)时间差

我们把新闻事件从发生到新闻记者对之进行采访之间那段时间称之为时间差，在整个新闻采访活动中，只有极少数情况下时间差为零，如现场直播，而在绝大多数情况下，时间差不为零，而是几十分钟，几小时，几天，几月甚至几十年。

在时间差为零的情况下，记者就在新闻事件发生现场，可以利用自己的各种感官直接感知事件所呈现的实在信息。一般来说，这种情况下视觉具有第一位的重要性，因此人们常把这种情况下获得的新闻称为“目击式新闻”。听觉虽然重要性不及视觉，但依然大有用武之地。这是新闻事件的发生往往伴有新闻人物的话语和事件带来的各种声响，这也是构成新闻事件的重要组成部分，有着不可缺少的重要意义。1963 年 11 月 22 日下午，美国总统肯尼迪遇刺身亡，合众国际社老牌资深记者梅里曼·史密斯成功地采写了这一现场新闻而获得 1964 年度的普利策新闻奖。他的报道以枪声作为开头，以特工人员说：“他(肯尼迪总统)死了”作为结尾。可以设想，若记者没有敏锐的听力，这篇报道定然要大为逊色。①

更重要的是，在绝大多数情况下，新闻事件发生时，记者并不在事发现场，时间差不为零，记者不能直接获取新闻事件的实在信息，而只能获取当事人所保留的符号信息。这种情况下，符号信息正是记者通往新闻事件的惟一途径，离开它，再高明的记者亦将一筹莫展、寸步难行。符号信息可以通过语言或文字的形式表现出来，但绝大多数情况下都以语言来表现，这是因为在日常交流中，语言与文字相比具有不可比拟的优势：方便，不需纸笔，张口便来；自然，言谈要比书写轻松随意；迅捷，说话速度远快于书写速度；应用面广，文盲、书写有困难者均可用语言交流。可见，语言交流是传递符号信息的最主要渠道，而倾听又是接收语言的惟一途径。所以，当时差不为零时，倾听在采访中具有更加重要的作用和意义。

综上所述，对于一个新闻事件，听觉同时具有获取实在信息和符号信息的双重功能，而其他感觉通常只能接受实在信息。再者，绝大多数情况下获取符号信息，听觉起着唱独角戏的作用，正是这两点原因决定了倾听艺术在新闻采访中独特的重要地位。

此外，言为心声，语言是揭示心灵世界的窗户。通过认真倾听采访对象的话语，可以深入把握采访对象的心灵奥秘和思想感情，这一点在以人物为重点的报道中尤为重要。

二、新闻采访中善于倾听是采访成功的有力保障

(一)从倾听中获取新闻线索

俗话说：万事开头难，新闻记者也许对此有最深的体会，在采访活动中，这个“开头”指的就是新闻线索。新闻线索是已经或将要发生的新闻事实的讯息和信号，是记者进行采访活动的出发点，它同时又称“采访的方向”，指记者沿这条途径与新闻人物和事物发生接触。寻找新闻线索往往是新闻记者面临的最大困

难。没有线索，再高明的采写技巧也是英雄无用武之地，巧妇难为无米之炊。

无米怎么办?平庸的记者往往只会守株待兔，等米下锅，根据编辑部的采访任务去按图索骥，否则就百无聊赖，无所事事。而一个高明的记者则会主动出击，找米下锅，深入社会生活去挖掘线索，甚至能从一句稍纵即逝、平淡无奇的话语中捕捉到重大新闻线索。

1981年，在全国总工会召开中国工会第十次代表大会的时候，在开幕前十几分钟，中央领导同志陆续来到休息室休息，全国总工会主席倪志福向小平同志一一介绍总工会的各位负责人。当小平同志见到全国总工会副主席王崇伦同志时，满面笑容地说："你抓豆腐抓得好啊!"在场有不少记者采访，有的觉得这只是一句寒暄话，在耳边溜过去了，有的听到这句话也没察觉出有什么"新闻"，惟独新华社一位记者从这句含而不露的话中识出了它独到的新闻价值，会后立即采访了王崇伦同志，请他谈谈对小平同志这句话含义的领会。当天晚上，便赶写出一条短消息《小平同志称赞王崇伦抓豆腐抓得好》，报道了王崇伦听到小平同志这句鼓励的话以后，回忆起自己前几年在哈尔滨市兼任市委副书记的时候关心群众疾苦，深入基层解决当地群众吃豆腐难的问题，并表示今后一定遵照小平同志的意见，要像解决吃豆腐难问题那样，关心职工的疾苦，继续做好工会工作。第二天，不少报纸都在显著地方刊登了这条消息，《人民日报》还将它作为"花边新闻"加以突出处理。[②]

一条好新闻就这样诞生了，新华社这位记者的倾听艺术对我们来说不无启迪意义。此外，新闻线索又称为"采访的方向"，优秀记者能根据一两句只言片语及时调整采访方向，"抓到活鱼"。

1981年，记者易晓寒获得一条新闻线索：湖北省黄冈县一个乡某妯娌俩克服困难，创办起竹器加工厂，在当地引起了较大反响。易晓寒立即前往采访，乡党委负责人先向他介绍了有关情况，他迅速记录，心中暗喜：这一趟可以捉一条“活鱼”了。之后，他来到妯娌竹器加工厂参观，主人热情接待了他。如果到此，一条典型报道就完成了，然而在返回途中，一位农民笑嘻嘻地说：“嗬，是记者来访啊，我说呐，她们(指妯娌俩)的男人现在亏得有烟钱，再过几时，恐怕连裤子都没得穿了。”如果记者忽视了这句话，一次例行公事式的简单采访，草草了事，但易晓寒马上揣摩出这句话的话中之话，果断地调整了采访思路，调查出竹器厂的实际情况：竹器厂刚开张时的确红火了一阵子，但不久后问题接踵而来，面临严重困难。针对以上情况，村干部不是深入调查，为其排忧解难，而是贪图虚荣好大喜功，一味总结汇报典型，弄得妯娌俩有苦难言，骑虎难下。于是易晓寒改变了预先思路，写出了《孙腊枝妯娌俩创办的竹器加工厂陷入困境》，抓到了真正的活鱼。③

中国有句古话：言者无心，听者有意。记者就是要做一个“有意”的听者，不管言者有心无心，都要善于进行揣摩，发掘出座座“富矿”，或是及时调整航向捕捉“活鱼”。

(二)从倾听中获取主要新闻事实

倾听在采访中尤其是在时间差不为零的情况下获取符号信息的作用更是无与伦比。这里对时间差不为零的情况进行分类，以期对新闻采访实际操作有所裨益。

时间差可根据其长度不同而分为短程、中程和长程三种，时间跨度分别为当天之内、一日到几年、几年到几十年。当然，这种分类界限并不是严格不可越雷池一步的，都可在一定范围内浮动，短程时间差主要指突发性新闻从发生到记者赶到现场的时间，如市中心发生一起交通事故，记者五分钟后赶到现场进行采访，这个五分钟的时间差就属于短程时间差。

中程时间差则主要来自于新闻事件的新闻由头与主体事实之

间的时间差距。例如孔繁森同志的逝世是新闻记者对孔繁森感人事迹进行报道的新闻由头，在他逝世后记者才开始走访他的同事、家人和他工作地区的群众，了解他生前的事实，这些事实的时间差各不相等，但大多在一天到几年的范围内，都属于中程时间差。

长程时间差则主要来自于社会多种因素，有些新闻在当时的社会环境和条件下不允许进行采写，即使采写了也无从发表，只有等到社会条件改变后，才能对之进行采写，进而发表。1975年《体育报》发表了一篇新闻《乒坛三杰之死》，介绍了优秀乒乓球选手傅其芳、姜永宁和容国团于1968年相继被迫自杀的情况，从事件发生到新闻报道，时光已流逝了十一年，这不可不谓是长程时间差了。④

对于以上这三种情况，倾听在采访过程中是不一样的。短程时间差情况下，记者除了通过倾听了解符号信息之外，往往会通过观察了解事件的结果。例如前面所说的交通事故，记者除了通过采访目击者了解事故过程，往往会通过观察，从现场留下的车辆残骸、人员伤亡的血迹来了解事故结果。而中、长程时间差情况下则由于时间的流逝，事件的结果也随之磨灭，难以追寻，所以主要通过对当事人、目击者、知情者的采访来了解，语言交流是最常见也最重要的方式(偶尔会查阅一些档案、文献资料或回忆录)，所以倾听是当之无愧的获取主要新闻事实的主要途径。

在时间差不为零的情况下，倾听在采访中的地位毋庸多言，即使当时间为零时，倾听仍然具有举足轻重的作用，在某些特殊情况下，甚至发挥出比观察更为重要的作用。四年一度的奥林匹克盛会，是国际体坛的最高赛事，面对精彩纷呈、扣人心弦的比赛场面，每个新闻记者都会睁大眼睛，去捕捉富有新闻价值的闪光点。然而1984年洛杉矶奥运会，中国新民晚报女体育记者卢璐却只靠一双耳朵写出了一条独家新闻《壮观、热烈、优美、有趣》，成为全世界许多报纸、电台、通讯社发布的新闻。⑤

任何一个事物、事件都以各种不同方式呈现其性质，捕捉住其最关键最具新闻价值的性质，最见记者的新闻敏感和功力，有时，声响正是“最关键最具新闻价值”的性质。所以，即使在时间差为零的现场采访情况下，倾听仍是获取主要事实的主要途径之一。

(三)从倾听中捕捉生动细节

细节能具体生动地反映出事物的特征，刻画出人物的个性，从而增强艺术感染力，细节往往起着以一当十、点石成金的作用。新闻往往也通过精心选择的细节来反映事物特征，突出报道主题。

好的细节正如明珠美玉，难以寻觅，必须通过一番探幽寻微，披沙拣金的艰苦工作才能获取。而倾听，往往能通过感知人物心声和事物的特征声响，捕捉到不可多得的生动细节。

我国著名翻译家罗大冈给记者简妮的一封信中写道：“我已经七十多岁，中外名著我看了不少，有泪不再轻弹，但这个细节却让我潸然泪下。”

这是个什么样的细节，又是从何而来呢？

纺织工邓阳昆同战斗英雄，特等伤残军人安忠文的结合在亿万人心中引起了强烈震撼，简妮关注这样一个问题：邓阳昆是不是真心爱安忠文？从她对邓阳昆和安忠文的采访一开始，她就通过眼、手、耳甚至嗅觉去捕捉细节和信息，以便全面真实生动展现采访对象的性格特征，而最精彩最感人的一个细节正是通过倾听捕捉到的——邓阳昆再三问记者：“人的眼睛能不能移植？我多么想把我的一只眼睛给了安忠文，让他看看我，看看这许多人，看看这美好的一切啊！”这个细节就是令罗大冈老人潸然泪下的细节，同时也打动了千千万万读者的心扉。⑥

可见，像记者简妮那样注意倾听、善于倾听，正是在新闻采访中捕捉生动细节的重要途径。

(四)通过倾听获取采访对象的个性语言

新闻是新近发生的事实的报道，而俗话说“事”在“人”为，所以大部分新闻不可避免地涉及到新闻人物。一篇好的新闻不仅要见事还要见人。古人云：“言为心声”，不同的人有着不同的语言，把握住一个人独特的个性语言，就把握住了一个人的性格、身份等特点，使读者如闻其声，如见其人。鲁迅先生在《看书琐记》曾这样描绘个性语言之魅力：“高尔基很叹服巴尔扎克小说里写对话的巧妙，以为并不描写人物的模样，却能使读者看了对话，便好像目睹了说话的那些人。”文学作品能如此，新闻作品也应努力达到这种水平。

穆青曾语重心长地说：“我们的新闻报道如果充满了群众生动活泼的语言，文章就像加了味精一样，立即透出美味来。”例如，有一篇新闻报道中这样描绘上海第一百货商店对顾客的吸引力：

> 上海邻近省份的一些到过上海第一百货商店的农民中，现在还流传着这样四句顺口溜：
>
> 出门像财主(带着大笔钱)，下车像兔子(直奔第一百货商店)，回家像驴子(背着大批东西)，一算账像傻子(大为震惊)。⑦

这些语言一看便知是农民的个性语言，将农民购物描绘得绘声绘色，令人读来真实自然而又妙趣横生，整个文章真像加了味精一样。

对个性语言的捕捉，不仅限于群众语言，政治家、学者、运动员、电影明星等新闻人物的语言也同样重要。下面这篇报道的节选，表明了外国新闻记者在这方面的造诣：

他(乔治·布什，时任美国驻华大使)给基辛格看一张他拍摄的表现基辛格与毛泽东在一起的照片，这张照片拍得有些发黑，布什说，其中有个人是基辛格。

“不，”,基辛格说,“那不是我,是我的兄弟。”

基辛格拿这张拍得令人不敢恭维的照片开玩笑，他说：“我总是说，乔治这位大使并不想夺走我的职位，不过他能想别的点子整我。”

一位摄影记者请他在一匹同真马一样大小的陶马前摆好姿势照张相，基辛格说：“是不是要我骑上它跑到大门外?”

在场的中国人无不捧腹大笑。

当基辛格夫人中途告辞去商店购物时，基辛格把脑袋凑上前去，对夫人的中国向导说：

“请你们把贵重商品统统藏起来，好吗?”

就这样，一个幽默洒脱、妙趣横生的外交家基辛格的形象，就生动鲜明地留在我们脑海中了。

总之，在采访中注意捕捉采访对象各具特色的个性语言，使采访对象在新闻作品中栩栩如生，跃然纸上，是每一个新闻记者必须认真学习与掌握的技巧。

第二节　善于倾听是记者的一项基本功

一、倾听艺术的几种主要形式

善于倾听是记者不容忽视的一项基本功。记者记者，顾名思义，就是指通过提问记下采访对象的回答的人。著名记者黄远生的名言：记者要有四能，脑筋能想，腿脚能奔走，耳能听，手能写。[9]可以看出，黄远生先生是非常重视听觉的，对倾听能力的重视超过了写作能力、观察能力。所以，善于倾听是记者采访工作成败的关键因素之一。

当然，倾听必须有它的对象——采访对象。在接受采访过程中，根据采访的具体情况，运用倾听艺术有以下几种主要形式：

(一)个别交谈时的倾听

记者要充分了解、细致深入把握新闻中的生动材料，一般来说，还是要靠记者与采访对象之间的个别交谈，这种个别交谈又可分为两种。一种是预约式个别交谈，这是指记者与采访对象预先约好的个别访问、个别对话，这种个别交谈非常方便，记者和采访对象两个人只要约好了无论何时何地都可进行，限制很少。因为没有第三者在场，采访对象可以打消顾虑，无拘无束的畅谈，对记者来讲，单独面对采访对象，目标专一，便于提问，听得也更清晰、准确、详细，也能够充分同对方交换意见，启发对方把问题谈得更深入，并进一步挖掘采访对象的内心世界，掌握到更具体、生动、传神的细节。

另一种情况是，有的采访对象难以接受记者预约。这时，记者不妨“客随主便”，与采访对象一起工作、生活一段时间。年轻女工不是要抱着小孩挤公共汽车吗?记者可以帮她抱孩子，或是招呼人们给她让位，然后，抓住乘车的半小时或一小时与她交谈，若是车上还谈得不够或不便深谈，记者可随其一道回家，趁帮其择菜、剥豆之机继续交谈，从一定意义上讲，较之坐在办公室里一问一答僵化式交谈，会更自然、亲切、透彻些。

60年代初期，宁夏日报一位记者到隆德县采访一位锻工师傅如何向徒弟传授技术。他们先在车间办公室谈，怎么也谈不具体，锻工师傅有点懊丧，记者也有点着急，气氛也有点紧张，后来，他们一起到车间看看，锻工师傅见到自己的徒弟，见到那些砧子、钳子，一下子话就多了，故事也一个接一个络绎不绝，记者自然也满意而归了。

(二)开会发言时的倾听

它可以用较少时间迅速集中线索和材料。大型、综合报道的采访若用此形式，节省时间的效果尤为显著。它能起到互相启发的重要作用。一人对材料一时回忆不出，知情者们稍加提示或启发，就可使记忆重回，茅塞顿开。几个人一起座谈时，一个人说得不正确不全面，旁人也可以对之补充、纠正。调查座谈会这一形式既可以缩短采访活动中验证素材的周期，又可以使当场得到的素材真实可靠，客观全面。

调查座谈会既然是个收益明显的采访活动形式，那么，作为调查座谈会主持人的记者，就必须掌握开好调查座谈会的技能，否则就产生不了应有的效果。

1. 事先应发出“安民告示”，即记者应在采访前把座谈的内容、目的及要求告诉采访对象，以使其作好充分准备。参加座谈的采访对象，只有事先明确了要谈什么，为什么要谈和怎样谈等事项，才能集中注意力，抓住重点，整理思路，而不致“仓惶应战”，因紧张或慌忙而思路混乱，口齿不清。

2. 要精心选择座谈人员。记者选择的座谈对象通常应包括下列两类人员：一是有代表性或持不同意见者，这样可以促进记者对事物全面、正确和重点的把握；二是要选择那些不仅了解情况而且对新事物热情，支持新闻报道工作的人参加座谈，否则参加座谈会的人员虽然了解情况，但对新事物冷漠无情，对新闻报道工作无动于衷，那么座谈会定然一片冷清，难以收到良好效果。

3. 要控制参加座谈会的人数，每次座谈会的人数十个人以内为宜，这个人数可以使座谈的议题谈得深，谈得透，记者也容易主持、调控。若是参加座谈会的人太多，就会出现记者难以控制的局面。例如，某次两位记者去上海某作业区开调查座谈会，由于事先没有向所在单位明确控制人数的要求，只是笼统地在电话里说："了解内情的人都请参加"，结果，对方给他们安排了有一百五十余人参加的大型座谈会，任凭两记者引导启发，使尽浑身解数，就是没人开口。因为会场人太多，容易使采访对象产生这样的依赖思想："反正有这么多人参加，我不讲有人讲，我何必出这个风头。"再者，一些采访对象不善于在大庭广众面前发言，自然也就金口难开了。

4. 不要轻易下结论。开座谈会就某个问题展开讨论，甚至发生激烈争论，是常有的事，也是正常的事，这时，记者只能因势利导，千万不可轻易表态或下结论。因为正在争论的双方，此时正处于极度兴奋的状态之中，记者的表态和结论等于是个刺激，一经这一刺激，采访对象出于对记者的尊重或迷信，心理就会产生反射："记者表态，下结论了，我们就不用再争了。"于是，兴奋状态立即转为抑制状态，座谈会就会出现冷场。再者，对某个事物表现出的不同意见，既是记者全面认识事物所必须的，也是采访对象思维活动积极的体现。记者若是轻易表态和下结论，既堵塞言路，破坏对方的积极思维，又有碍自己对事物获得全面深刻的认识。所以，关键还是认真听，不要随便表态。

5. 要做捕捉线索的有心人。座谈会上常会出现下述现象：某人叙述到某个问题显得吞吞吐吐、支支吾吾，似乎有什么难言之隐，或是某人叙述到某个问题或事情时，其他采访对象的脸上露出诧异、惊讶、不满等神情，这些都是某种心理活动的反映，"有思于内，必形于外"。其背后通常都隐藏着些什么，甚至有可能是很有价值的东西，记者在倾听的时候一定要时刻注意采访对象的语气语调、动作神态，注意捕捉蕴有深意的变化，迅速进行分析判断，并储存在记忆中，待座谈会一结束，再一一进行个别深入的二次采访，这样才能尽可能多地占有新闻素材，全面深刻地把握新闻事件的真相和本质。

(三)平时随时随地去听

古语云：处处留心皆学问。对于我们新闻记者来说，随时进行采访活动，这样既方便、自然、无拘无束，又颇有成效。不分时间、地点、场合、条件，也无论参加人数的多少，只要我们处处留心，深入群众，可以说一天二十四小时都可以用这种方式得到新闻。不少重大新闻和典型报道，最初也往往是记者平时随时去听，从中抓到线索，随后深入采访而成。

邵飘萍主张记者“其脑筋无时休息，其耳目随处警备，网罗一切事物而等其变”，在采访实践中他也坚持贯彻这一主张。1917 年 3 月的某一天，邵飘萍先生正在当时的国务院某秘书的办公室，隔壁刚好是国务院总理段祺瑞的办公重地，他潜心静待时机，忽然，他听到院外有人打电话通知美国公使，说段祺瑞总理下午三点将赴美国使馆访晤公使。处处留心的邵飘萍先生立即想到：当时正值第一次世界大战，美国与德国断交，并积极拉拢中国以孤立德国，段祺瑞在这时会晤美国公使，无疑与中德关系的问题有关，他随即顺藤摸瓜，进行系列采访，终于探知中德断绝外交关系这一震动性内幕新闻，并抢在正式公布前发表出来。[⑩]一位新闻界老前辈说：“记者工作最忌机关化，上班下班，‘公事公办’，这是老爷记者。记者的工作不只是八小时，有价值的新闻恰恰是八小时之外碰到的。”这种情况在新闻采访中确实不乏其例。有位记者一天乘公共汽车上班，两位乘客的谈话，引起他的注意。“你知道商场什么时间下班吗?”“人家店前的牌牌上不是写有营业时间吗?”“嘿，信那‘钟点’你准瞎!离关门还有几十分钟，售货员就开始‘坚壁清野’了，咱跑冤枉路不说，还啥也买不到，干瞪眼……”他们的谈话使该记者深深思索起来，商场变相早下班的现象确实严重。当天下午，该记者就到乘客提到的这家商场作了实地调查，证实了情况，随后又采访各界人士，将早下班现象提到法律意识和服务意识的高度来认识，写了《商场，你到底几点下班?》，文章发表后引起了强烈反响。可见，处处留心，随时倾听，并根据线索顺藤摸瓜，跟踪追击，是记者应有的素质。

二、善于倾听的基本方法和技巧

(一)倾听与提问、观察相结合

在采访中，记者不要轻易打断采访对象的谈话，以免破坏谈话气氛，中断采访对象思路。但这并非意味着只听不说，任凭采访对象谈下去，而是要在不破坏谈话气氛的前提下，适时提问，引导采访对象说得更清晰、更有条理、更有价值，让采访活动向纵深发展。著名记者萧乾说，记者的任务“应该是在采访对象的谈话势头弱下来时，提出恰当的问题，引导他再谈下去。”它告诉我们即使采访进行很顺利，记者也不能只是一个劲地“嗯”下去，而必须适时提出恰当的问题或插话，以表示你对采访对象谈话的理解和兴趣，否则，谈话势头弱下去是不可避免的。当然，如果对方谈话中有明显的错误观点，记者的提问就可以直接对之质询，而不是无原则地表示理解。

同时，在倾听采访对象的过程中，不仅要一边听一边问，还要善于观察采访对象的面部表情、眼神乃至一举一动，揣摸采访对象心理，让采访向深层发展，而不是仅仅停留在肤浅的表面。因为采访对象本身对情况掌握不全面、不可靠，或是出于某种原因告诉你被夸大或缩小的事实，此时记者如果只见不想，不观察，则很难保证材料的真实、准确、可靠。我们有句俗话：“耳听为虚，眼见为实。”防止失实的办法之一就是学会观察，学会观察有助于听的重点更明确，提问更恰当。有的记者不会观察或不善于观察，在采访过程中一味倾听，忽略了对采访对象表情神态的观察，不能察觉出采访对象的话不尽不实，结果只能导致片面甚至失实的报道。

(二)把倾听与分析判断结合起来

在记者的采访活动中，采访对象作长时间谈话，他并不能随时告知记者，哪些事有新闻价值，哪些没有，只有靠记者自己开动脑筋，分析判断，抓住要害，及时记忆。很多时候采访对象出于种种原因，捏造假消息，或者只吐露一部分而不肯示其全貌。凡是不真实的消息，在理性上必然存在有破绽，记者必须通过分析判断，及时抓住破绽，深入追问，一旦自作聪明的造假者谎言被戳穿，往往“溃不成军”，记者尽可以抓住时机长驱直入，挖掘出事实真相。这样，记者不但掌握了新闻事实，还同时掌握了采访对象对此事的态度，以及所持态度的原因，为一篇材料翔实、内容丰满的报道打下了好基础。有时某些所谓爆炸新闻本身就是个大骗局，只有良好的分析判断能力才能帮助记者揭穿骗局。1909 年，一个叫库克博士的人只身到达了北极，引起了新闻界轰动。《纽约先驱报》为他发了消息，英国记者吉布斯对库克进行了采访。在采访过程中，吉布斯渐渐地发现库克博士对他的提问有些支支吾吾、躲躲闪闪。为了节省时间，他请求看看库克的日记，但库克说他没有日记，吉布斯又提出要看一看库克博士的其他文件，但库克又说，已交给了一位朋友，到时候他会拿出来的。吉布斯迅速分析：探险家总是把最重要的文件放在手边，而库克却一件都没有，其中必然有诈。吉布斯又连续一个多小时进行直率的提问，步步紧逼，库克猝不及防，漏洞百出，吉布斯确定了所谓了“北极探险”是个骗局,并写出了详细报道。[11]

在当时的气氛下，吉布斯的报道遭到了冷遇甚至攻击，然而最终事实证明真理在他手中，他也因此一举成名。

(三)把倾听与记录结合起来

记者在采访中究竟应该边听边记，还是当场只听不记，或者当场少记，事后多记?新闻界对此历来颇有争议。

一种看法是，应当边听边记。理由是：可以提高采访对象的谈话兴致。因为记者若是不做笔记，有些采访对象会不乐意，认为记者不尊重他，或者怀疑自己谈得不对路、无价值。而且俗话说“好记性不如烂笔头”，人都有遗忘存在，当场不记事后追忆，难免会出现错误。另一种看法是当场只听不记，持这种看法的人认为，有些采访对象一见记者动笔就心慌意乱，一心不能二用，记者埋头记录，势必会分散精力，不如将精力集中于倾听、提问上，事后追忆，能够去沙取金，去粗取精。第三种看法是当场少记，事后多记，实际上是综合考虑上述两种作法的利弊而作出的折衷。

对这个问题，特别应该坚持实事求是。在实践上应该“八仙过海，各显神通”，当面记录引起采访对象的心理反应，本来就是因人因事因时而异，同时记者的记忆力，一心二用的能力和捕捉重点的能力也各自不同，所以记者应该充分把握自己与采访对象的特点，用自己最擅长而采访对象又最适应的方式去进行采访活动。

第三节　加强记者自身修养，学会爱听、善听、能听，不断提高采访效果

一、要能听懂，必须知识面广

“知识就是力量”，培根这句名言适合于每一个人，当然也适合于记者。徐宝璜在中国第一本资产阶级新闻著作《新闻学纲要》中论及“访员的资格”时，其中一条就是“有至广至深之知识”，作者认为记者在采访中应该有广博的知识。知识面越广，就越能写好各种各样的题材。

就采访过程中的“听”这一环节而言，丰富的知识对记者写出一篇精彩成功的报道异常重要。记者的采访对象各行各业，无所不包，上至国家元首，下至普通工人、农民都在采访之列，如果没有宽广的知识，记者根本无法与采访对象沟通，没有共同语言，自然无法采访。如果你的采访对象是一名核物理学家，而你在核物理学方面又缺乏基本常识，那么核物理学家的话对你将如同天书，听都听不懂，又怎么可能判断信息的重要程度或是根据谈话内容不时提出有深度的话题，诱发他谈得更深入呢?徐宝璜主张普通记者的知识“虽不必深，但不可不广也”。至于专业记者“其知识不必广，但对于某一方面的知识，则不可不深化”。美国新闻学者杰克·海敦认为“新闻专业的学生，应该像哲学家培根一样，把一切知识当成自己的领域。”这些论述都是颇有见地的。而知识的积累非一朝一夕之功，而是记者长时间学习的结晶。记者要时刻注意丰富自己的知识，提高自己的修养，在采访中才能如鱼得水，左右逢源。

记者李海燕就很善于知识积累，她的方法是什么呢?“吃一粒摘一串”。她说：“我第一次采访一个织布女工时了解了有关纺织业的常识，我第一次采访一个煤矿的攉煤工时又了解了有关煤矿的常识……几年积累下来，我就摘了一串又一串的葡萄在手里。以后我再遇到这些行业的采访，就不感到陌生、棘手，而觉得很熟悉，很亲切，交谈起来，有了比较多的共同语言。”[12]

新闻记者必须注意知识积累，善于知识积累，创造种种方法来进行知识积累,这样,就为采访中的倾听艺术打下了良好基础。

二、在倾听时要保持谦虚的态度

新闻记者，是新闻机构中专门从事采访写作的人员。其存在的价值和理由就在于搜集和发布新闻信息，然而新闻信息并不是无端从天上掉下来的，而必须由记者通过采访活动从采访对象口中获取来。正是从这个意义上讲，采访对象又称之为新闻来源。西方一位新闻工作者曾有一句名言：“没有任何记者能够超越他的新闻来源。”[13] 正是这一点，决定了记者在倾听采访对象时应保持谦虚的态度。

个别新闻记者忽视了这种基本关系，动辄以“无冕之王”“钦差大臣”自居，在倾听过程中或心不在焉，或盛气凌人，必然令人反感，导致采访失败。记者得不到新闻信息，两手空空回去，只能面对“无米之炊”，哪里还谈得上什么无冕之王呢?

谦虚同时有助于采访对象畅所欲言。根据社会地位和成就、贡献的不同，我们可以将采访对象粗略划分为名人、专家、领导和普通人两大类。对于前者，记者的谦虚态度是对他们地位的承认、成就的肯定和对占用其宝贵时间的歉意，可以使他们在良好的心态下回答问题，畅所欲言。而对于普通人来说，往往因为缺乏接受采访的经验而感到心理紧张、手足无措、词不达意。这时记者的谦虚态度有利于帮助他们平和情绪，树立自信，恢复到正常状态，进而才能顺利地表达出记者所需的新闻信息，

1983 年盛夏，光明日报记者樊云芳采访模范护士朱桃英。采访一开始，朱桃英涨红了脸，绞着双手，结结巴巴地说：“请不要采访我，我没有先进事迹……”眼看采访就要就此搁浅，记者谦虚地向她请教：“我家有个病人，已经躺了两个月，听人说三分治、七分护理，我想了解一下，该怎样护理病人?”这下朱桃英大大松了口气，逐步打开话匣子。最后双方一直融洽地谈了三个小时，告别时都感觉很愉快。这次采访的“转危为安”，固然要归功于记者机智的“迂回攻击”，但其虚心求教的态度正是“迂回攻击”的基础，同样功不可没。[14]

美国著名作家，以深刻洞察人性而名世的戴尔·卡内基说过：“专心听别人讲，是我们给予别人最大的赞美，”这就是记

者在倾听过程中以谦虚获得成功的最大秘密。

三、倾听要注意了解党和国家的方针政策

我们社会主义的新闻事业与资本主义国家的新闻事业有着本质上的不同，其根本任务，就是始终当好党的耳目与喉舌，把党的纲领、路线、方针、政策，最迅速、最广泛地传达给人民群众，团结一致、同心同德，为实现党的总目标和总任务，实现人民群众共同的根本利益而奋斗。

新闻采访活动中，记者常常会遇到形形色色的问题，了解和熟悉党的方针政策，就可以帮助记者对问题定性，并针对不同情况区别对待。有些问题，属于严重违反党的方针政策的，本身就具有很高的新闻价值，必须及时反映，予以揭露，发挥舆论监督功能。记者如果不熟悉有关政策，对这些问题等闲视之，就会与好新闻失之交臂。有些问题属于执行政策不力造成的，把它报道出来，有利于切实贯彻执行党的方针政策，改进工作，保障人民利益。还有个别问题，反映了某些政策中的局限性和漏洞，记者熟悉政策就可以看出揭示这些问题的重大意义，从而敏锐地捕捉住它，采写内参，促进方针政策的完善和改进。

总之，熟悉党的方针政策，是每个记者必须注意的重大问题，只有做好这一点，才能在倾听中游刃有余，深刻把握新闻事件的内涵，采写出好新闻。

注释：

①黄罗怡等：《世界名记者》，上海文化出版社。

②孙世恺：《慧眼识珠》,《新闻与写作》1992 年第 2 期。

③易晓寒：《要善于揣摩活动之话》，《新闻采编》1990 年第 5 期。

④丁世义：《中国社会新闻选评》，中国工人出版社。
⑤方毓强：《我想当一名第一流的女体育记者》，《新闻战线》1986年第2期。
⑥简妮：《两条眉毛一本书》，军事科学出版社。
⑦冯强：《中国最大的百货商店为保持第一而拼搏》，《对外报道参考》1983年第13期。
⑧黄远生：《基辛格—三面人》，里查德·格罗沃德转引自《消息写作例话》，新华出版社。
⑨黄远生：《远生遗著》。
⑩孙晓阳：《邵飘萍》，《新闻人物》新华出版社。
⑪黄罗怡等：《世界名记者》，上海文化出版社。
⑫李海燕：《吃一粒摘一串》，《新闻出版报》1988年6月25日。
⑬麦尔文·曼切尔：《新闻报道与写作》，转引自《新闻采访艺术》，四川大学出版社。
⑭张骏德：《试析记者访问的引导方法》,《新闻大学》1988年冬季号。

◀思考题▶

1. 倾听在记者的采访工作中有什么意义和作用?
2. 记者在采访活动中，运用倾听艺术有哪些基本形式和技巧?
3. 怎样培养和提高记者在采访中善于倾听的能力?

第十章
新闻采访与资料积累

第一节 新闻采访是检验记者资料积累能力和水平的试金石

一、新闻采访离不开资料积累

(一)资料积累是记者发现新闻线索、判断新闻价值、深化新闻主题的重要依据

新闻采访是一项涉及面十分广泛的工作，记者没有丰富的知识是很难胜任这一工作的。在众多的信息来源面前，需要记者去发现和判断什么东西是最有价值的?哪种角度的报道是最有新意的?这都需要记者有高度的新闻敏感的培养。而新闻敏感则来源于记者素质、眼光和知识的日积月累。

要提高记者的水平，积累资料是必不可少的基本功。人民日报记者田流曾说：“一个记者，无论在什么地方，无论在什么时候都应该在采访。在公共汽车上，在火车上，在飞机轮船上，在旅馆中，在散步或同朋友聊天时，都应该是在采访。要在日常生活中观察各种各样的人和事，要研究和分析各种各样

的人和事，要积累各种各样的素材和知识。这种采访，表面上看起来好像与报道无关，实际上关系大得很，甚至是我们完成特定采访任务的基础和关键。”[①]正因为有了平时丰富的资料积累，遇到重大问题时，敏感的记者才会从珠丝马迹中嗅出新闻价值的味道。

1970年，林彪仓皇出逃。这一震惊中外的事件，首先向全世界报道的是法新社驻北京的一名记者。据《林彪的兴起与垮台》一书和其他资料介绍，这位名记者用了几年的时间，搜集了关于林彪的大量资料，精心研究。1969年我党召开“九大”时，他就判断出林彪对毛泽东并非忠心不二。1970年8月，毛泽东接见某国领导人，林彪在场。但是《人民日报》却一反常规，在头版上方发表了一张毛泽东单独同贵宾握手的照片。同一版的下方，又刊登了林彪单独会见外宾的照片。根据这一反常现象，又结合我国报刊发表的批修整风的报道，法新社记者判断出中国党内要出大事了。“九一三”事件发生后，他根据平时积累的大量情况，以及对北京市一些现象的敏锐观察，终于得出结论：挑起危机的正是林彪。这个积累了充分资料，精心研究中国政治风云的法新社驻京记者，9月21日首先向全世界报道了当年中国停止国庆大游行，并指出这或许与某一重大政治事件有关。他的报道引起了全世界的关注，并引发了各种猜测。在随后的一段日子里，他又从种种细微的迹象发出了一系列时效性很强的报道。[②]

在当时驻京的外国记者中，虽然别的人也对林彪事件作了断断续续的报道，但法新社驻京记者报道的广度和判断的准确性是独一无二的。他这种善于捕捉新闻线索、发现重大新闻的高度敏感性，充分得益于他平时对林彪言行的关注和大量资料的积累。正因为他花了大量的精力收集有关林彪及中国政坛的资料，他才能根据任何一个细微变化作出较为准确的判断。

资料还帮助我们发现事实的新闻价值。有一位前苏联的记者一次在下班回家的路上发现附近的路边都装上了新的路灯。他觉得有些诧异，新闻记者的敏感性使他马上去查阅了资料。原来，那天是当地使用电灯50周年纪念日。于是他据此写出了一篇很有意思的消息。

资料的积累对深化报道的主题也极其重要。例如平时收集到的资料，采访中发现的灵感，当时虽不一定形成报道主题，但却不应丢弃，应把它积存下来，对以后的采访和报道大有裨益。人民日报记者到湖北一个县采访，偶尔听到县委书记谈干部问题："捉来的雀子安不下窝。"意思是从外地调来的科技人员无法安心工作。这个材料他当时并未用到报道中去，记在了采访本上。两年后，他在安徽铜陵市采访人才管理，从上面这句话中受到启发，结合采访素材形成了一个鲜明的主题："捉来的雀子不下窝，飞来的燕子自安巢。"说自愿前往的人才自会安心工作。并写出了《事业引人，情谊留人——铜陵市招贤纳士见闻》的通讯。由于主题新颖深刻，切合时事，《人民日报》还配发了《人才管理要搞活》的评论员文章。该记者对储备这种材料的经验是："有心捕捉，耐心储存，才能放长线、钓大鱼。"③这句简单的话其实概括了整个资料积累工作的目的、方法和意义。

通过平时一点一滴的积累，记者才能在某一事件面前从容不迫，才能知道这种题材过去是怎样报道的?现在又该如何报道才能更加全面和深入。带着这些问题去采访获得的背景有助于记者从新的角度去报道新闻，同时也有助于深化报道的主题。

(二)资料积累是记者顺利开展采访，提高新闻写作质量，取得良好报道效果的有效方法

记者要成功地进行采访，写出高质量的报道，采访前的资料准备工作是必不可少的。有人说："采访前准备充分，等于完成采访工作的一半。"

记者的接触面非常广，遇到的采访对象和话题都是形形色色的。记者不是全知全能，必然会有不知道或不了解的事情。因此，必须在采访之前做好充分的准备，查阅大量的相关资料，才能了解采访对象的情况、背景、喜好、性格以及新闻发生的环境、意义等，做到采访时心中有数，既不会只问些“您今年多大?什么地方的人?发生了什么事?”这一类众所周知的问题，也不会发生牛头不对马嘴的笑话。只有对所谈的事，谈话的对象有所了解，采访时跟不同的人谈话才谈得拢。否则记者提的问题不能一针见血，尽是不着边际的乱谈，采访对象就会渐渐失去谈话的兴趣，甚至对记者产生不信任感，进而影响采访的效果。因此，平时坚持不懈地资料积累能让记者丰富知识、拓宽视野，使记者在采访时游刃有余。

著名电视节目主持人杨澜，在她担任策划的栏目《杨澜工作室》中，曾经采访过许多著名的人物，比如金庸、李敖、余秋雨等，每次人物专访所拟的问题都是杨澜自己准备的。《杨澜工作室》节目并不长，这更要求主持人所提的问题准确和精炼。在每次名人专访之前，杨澜都会做大量的准备工作，充分了解每位被采访对象的生平、习惯以及当前一些有关该采访对象的讨论热点。在短短几天时间内完成这些工作几乎是难以想像的，然而杨澜平时的不断积累为她的成功奠定了基础。难怪著名作家金庸在采访结束后连连称赞杨澜秀外慧中、机智聪明。

不占有大量的资料，就无法进行充分的准备，就不会有采访的成功，更谈不上良好的报道效果。英国女演员费雯丽因扮演《乱世佳人》中的女主角而一举成名。有位记者对她及她所扮演的角色了解甚少，在她到达纽约时，也和别的记者一起去采访她。结果这位记者一开口便提出了个可笑的问题：“你在电影中扮演了什么角色?”费雯丽反问：“你看过这部电影吗?看过《飘》吗?”记者十分窘迫，只好说：“没有”。费雯丽表示不愿与这样的人多谈，采访就此结束。这事一时传为新闻界的笑料。[4]如果这位记者事先了解一些有关信息或查查资料，就不会闹这样的笑话了。

资料积累不但关系到记者的采访活动，同时还对记者写作和新闻报道的效果产生着极大的影响。正如《文心雕龙》的作者刘勰所说："积学以储宝，酌理以富才。"一些记者虽然已经认识到积累资料的重要意义，但是不能坚持下去，"三天打鱼两天晒网"，这样的记者往往停留在"家无隔夜粮"的困境中，写起稿子时想用些背景材料，尽管搜索枯肠也枉然。古人云："工欲善其事，必先利其器。"在现实社会的新闻采访中，记者也应如此。例如1999年5月8日，以美国为首的北约公然用导弹袭击我国驻南联盟大使馆，引起全国乃至全世界许多国家和人民极大的愤怒和抗议。《北京晚报》在刊登这一消息的同时，还及时配发了《北约为何悍然炸我使馆》的一篇新闻分析。其中记者写出北约袭击我国驻南联盟大使馆的背景有二，一是企图震慑和平和正义力量，达到独霸世界的目的；二是敲山震虎，企图遏制我国。记者在报道中采用的两条政治背景资料，使广大读者很容易了解以美国为首的北约这一野蛮行径意欲为何，有力地增强了报道效果。[5]由此，我们不难看出资料积累的重要性。

适当地运用资料，能大大增加新闻的厚度和力度，使简短的消息变成深度的报道，使单一、片面的事实凸现出深远宏大的主题。以常规的会议报道为例，如果单纯报道一下会议现场，谁讲了话，讲了些什么，是远远不够的。对于重大的会议报道，必须动用资料，如开此会的背景，以前相关的会议情况，领导的发言、指示与以前相比有何异同，原因何在等等。经过这样的分析比较，报道的主题就会更加明确深刻，新闻报道的效果也就更好。

如果我们留意一下就会发现，在国内收视率最高的中央电视台《新闻联播》节目中，经常在屏幕的右上方可以看到"资料"

二字。这些资料的运用，对于补充说明正在播放的新闻的价值，让受众充分了解事情的发展很有意义，对新闻起着“烘云托月”的重要作用。

(三)资料积累是记者克服职业弱点，增长知识，养成研究问题的良好习惯，是提高业务水平的有益手段

记者的工作性质决定了他可能遇到一些预料不到的事情。这些事是形形色色、方方面面的。如何对这些记者本人不熟悉的事物，进行真实深刻的报道，是每一位记者面临的难题。记者不可能是“万事通”，世界上的绝大多数领域仍是我们不熟悉甚至是一无所知的。但特殊的工作性质又要求每一位记者能广泛涉猎各种知识，成为一个名副其实的“杂家”。

因此，要克服记者自身片面性和表面性的弱点，就必须随时注意资料的积累。资料的积累包括看得见的资料和看不见的资料。而看不见的资料积累则是知识的积累，是记者本身素质修养的提高。这种看不见的资料积累和看得见的资料积累有着同样重要的地位。正如清代学者袁定云所说：“得之在俄顷，积之在平日。”有的记者说：“采稿件还来不及，哪有功夫积累背景材料?”其实，采写稿件与积累资料是相辅相成的。平时有了积累，等到用时才能伸手可取。不少记者的实践，早已说明了这个道理。有的同志又说：“积累背景，远水救不了近火。”其实，这只是一种“近视眼”的看法。[6]平日有了积累，写稿需要背景材料时，才会感到踏破铁鞋有处觅，得来全靠功夫到。严格地说，积累资料就是记者的一项基础建设。中外有成就的记者除了日常采访与写作之外，便是刻苦搜集一地一事一人或一问题的背景材料，因此他们普遍具有渊博的知识和很深的内涵。他们写出的新闻作品，具有强烈的历史感和时代感，这和他们掌握有丰富的背景材料是分不开的。

美国自由撰稿人比阿特丽斯·夏泼说：“采访准备是富有魔

力的敲门砖。凡是对某一问题有长期研究，熟知其重要性并对该领域各流派及其代表人物有所了解的记者，很少有人会拒绝他采访。记者们尤其是新手，不应低估自己的作用。他们是专家与公众之间的桥梁。专家一般不能与公众直接交流，所以欢迎熟悉情况的提问者。”另一著名记者利己利厄斯·赖安也说：“没有准备，不要去采访任何人。只有你作好充分的准备，你才能保证你的采访对象随时如你所愿。”[7]无知是采访的大敌，必须随时学习，随时积累，才能提高记者的业务水平，克服自身知识上的弱点，防止片面性和表面性。正如有位记者说的一样：“你要有所作为吗?靠八小时写稿不行，要做二十四小时的记者。”也就是说，即使当你不采访、不写作、不报道的时候，你还得竖起耳朵，瞪大眼睛，捕捉一切或许有用的知识和信息。

积累知识，一方面是从读书中来。邓拓介绍了一个行之有效的读书经验。他认为一定时期应选择一定的主攻方向，规定自己十天读一本什么书，多长时间又读一本什么书。天文、地理、动物、植物都要读。[8]另一方面，也靠平时的调查研究。要多深入社会，深入生活。即使在不采访时也要多和人谈话，采访某个问题时不能就事论事，谈话范围不妨广一点，以便了解更广泛的信息。还要有意识地作专题调查，比如到了一个地方，就要专门对这个地方的历史、现状、变化作调查，这是积累背景材料的必要手段。

看得见的资料积累，包括通过摘抄、笔记、简报等，形成自己的资料库，用的时候才能信手拈来，运用自如。美国名记者约翰·根善于写内幕新闻，他一生积累了六万张卡片的资料。脱离报界后，他又在这些资料的基础上写出七本书。[9]中央电视台《焦点访谈》主持人之一的敬一丹，在她的自传性著作《声音》中谈到，《声音》之所以能在短时期内完稿，全依靠她平时在采访过程中的资料积累。由于每次重大采访结束后，敬一丹都将许多宝贵的资料和感想记录并保存下来，因此在写书的过程中，很多东西可以直接利用，进而节省了时间，提高了效率。

(四)资料积累能帮助记者提高新闻报道的质量，写出创新性的新闻作品，增强和提高创新思维能力

新闻记者的采访深度与报道深度，都与记者的思维相联系。如果一个记者总能用独到的眼光去看问题，那他必然能写出高质量的好文章。然而对于自己一无所知或闻所未闻的事，记者是很难进行创新性思维的。1979 年诺贝尔物理奖获得者格拉肖说："涉猎多方面的学问可以开阔思路……对世界或人类社会的事物形象掌握的越多，越有助于抽象思维。"[10] 这句话对新闻记者同样具有启迪性。只有拥有丰富的资料积累，在构思报道主题时，才能横串纵联，产生相关联想，从而打开思路，在选择、安排材料的时候也才有利于使新闻报道显示出深度。

"功夫在诗外。"有了思想、学术、资料的充分准备，机遇才会降临到有准备的记者头上，记者才能写出抢手的独家新闻。一次日本东北地区发生了大雪灾，积雪深达 4 米，覆盖了山路、铁路、桥梁，压塌了房屋建筑，造成了很大损失。这时，记者纷纷赶到现场采访。在一次"雪害对策会上"，气象台台长年田作了特别观测报告。在座记者除共同社的一位之外，谁也没有注意到年田关于"大雪成因"的那段讲话。共同社的那位记者却单独跟踪采访，写出一则既有新闻价值又有学术价值的"独家新闻"——一个气流旋导致了这场罕见的暴风雪。[11] 为什么这位记者能在强手如林的公开场合，抢到这一独家新闻呢?原因在于他事先研究积累了有关资料，懂得很多气象学方面的知识。这种事先准备的大量积累，提高了他创造性的思维能力。正是这种思维能力，帮助他判断新闻价值，慧眼识珠。

一般而言，知识愈丰富，思路愈开阔，愈能睁大眼睛看清世界。反之，缺乏各种社会知识的积累，在采写的时候思维方式很

容易单一、僵化，缺乏沉甸甸的资料积累，即使记者有再多的灵感也得不到发挥和充实。通常具有创造性、突破性的名记者都是既有广泛阅历又有创新思维的人。要作一名能够纵观全局又独具慧眼的优秀记者，必须善于学习和积累各种各样的资料，尤其是一些新的社会现象和科学发展状况的知识。只有在这一基础牢固的前提下，新闻记者才谈得上进行逆向、发散、统摄等抽象思维。而如果将两方面工作都做好了，记者必定能另辟一境，笔下生花了。

二、著名中外记者论资料积累

我国老一代新闻工作者都非常重视资料积累。前新华社社长、著名老记者穆青说："深入采访和占有丰富资料是新闻写作的基本要求。""采访决定着写作。采访肤浅，一问三不知，要什么没什么，是不可能写出好稿子来的。先要掌握新的、真实的材料，然后才能写作。"[12]

著名记者穆欣也指出："占有材料，是写报道、写书的基础。一个记者，要有自己信得过的资料库。俗话说：'兵马未到，粮草先行，'资料，就是文章的粮草。""在日常繁忙的工作中，记者要做有心人涉猎各个知识领域，接触各类人物和有意思的事件，广收博取，随时随地积累各种有价值的资料。这就一要勤快，二要坚持，若能够持之以恒，必受益不浅。"[13]

新闻界前辈邓拓主持《人民日报》工作的时候，也经常鼓励青年记者要重视资料的积累。他把记者的积累资料通俗地比喻为我国北方农民过去的积肥。他说："农民出门总是随手带个粪筐，见粪就拣，一旦成了习惯，自然就会积少成多。"[14]

艾丰说："拿出小本子并不一定会破坏气氛，有的时候，例如采访一些要人，他说话的时候，你不做记录，会认为你不重视，不尊重他的谈话，反而影响对方的情绪。"[15]

吴晗说："没有资料就写不出内容充实的文章来。"记者范长江每到一个地方去采访，事前一定把这个地方的地理环境、历史环境，包括历史人物，先弄个清楚。他不仅搜集、翻阅有关著作，理出资料，到了这个采访的地区之后，还去借阅当地的地方志。"[16]

不少外国记者也非常重视资料积累，有的传媒对记者提出："一名好记者也是一名称职的资料员。"在日本，新闻记者常常要先去当一二年资料员，在更多地熟悉情况和具备丰富的知识后，再去做采访工作。

美国学者约翰·布雷迪这样认为：经验丰富的记者，采访一分钟至少要准备十分钟。收集积累资料，并认真调查研究后进行的采访几乎总是更有成效的。[17]

美国著名记者威廉·曼彻斯特被问及他的采访为何如此扣人心弦时谈到，积累资料与事前准备事关重大。曼彻斯特对肯尼迪的采访激动人心、深入透彻，立即赢得了总统本人以及大众的好感，并引出了日后肯尼迪与他的多次会见。[18]后来，威廉·曼彻斯特利用他所日积月累的有关肯尼迪的资料和两人交往过程中的一些随想，在总统遇刺后的短时间内，写出了《总统之死》这本畅销美国乃至全球的书。

第二节　资料积累是新闻采访工作的重要组成部分

一、资料积累工作分类

资料浩如烟海，古今中外、天文地理、社会科学、自然科学、政治经济等等。记者因时间和精力所限，不可能什么都收集，一定要根据自己报道的需要，明确收集的范围和重点，根据自己的任务对资料进行分类。例如负责采访体育新闻的记者，要尽量多地收集有关球赛知识、体育明星介绍等资料；负责财经报道的记者，要时常关注房地产和金融股票市场方面的资料；负责文化娱乐报道的记者，对文化动态、流行时尚应该了如指掌。资料一般可按以下方法分类：

1. 根据资料的内容进行分类。比如工业、农业、商业、文教、体育、卫生、军事、娱乐等。

2. 按地区的不同进行分类。有关一些地理特征、风土人情、历史文化的资料，可进行区域性分类。

3. 按照不同专题进行分类。比如涉及人物专访的资料可以单独列出，报纸也可分为党政机关报、晚报、都市报等，以便今后查阅。

4. 按汉语拼音方案和笔划顺序来分类。如果收集的资料数量很多，并且又分门别类，可以采用此法。

二、资料积累的主要来源

（一）从领导机关和有关主管部门收集资料

采访新闻，必须对政策熟练掌握、对形势准确判断。记者应该经常从各级领导机关和所报道事件的主管单位，收集有关政策法规及基本状况的信息材料和具有权威性的官方统计数据，并进行仔细分析和认真研究。这有助于记者从宏观角度总揽全局，提高记者的认识层次和分析判断能力，并使记者真正对情况有比较全面的了解。如果不重视领导机关的意图和精神，在采访报道时往往会抓不住重心；不清楚政策，采访往往不知从何去看、从何去问。尤其是一些有关政策性的报道中，记者只有从领导机构了解了政策后，才能避免出政策性、方向性的错误。

（二）从报刊、杂志、广播、电视等新闻传媒中收集资料

新闻传媒是记者资料积累的又一重要来源。熟悉传媒所报道

的信息，不仅是发现新闻线索、丰富知识、成功进行采访的重要保证，而且是记者报道时进行对比或引证的重要依据。过去，许多记者都很注重剪报工作，他们将报刊上有价值的资料留存下来，经过整理后保存备用。

今天，由于科技的迅猛发展，记者还可以采用高科技的记录手段。比如PC多媒体的运用，它为记者提供了前所未有的广阔空间，在很短的时间内将自己所需要的资料直接从网上提取，经过自动编辑整理后储存在自己的软盘上。凡是上网的报刊、电台、电视台和杂志，都为记者们提供了信息共享的服务。而这些信息可以成为记者采访工作中的重要参考材料。

（三）从历史档案和各种书籍中收集资料

读史可以知今，熟悉历史，有助于记者发现新闻线索，提高对新闻事件的认识水平。历史档案可以帮助记者用历史的、纵深的眼光来观察事物，从而使采访和报道更加准确和生动。例如报道1998年法国世界杯足球赛，很多记者并不仅仅只把注意力放在这一次比赛上，而是将世界杯的历史渊源，以往的重要赛事，历届最著名的球星等和盘托出，让众多球迷在世界杯期间享受到了难得的“足球快乐大餐”，使整个报道更加充实和丰满，更具有趣味性、知识性、可读性。

记者在读书时应该随时准备一个小本子，适当地作一些读书笔记，这样摘记获得的资料通常会给记者带来意想不到的收获。老新闻工作者邓拓就是用这种方法积累资料的，并且他依靠这样积累的知识写成了《中国救荒史》一书，在他任《人民日报》社社长期间，写成了累计几百万字的社论。[19]

（四）从采访现场收集资料

记者本人从各种采访现场收集资料，是第一手材料，最生动、新鲜、活泼。任何一次交谈，任何一个见闻，都是从现场收集资料的机会，记者要随时随地做有心人。有时候，采访虽然很成功，但由于时机不适宜，消息暂时不能发表出来，这时就应把采访内容作为资料好好保存下来，等到合适的时候再发或是以后用到其他报道中去。每个记者都应该有自己的资料库。只要平时一有所得，就赶紧将它记录下来，需要的时候信手拈来，会使文章和报道增色不少。

（五）从被采访者提供的有关书面材料中获得资料

记者在采访时通常会获得一些采访对象主动提供的有关书面材料，比如参加会议采访，会获得一份有关文件、简报等。很多记者由于采访任务繁多，每天得到的各种材料堆积如山，这样的材料整理起来相当麻烦。有的记者干脆一丢了之。其实，这样做十分可惜。每次采访完毕后，记者都应该有针对、有目的地从采访对象提供的有关书面材料中提取一些有价值的东西，进行整理并保存下来。因为每次采访，对记者来说无疑都是上了一堂课。采访对象是记者的老师，资料就是记者自编自学的教科书。每次从采访对象所提供的书面材料中选取积累的资料，日后定会在记者的采访工作中发挥作用。

（六）充分利用各种工具书

资料的来源其实是多渠道的，记者采访中还应该充分利用各类工具书。比如有关语言资料，如《格言》、《成语大辞典》、《群众语言荟萃》等，经常性地积累这方面的资料，不但有助于记者在写作的时候为文章增色，还能帮助记者提高文学素养甚至了解民众语言，为记者在采访不同层次的人物对象时灵活运用语言奠定基础。一些有关行业知识的工具书也是记者充分利用、收集材料的对象。记者在采访报道中会遇到各行各业的人或事，会有各行各业方面的知识与问题，这时查阅一下有关专业的工具书，就大有好处了。

三、资料积累的主要方法

(一) 作笔记

作采访笔记是最基本的积累资料的方法。记者出身的作家刘白羽说："每一个记者随身都有一个笔记本，但如何运用笔记本，却是个值得研究的问题。"[20] 笔记本不仅仅在采访时有用，平时读书看报，灵感一现，偶有所得，都应当记下来。刘白羽还说："我的笔记本中不只是记录访问者的说话，或收集别的材料。当然，这些是主要的。但我还随时随地记下所见所闻，所感所想。""这些确实都成为有用的材料，而正是这些材料，使你的文章真实生动感人，而不只是干巴巴的一大篇新闻用语。"[21]

笔记的范围十分广泛，首先要记"所见"，并抓住所见到的特点；其次要记"所闻"，抓听到的要点，记下反映观点的原话，尤其要注意那些生动形象的口语。另外，还得把采访中自己的疑问记下来，力争弄清真象，防止偏听偏信。由于记的内容太多太杂，笔记很容易混乱不堪，影响查找的效率。因此在记录的时候要力求详细、准确、清楚、快速。对于笔记，要勤于归纳整理，进行分类归档，便于以后查用。

笔记的方法很多，例如明记，指当着采访对象的面拿出笔记本作记录。有时也可以暗记，有的采访对象不愿接受采访，记者不得不运用一些巧妙的办法不当着采访对象记，而是暗记。另外，速记是提高记录速度的好办法。有时记者必须采用一些必要的符号来代替，即速记法。

(二) 做卡片

建立卡片库也是积累资料的方法之一。卡片便于保存、携带和查找。由于卡片较小，因此记载的内容应当简洁，要点突出。最好一张卡片一件事、一句话、一个细节，使用时一目了然。相近或同一系统的卡片，放在一起，便于查找。

（三）剪贴

剪贴就是把自己认为有保存价值的报刊上登载的新闻、文章等，随时剪下来，贴在纸上。剪贴的优点在于保存了资料的原始面目，使用的时候不易走样，可避免误差。通过剪贴，不仅可掌握历史变迁，更能积累下最新的事态发展和人物动向。英国星期日快报编辑什利·布朗共剪报一百多万页，重五吨，被称为剪贴大王。[②]

剪报资料的处理方法一般有两种。一种方法是剪贴在本子上。但如果贴的时候不分门别类，就会影响查找。因此剪贴时就必须分类，同一种内容的资料贴在同一个本子上。如有关国家的政策动向贴一本，外事活动贴一本，社会新闻贴一本，科技发展贴一本等等。每一大本里又可分小类。如国家政策可分行政、经济、教育等，外事活动可分亚洲、美洲、欧洲等。这样分类而积累的剪贴本，采访和写作时想参考任何方面的情况都唾手可得。另一种方法是贴在活页纸上，再按分类装入不同的档案袋。这种方法保存资料时要特别小心，集中存放，否则容易散失。

（四）索引

索引是在有了笔记、日记、剪报、卡片的基础上进行的进一步归纳分类。有了笔记、日记、剪报、卡片，只是完成积累资料工作的一半。要把它们变成使用方便的资料库，还必须在整理的基础上进行科学的分类归档，然后制出索引目录。这样才形成完整的资料体系。具体的方法是，把各类资料分别归到一起，或按时间顺序，或按空间排列，也可按逻辑次序进行索引。一般说来应是大范围都按时间顺序，如每年的资料应归在一起，小范围再按别的次序归类。这样的整理之后再编上页码，作上目录。在每一本的开头注明时间，也可列出主要内容。有了索引之后，查找资料便十分快捷了。

除了对自己手头的资料作索引外，还可针对图书馆或资料室的报刊合订本作索引。记者常常感到，经常发现了一些新闻报道或文章中有参考价值的东西，但一时又难于剪下来储存，过些日子想用它，又记不清楚，也找不到了，似曾相识又似是而非。在这种情况下，手头有必要的索引就方便多了。这种索引并不是要将报刊合订本上的目录来个全本照抄，而是将自己认为有价值的文章按题目、报刊名称、时间等项目，制成一个索引。需要时，按报刊名、时间等到图书馆、资料室去查找合订本就方便多了。

（五）装订

装订也是资料累积的好方法。例如，采访笔记，如果是记的活页，每年装订成一本，十分有价值。采访一个会议获得的文件、材料，也可以装订成一册，注明时间、内容，查找时就方便了。有的活页剪贴资料，积累多了后，也可以按剪贴内容装订成册。这些资料保存年代愈久，价值也愈大。

值得一提的是，随着科技的进步与发展，电脑多媒体的普及运用，数字化革命，将更有利于建立现代化的信息和资料库，为今后相关内容的报道积累和提供可供直接使用的资料。记者写的每条稿件和收集的有关资料，均可直接通过电脑保存，为今后相关主题的报道提供背景材料。看的时候，还可以直接通过电脑剪贴归纳制作索引，既省时节力，又快捷方便。

四、记者在资料积累中应注意的问题

(一)注意资料提供者的权威性,确保资料的真实性和准确性

只有准确、真实的资料才具有说服力。要保证资料的准确度，就要注意资料提供者的权威性。正确的资料来源是可靠性的保障。资料应出自正规的、正式的渠道，提供者应具有权威性，对所提供的信息有足够的了解和充分的理解，具有发言权。资料转手的次数要尽可能少，第一手资料是最可靠的。如果我们想知道某方面的政策，就最好看一看相关部门的正式文本。要了解发

生了什么，就应去问一问在场的目击者。要知道某一学科的最新发展，就应去引用学科带头人或专门研究者的讲话和文章。

（二）注意资料的原始出处

对于资料的出处，比如是在什么报刊上发表的，什么出版社出版的书，一定要弄准确。只有注意资料的原始出处，才能了解事件或人物的整体情况和真实面目，避免因多次转抄造成的误差。

（三）注意资料出版的年、月、日和书的版本

资料的出版日期是一个相当重要的因素。尤其是一些报刊、杂志上发表的文章，如果在引用资料的时候遇到一些不清楚的地方，可以追根溯源，再去查个究竟。但如果没有年、月、日的记载，要想再查的时候就无从着手。另外，书的版本也是不能忽略的因素，一定要注明是初版还是再版。

（四）如资料是文件，则应注意是草案还是正式文件

同一个文件，草案与正式文件肯定存在差异，一定要弄清楚，不能马虎从事。

第三节 树立随时积累的观念，养成经常积累的习惯，不断提高新闻采访水平

一、采访中积累资料贵在经常进行

要经常翻阅、及时整理。旧资料用新资料代替，单一的材料要不断补充，交叉的材料要适当调整。

资料积累是一项长期的艰苦的工作，必须循序渐进、日积月累。想一口吃个胖子是不行的。首先，资料的来源十分广泛，记者不可能一天之内全部碰上，只能今天碰一些，明天看一点，有了就马上把它留住。其次，社会每时每刻都有新的事情发生，旧

的情况也在不断变化和发展。资料的产生伴随着世界的发展，永不停息，没有尽头。因此资料的积累也是永无止境的。同时，记者的工作十分繁忙，整天忙采访、赶稿子，常常是急就章，难得有时间专门收集资料。只有做个有心人，随时收集有价值的东西，才能不断丰富，取得成效。

二、要有持之以恒的精神，注意“三结合”

积累资料决不能“三天打鱼，两天晒网，”必须长期坚持，随时进行，才能使积累的资料越来越丰富，为采访和报道打好基础。记者在积累资料的过程，还要注意“三结合”。一是把死资料和活资料结合，相互补充、应用。二是专和博结合，既要根据自己的报道方向有一定的专业知识，又要对其他行业和学科有广泛涉猎。尽可能丰富地累积材料。三是把个人的积累和充分利用图书馆、资料室相结合。个人的积累是有限的，由于精力、财力不足，很难做到全面、完整地储存资料，很多时候还需要进图书馆或资料室查阅资料。对于记者来说，报社的资料室往往收集了长期以来各种报刊的合订本，尤其有用。另外，记者还应该将个人的积累与网络中强大的采编资料数据库相结合，利用信息高速公路实现节省、高效、动向的信息处理。

三、积累的资料贵在用，要善于把资料用在自己的报道中

如果只顾收集积累资料，而不懂得在恰当的时机运用资料，那么资料积累也就失去了它的意义。在报道中，记者要充分运用背景资料，这样不但可以增加新闻的“厚度”，还能增加新闻的可读性。有的资料会成为突出新闻主题的画龙点睛之笔。如果记者不及时运用，就会错过很多将报道写得深入的良机，从而造成遗憾。

四、积累的资料贵在交流

21世纪将是一个信息共享的世纪，资料的积累和信息的存储，将在人们生活中发挥越来越大的作用，而信息交流与共享将是不可替代的发展趋势。因此，只有实现记者与记者之间、新闻单位之间，以及新闻单位与其他行业之间的资料交流，记者的采写业务工作才更能适应时代的需求。1998年下半年，中新社建立了巨大数据信息库，广泛为中新社的记者提供各种各样的背景资料，这对于中新社采写海内外的新闻事件，作深度报道起了立竿见影的作用，记者从事深度报道时的劳动强度大大减轻了。[23]

注释：

①《中外新闻采写借鉴与集成》。

②黎信：《广西日报通讯》,《谈西方记者的基本功》,1981年6期增刊。

③孙世恺：《怎样采访新闻》，北京出版社1989年。

④黎信：《美国记者的新闻采访》，《吉林日报通讯》1986年9期。

⑤孙世恺：《“烘云托月”有哪些》,《新闻采访写作》1999年6期。

⑥孙世恺：《背景材料从何而来》，《新闻采访写作》1999年4期。

⑦寿跃进，姜雨楠译：《采访技巧》，约翰·布雷迪(美)中国新闻出版社1985年。

⑧顾行：《谈谈记者的基本功》,《新闻采访与写作》1986年。

⑨《中外新闻借鉴与集成》，第114页。

⑩尹德刚，刘海贵：《新闻采访写作新编》，复旦大学出版社1999年。

⑪《中外新闻采写借鉴与集成》，浙江教育出版社。
⑫邱沛篁主编：《新闻采写手册》，四川辞书出版社。
⑬邱沛篁主编：《新闻采写手册》，四川辞书出版社。
⑭《中外新闻采写借鉴与集成》。
⑮《新闻采写手册》。
⑯《中外新闻采写借鉴与集成》。
⑰《中外新闻采写借鉴与集成》。
⑱《中外新闻采写借鉴与集成》。
⑲《中外新闻采写借鉴与集成》。
⑳孙世恺：《怎样采访新闻》，北京出版社
㉑孙世恺：《怎样采访新闻》，北京出版社
㉒刘立华：《新闻资料是记者写作的好帮手》,《新闻记者》1996年第1期。
㉓《新闻业务的数字化革命》,《新闻记者》1998年4期。

◀思考题▶

1. 资料积累在新闻采访工作中有哪些重要作用?
2. 新闻采访中的资料积累工作，应当从哪些渠道去获得资料来源?
3. 记者进行资料积累有哪些主要方法?
4. 记者在资料积累工作中应注意哪些问题?

第十一章
新闻采访与现代科技

当今，我们正处在一个信息爆炸的时代，每天都在快速生长，也在迅速换代消亡的各类科技化信息充斥着我们生活的每一份空间，并左右着生活在现代社会的人们的方方面面。自然，生存于当今社会环境中的大众传播事业，也同样摆脱不了现代科技对它的巨大影响。作为大众传播活动中最为初始，也是最为重要环节的采访活动，就更是与现代科技有着密切的联系。

第一节　现代科技决定了当代社会的发展方向

现代科技的发展，正越来越主宰着当代社会的发展方向。科学技术已成为当今社会发展舞台上的主角。对科学技术的资源占有率与有效利用程度，往往成为决定国家与民族的兴衰和发展程度的关键性要素。有若干资料统计显示，西方的一些发达国家在20世纪初时，科技进步因素对国民经济生产总值的贡献份额仅占5%～20%；在第二次世界大战后的50年代，随着高技术产业的发展，其比重逐渐达到和超过了50%；到了80年代，其比重已经高达60%～70%。[①]现在则上升到80%左右。[②]邓小平同志早在20世纪90年代初期，就已精辟地指出“科学技术是生产力，而且是第一生产力”。

以新的材料技术、信息技术、空间技术、海洋技术、生物工程技术、微电子技术等为核心的高新技术产业的发展与兴旺，已使社会发展的内容从传统的物质经济向信息经济转化。在发达国家，信息产业正在取代钢铁、造船、汽车、石油等传统战略产业，而处于整个社会产业群中的“领军者”地位。在世界经济最为发达的美国，1997年时，第一产业的比重已小于整个社会产业结构的3%，第二产业小于30%，第三产业(以金融、信息、教育、科技为代表的知识型产业)则占70%以上。[③]与之相对应的是，信息产业部门的劳动力，在经济发达国家的社会就业结构中的比重，在20世纪90年代，即达到60%左右。[④]作为高科技形象象征的电脑业巨富——比尔·盖茨，在20世纪90年代后期，连续三年居于美国《福布斯》杂志公布的全美富豪排行榜的首位。其资产的平均增长速度为每周4亿美元。他所创建的微软公司的股票市值已超过了通用、福特、克莱斯勒三大汽车公司股票市值的总和。与上世纪80年代初期，全美富豪榜中前10位里有8位为石油大王形成鲜明对比，90年代末期，在全美排名前6位的富豪中，有5位都是从事电脑与软件产业的人。[⑤]

同样在全球经济最为发达的美国，高新技术产业对美国经济增长的贡献率已达55%以上，而建筑业为14%，汽车业仅为4%。[⑥]现代科技正在各个方面向我们显示着它将要对人类社会产生出巨大影响。在相当程度上讲，现代科技正成为当代社会生存的必不可少的决定性资源，它从各个方面渗入并改造着当今世界。可以毫不夸张地说，现代科技已成为当今社会向前发展的“导航塔”与“风向标”，它决定了整个地球人类的发展趋向。

第二节 大众传媒对现代科技的传播负有神圣的使命

现代科技要成为社会发展的决定性要素，要迅速转化为“第一生产力”，就必须要与生活在社会中的人相结合。现代科技必须成为“大众化”的现代科技，才有它的生存价值。没有“人文精神”与“人文特性”的现代科技只能是科学实验室中的摆设，或其发明者的“孤赏之物”。大众传媒的使命与任务就是要在传播活动中创造出现代科技的良好生存土壤与环境。

现代科技对生存环境的需求是全方位的，既包括对技术创造者的要求，当然更包括对技术的应用者与受益者的要求。就现实而言，现代科技已发展成拥有数千个知识领域的庞大知识体系，早在 20 世纪 80 年代，科学知识每年的增长率即已达到 12.5%，全世界每天发表的包含新知识的论文有 1.4 万篇，登记的发明专利近 900 件，每分钟就有一本新书被放到书店的销售架上。有人做过这样的统计：科学家们即使夜以继日的工作，所能阅读的本专业的出版物也不会超过总量的 5%。[7]因而大众传媒在现代科技的人文生存环境的培育上，所要承担的首项任务就是要为科技工作者创造出良好的信息发布与信息交流的环境。现代科技发展的复杂性与整体联系性，使得研发者不得不比以往的任何时候都更加关注其他相关领域，甚至可能是并无最直接联系的科学领域。因为现代科技的内容，在当今的内涵表现上都比以往要更为复杂化，更为专业化。依靠科技研发者自身或较小群体的内部力量均无法很好解决由这样的特性所带来的相关问题，而大众传媒活动的规律化、扩散性特点，恰恰可以在这方面发挥出很好的作用，弥补其他交流形式的相应缺陷。它不仅可以在现代科技的内容传播过程中，使得现代科技的研发者们能有更为便利实用的技术信息读解通道，而且可以使研发者们在经常的信息交流与碰撞中产生出“超值思维”，即更为广阔的创造思路与更为活跃的创造行为，从而带动整个社会的科技创造活动的经常化、规模化、效益化。

当然，大众传媒在现代科技传播中更为重要的另一个作用，是通过对现代科技内容的传播，来提高整个社会的科学认知水平与科技应用能力。

正如现代科技的发明创造需要一个良好的土壤一样，现代科技的有益利用，更需要拥有一个适宜的环境。而社会大众或是社会众多劳动者，对现代科技的认同、认知程度，有效运用能力，则是构成这一环境的决定性要素。现代科技的发明与应用，其根本目的在于提高社会生产效率，增加社会的财富总量。效率的实现、财富的积累，均离不开劳动者的参与。而在现代科技条件下的社会化大生产中，劳动中智力支出的比例越来越高。有资料显示，在发达国家中，“智力支出在不同技术水平的生产中与体力劳动的比值，在初等机械化生产中为2:8，在中等机械化生产中为6:4，在自动化生产中则为8:2。[⑧]现代科技在生产中的作用与影响，已在发达国家中完全改变了社会劳动者的结构比例。美国的研究机构预测，在美国目前500万传统的“蓝领”机器操作工人中间，就业人数将下降16%，“白领”阶层中的企业行政和管理人中，专业工作者和技术人员等受过高等教育知识分子，预计到2000年将占全部就业人数的27%以上。日本的经济学家也在20世纪末就做过预测，到2000年，日本劳动者每3人中将有2个在第三产业工作。[⑨]而前苏联在解体前曾做过的研究表明，在1960—1977年期间，工人文化水平提高1%，社会劳动生产率相应提高14%。[⑩]由此可见，劳动者的科技认知与科技应用能力正越来越在现代生产力的发展中占有不可忽视的地位。因此，大众传媒，尤其是新闻采访者在传播活动中应自觉确立自身在现代科技传播方面的责任与义务。通过大众传播媒介，将最新的科技发明、科技成就、科技知识迅速传递给社会大众，以期在最短的周期内，使相应的科技传播内容产生最为广泛的社会影响与社会效应。在科技认知及应用水平与发达国家均有一定差距的中国，坚持大众传媒在现代科技传播中的责任与义务这一基本点，具有更为紧迫的现实性以及更为深远的历史性意义。

第三节　现代科技要求新闻记者拥有科学的头脑与方法

在大众传播活动中，传播内容的科学性与真实性，是影响传播效果与质量的决定性要素。而传播内容的科学与真实与否，则又是由传播者所决定的。作为传播活动首要环节的新闻记者，在传播内容的科学性确定方面，更是拥有不可忽视的决定性作用。

现代科技技术的发展已进入到一个高速发展的循环周期，科技的门类与科技内容的联系与融通，均超出了以往的任何时代。面对精彩纷呈的现代科技世界，新闻采访者首先要拥有科学的素养与态度作前提，以避免出现采访报道内容的信息失真，甚至“信息污染”。

科学的素养与态度，首先要求新闻记者具有进行采访与报道活动所要求的科学的思维及认识能力。面对在不断解决疑问也在不断制造疑问的现代科技的发展状况，记者要保持科学而清醒的头脑。既不能被由于科技发展所带来的视野扩大，进而造成的众多疑惑所迷惑，陷入“科学神秘主义”的迷网，对受众用科学来传播“科学迷信主义”的思想；也不能对日新月异的科技发展现象熟视无睹，听之任之，放弃自己面对社会、面向大众的科技传播责任。

合格的记者，应该在繁杂的科技信息世界中，用热爱科学、尊重科学的精神作为采访活动的行动指南。用丰富的科学知识作为采访活动的行动武器，并通过“指南”与“武器”的有机结合，在浩瀚的科技海洋中捕捉到最具传播价值的信息，然后赋予其“人文主义”的精神特性，再通过有效的大众传播渠道将其内容迅速传递到广大受众之中。最终达到传播科技、利用科技，让现代科技更多更好地为人类服务的目的。

除了科学的素养与态度外，新闻记者在科技信息传播尤其是在面向大众进行的科技信息的传播中，更应该注意传播内容采集与编成过程中的技巧和方法。正如前文所述，记者所面对的科技信息的传播受众主要为科技工作者与社会大众两个群落。无论对于哪一类的受众，传播者的目的都是一致的，即希望自身传播的信息被受众所认识、所接受、所利用。毫无疑问的是现代科技发展到今天，其专门化和密集化，已达到前所未有的程度。要使受众面对科技信息的传播要“听得进，看得懂”，记者必须要在信息与传播的技巧与方法上下功夫，要使自己所采访、所传播的内容取得真正的传播效应。

采访与报道的切入点，是新闻记者在科技信息传播时必须注意的首要问题。就是说，在科技信息的采访与报道中必须要先有个受众定位的观念在里面，即先要确定哪些人来关注你所传播的内容。面对不同的受众群，要采用不同的内容选择不同的表现形式。

简单地说，面向科技工作者所进行的科技信息采访与传播的内容方面要讲究科学性、全面性、细致性，要对采访报道的内容讲清、讲全、讲透。让受众在传受过程中能“触类旁通”，有所借鉴，有较多的直接收益。而在采访报道的形式与方法上，则要讲究严密性与关键性，要让已具有相应专业知识的受众首先从形式上融入到报道内容之中，然后通过对报道内容中关键性信息的了解，使其在传受过程中完成相当程度上彼此间无形或有形的交流与对话，达到交互与信息增值的目的。

而面对社会大众的科技信息采访与报道，则要讲究通俗性与贴近性。社会大众对科技信息的关注，往往都是从与之相关的事物开始的。因而贴近性是新闻采访者在面对大众进行科技信息采访与传播时的首要决定性因素。所以在面对这部分受众的采访报道中，应该选择那些与大众生活息息相关，或将改变社会生产方式及结构的科技内容。以确定受众对传播内容的认同感，让其在不断地新鲜感与吸引力中愉悦地接受传播内容。当然仅有内容的贴近还远远不够，在采访与报道的形式方法上，更要讲究大众性、通俗性。由于我们对社会大众进行科技信息传播的目的，在于提高整个社会的科学精神和科技运用能力。因此，对大众的科技传播而言，首先要让大众能接收并吸收，才能确立传播成功的前提。这就要求记者必须拥有相应的知识理解能力，以及文字处理与语言表达能力，在不改变科技与传播内容中科学理论原理的基础上，使科技信息传播内容通俗化、大众化，真正搭建起深奥科技知识及信息与大众通俗化理解性之间的桥梁，从而提升整个社会的现代科技修养，培育出现代科技适宜的生存土壤。

第四节　现代科技为新闻采访提供了广阔的空间

大众传播业从诞生的那天起，就与整个社会的生产力及科技发展水平紧密地联系在一起。面对现代科技的飞速发展，处于当代的大众传播业也不例外。目前，在大众传播业中，现代科技影响的最具有代表性的表现，是 20 世纪 80 年代以后出现的以数字技术为代表的信息传播新技术的广泛应用，给大众传播带来的全面革命。这场革命几乎触及了传统大众传媒中的各个部分，包括传播观念、传播形式及传受关系，新闻采访业务也不可避免地在这场革命中受到了本质性影响。

以数字技术为代表的现代科技在新闻采访中的广泛应用，首先改变了采访的观念与方式。在传统的采访活动中，采访工作与编辑、传播工作总是在延时状态下进行的，因为需要有对信息进行传输与加工的时间与相应“工序”。但数字技术出现后，首先改变了信息加工手段及加工过程。

在“无纸化”时代，文字记者使用便携式笔记本电脑就可以完成新闻现场的采访及初步编辑工作。还可通过数字网络将采编内容瞬时远距离发回自己的传播媒体或传播目标。摄影记者也可用数码相机来摄取新闻现场图片，并可直接通过数字网络实现图片内容的保质性传输。电波媒介的采访者，更是在传播技术数字化的浪潮中受益匪浅。数字式录音机、数字式摄像机、硬盘式数字录像机，不仅使电波媒介的采访者，在更为便利的条件下，更为快捷地采集到质量更高的音、视频信号，而且可以让他们在数字化的制作环境下，充分利用新技术所带来的广阔创作空间，进行相应的创作加工，让其受众得到更为愉悦的信息享受。

数字化的传播状态，使信息的瞬间性完全传递成为现实，于是受众得到了越来越多的最短时间内，甚至是即时的信息传播。受众在印刷媒介上看到了比以往更多的“强时效性”报道，受众在电波媒介上看(听)到了越来越多的现场直播。而且内容从国际、国内大事到一条小小的社会消息无所不有。

数字化的工作状态，也使记者的工作过程更为便利简化。因为数字网络可以为你提供令你绝对满意的大部分便利，从背景资料到采访内容的资源共享，都可以在最短时间内在网络上加以解决。另一个便利条件还在于采访者可以在数字式的“非线性”环境下，对采访内容进行自己想要进行的各种修改，不仅耗费的时间比以往大大缩短，而且还基本上“不留痕迹”。

现代科技的应用，也使新闻采访有了较以往更多、更贴近报道内容主体的采访形式。因为现代科技在采访工具上的应用，使采访手段更多样化、更隐蔽化，也给采访者的活动提供了更大的空间。如在现代采访中正被越来越多使用的隐性采访、体验采访等方式，就广泛采用了数字化的各种工具，并使其采访报道内容不断获得轰动性成功。设想，如果没有现代科技条件下新的采访工具的支持，采访者就不可能在最为自然，不被采访者发现，不对被采访环境造成任何影响的状态下，进行正常的采访活动，新的采访形式和采访观念也就不可能蓬勃产生，更不可能被迅速应用并不断发展。

现代科技在采访活动中的广泛应用，也对新闻记者提出更新更高的职业要求。首先，记者必须拥有掌握和使用新的采访技术设备的能力。如对计算机技术、网络技术的掌握与运用。其次，他们还必须拥有与数字化传播模式相适应的传播观念。随着网络媒体的不断增长，以及传统媒体网络化倾向的不断加强，在传统大众传媒环境下的众多传播观念也随之改变。如受众日趋个性化、群落化，信息流通的双向化、交互化等，都要求采访者要加以适应，并很好地运用，否则所采访报道的信息内容便无法被受众与市场接受。

现代科技与大众传播的结合正以更加紧密的趋势向前发展，它也必将对大众传播事业带来更多更新的发展变化和发展内容。同时，大众传播也必将与现代科技保持更为密切的互动关系。新闻记者在现代科技环境中，应该担负起科技传播先行者的责任，适应并充分利用现代科技条件下的传播技术与观念，在现代科技社会中扮演好自己应该具有的角色。

注释：

①魏宏森：《科学技术对社会生产力发展的作用——从“生产力”到“第一生产力”》，《科技传播研究》，清华大学出版社1996年3月版。

②黄亚钧：《知识经济论》,山西经济出版社1998年7月版。

③莫童：《加入世贸意味着什么?影响中国经济与百姓生活的22个方面》，中国城市出版社1999年9月版。

④莫童：《加入世贸意味着什么?影响中国经济与百姓生活的22个方面》，中国城市出版社1999年9月版。

⑤黄亚钧：《知识经济论》,山西经济出版社1998年7月版。

⑥黄亚钧：《知识经济论》,山西经济出版社1998年7月版。

⑦翟生金：《科学传播学：一个等待开拓的研究领域》,《科技传播研究》，清华大学出版社1996年3月版。

⑧魏宏森：《科学技术对社会生产力发展的作用——从“生产力”到“第一生产力”》，《科技传播研究》，清华大学出版社1996年3月版。

⑨黄亚钧：《知识经济论》,山西经济出版社1998年7月版。

⑩魏宏森：《科学技术对社会生产力发展的作用——从“生产力”到“第一生产力”》，《科技传播研究》，清华大学出版社1996年3月版。

◀思考题▶

1. 为什么说现代科技的发展，要求记者必须拥有科学的头脑和方法?
2. 大众传媒在现代科技的传播中具有哪些重要职责与作用?
3. 现代科技的发展，对新闻采访工作带来哪些重要影响?
4. 记者应当怎样更好地报道现代科技，推动科技事业更加迅猛发展?

第十二章 新闻采访与新闻法规政策

新闻采访与新闻法规政策是两个互为联系、关系密切的结合体。新闻采访作为一项具体的实践活动，受到一定意识形态指导下的法规政策的影响、指导、约束；同时，一定意识形态指导下的法规政策又须通过新闻采访才能得到反映实现。法规政策对新闻采访有两个方面的制约功能：一是管理性，明确指出采访报道的范围、界限，能采访报道什么，不能采访报道什么；二是指导性，指出在一定的范围、界限内怎样去进行采访报道，引导和采访报道的内容方向。

在我国，新闻采访与法规政策存在着宏观和微观两重关系。在宏观上，党和国家的大政方针，对新闻采访有指导性作用、导向性作用；在微观上，党和国家有关新闻的法规政策对新闻采访有着管理作用、制约作用。

法规政策是对新闻采访的一种规范和约束，反映和体现出一定阶级的意志。按照马克思主义的观点，上层建筑建立在一定社会的经济基础上，又反作用于经济基础。新闻事业作为上层建筑的一部分，既建立于一定社会的经济基础之上，又直接为经济基础服务。在阶级社会里，新闻自产生便具有强烈的阶级性和政治性。一方面，它是一定的阶级和社会集团用以夺取政权、巩固政权，进行政治斗争、思想领域斗争的锐利工具；另一方面，它又是一定阶级意识形态的综合反映，体现出一定阶级的世界观，代表一定阶级的利益。尽管新闻活动的形式与其他政治活动的方式有不同之处，但它们为经济基础服务的目的却是共同的。无论是无产阶级，还是资产阶级，都将使用新闻来宣传本阶级政党的理论、路线、方针、政策，同时，又用政党的理论来指导新闻的实践，这就构建了新闻活动与一定阶级、政党、国家在政治上、法规政策上的特殊关系。

我们的国家是工人阶级领导的、以工农联盟为基础的人民民主专政的社会主义国家，中国共产党是这个国家的领导核心，与之同步成长，发展起来的新闻事业，无疑同中国共产党和中华人民共和国有着密不可分的关系。新闻采访活动是新闻事业的一部分，自然与党和国家的法规政策有着分割不开的联系，具体表现在：新闻采访要受党和国家的新闻法规政策的约束，采访报道的题材选择要在党和国家的政策法规指导下进行，采访报道的内容应与推动社会生产力的发展和生产关系的改进相关等等。

在具体的新闻采访活动中，新闻报道者如果能够清楚认识新闻采访与新闻法规政策两者之间的关系，摸清楚两者之间的规律，对于做好新闻采访工作有着重要的积极的意义。

第一节　新闻采访必须遵循党和国家的新闻法规政策

新闻采访必须遵循党和国家的新闻法规政策，是新闻报道者在新闻采访活动中应恪守的一条基本原则。为什么要遵循?怎样去遵循?需要新闻报道者深入地认识理解。新闻报道者只有把握了其本质特点，才能在新闻采访中由强制性、被动性的约束转变成为主动性的接受，并自觉地转变为一种指导思想，指导自己的采访活动，防止出现违反新闻法规政策的现象。

一、新闻的阶级性原则和党性原则，决定新闻采访必须遵循党和国家的新闻法规政策

(一)新闻的阶级性原则，决定新闻采访必须遵循党和国家的新闻法规政策

在阶级社会中，新闻含有一定的阶级性。从新闻报道者个体考察，在一定的阶级社会中，由于个人所处的地位和取得的利益不同，其观察认识问题和处理问题的立场、方法、观点就不一样。新闻报道者个体作为社会存在的具体个人，他在选择报道新闻事实时，难免带有个体所处社会地位的思想意识、感情倾向，表现出一部分社会群体的意志。

从新闻事业本身产生、发展过程来考察，新闻事业作为上层建筑的一部分，从产生之日起，就不可避免地带有一定社会的阶级属性。我国唐代的邸报，是世界上公认的最早的手抄报纸，传递的信息，大多是有关封建统治阶级的政治经济活动。资本主义社会制度在世界上建立以来，新闻事业伴随社会进步、科技进步的大发展，逐渐地形成一个较为独立的系统，更为强烈鲜明地表现出其阶级属性。新闻传播工具掌握在谁手里，为谁服务，都成为敌对阶级相互之间十分重视的问题。同时，新闻传播工具也必然被掌握在一定的阶级或社会集团手中，并服务于一定的阶级或社会集团，有一定的倾向性。

新闻报道者这一个体介入新闻事业的整体中，由于报道者个体所处的社会位置和所在新闻机构从属的阶级团体，自然会受到阶级的影响，新闻采访活动也必然要受到一定阶级利益的束缚和制约。鉴于此，新闻采访必须遵循党和国家的新闻法规政策。

(二)新闻的党性原则，决定新闻采访必须遵循党和国家的新

闻法规政策

党性是阶级性的集中体现，是阶级斗争发展到高层次的产物，新闻的党性原则实际上也是新闻阶级性的集中体现。在阶级社会中，阶级通过一个核心集团来表现自身的意志，尤其是在现代文明国家内，阶级通常通过政党来实现领导、代表不同集团和阶级的利益，反映不同集团和阶级的要求。虽然不同阶级的政党有不同的党性，但从党性一般性原则来看，党性都是为本阶级利益服务的。

新闻机构作为一定政党集团支配的舆论和传媒工具，具有强烈的阶级倾向性，同时，也具有鲜明的党性。这一党性原则在新闻中具体表现为：站在本阶级的立场上，宣传本阶级的立场观点，遵循本阶级的路线、方针和新闻政策去报道新闻，引导舆论，形成对本阶级有利的舆论环境。这一党性原则也顺理成章地对新闻采访活动产生制约和影响。新闻采访中新闻报道者采访什么内容，选择哪些事实，都会充分体现出党性原则，体现出政党和国家法规政策所要求的报道准则。

(三)无产阶级新闻事业的党性原则，要求新闻采访必须遵循党和国家的新闻法规政策

无产阶级新闻事业的党性原则，就是公开宣称新闻具有鲜明阶级属性和党性，强调无产阶级新闻事业就是要为本阶级利益服务。

我们的国家是工人阶级领导的以工农联盟为基础的人民民主专政的社会主义国家，新闻事业是共产党领导下的社会主义建设事业的组成部分。作为党的新闻工作者，应该接受党性原则的指导，执行党和国家的新闻法规政策。国家新闻出版署在1990年12月颁布的《报纸管理暂行规定》中明确提出："我国的报纸事业是中国共产党领导的新闻事业的重要组成部分，必须坚持为社会主义服务、为人民服务的基本方针，坚持以社会效益为最高

准则，宣传马克思列宁主义、毛泽东思想，宣传中国共产党和中华人民共和国政府的方针和政策，传播信息和科学技术、文化知识，为人民群众提供健康的娱乐；反映人民群众的意见和建议，发挥新闻舆论的监督作用。”在新闻采访活动中，新闻报道者应自觉按照党和国家的法规政策办事，增强党性观念，在思想上，要以党的理论、路线、方针作为新闻采访工作的准绳，学习把握好党的理论、路线、方针，领会其精神实质，坚持马克思主义的辩证唯物主义、历史唯物主义的世界观方法论，坚持一切从实际出发，实事求是的科学态度，自觉地宣传马克思主义，宣传党的理论基础和思想体系，宣传党的方针、政策、纲领、决议。在政治上，要与党中央保持一致，深入实际，密切联系群众，正确客观地分析形势，正确引导舆论，全心全意为人民服务，切实反映人民群众的意见、要求、批评、建议，真正把党的理论、纲领、路线、方针、政策转变成为人民群众的自觉行动，使人民群众为自己的利益，为社会主义而奋斗。在组织上，自觉接受党的领导，遵守宪法，遵守新闻法规政策。

二、新闻采访应当遵守党和国家的新闻法规政策

(一)新闻采访活动必须在我国宪法范围内进行

《中华人民共和国宪法》第三十五条规定：“中华人民共和国公民有言论、出版、集会、结社、游行、示威的自由。”这为公民提供了正当的舆论自由的权利。但同时又规定：“第五十一条：中华人民共和国公民在行使自由和权利的时候，不得损害国家的、社会的、集体的利益和其他公民的合法的自由和权利。”“第五十三条：中华人民共和国公民必须遵守宪法和法律，保守国家秘密，爱护公共财产，遵守劳动纪律，遵守公共秩序，尊重社会公德。”这又对公民在行使自由和权利时，提出了法律上的要求。新闻报道者在行使自己新闻采访报道的自由和权利时，首

先应作为国家公民身份出现，履行公民的法律义务和权利，遵守宪法准则。新闻报道者在宪法范围内从事新闻采访活动，既可保障自身的正当权利不受侵犯，保证新闻采访活动的正常进行，又可限制和制裁滥用新闻自由的行为和侵犯他人、伤害他人利益的行为，保证新闻报道的公正性和准确性。

在国外，尤其在西方资本主义国家，因新闻采访报道把握不好，侵犯其他公民权利，引起官司诉讼的事常有发生。在我国，随着社会主义民主与法制的不断发展、进步、完善，公民或团体运用法律保护自己的利益不受来自各方面侵害的意识越来越强。如果报道者不注意遵守宪法，在宪法规定的范围内进行采访活动，自行其是，伤害他人、团体或国家利益，就难免面对新闻官司。1989 年下半年，四川某电视台曾有过一则报道，内容大致是四川省落实中央指示整顿各种官办公司见到成效，电视新闻在提到了已清理整顿下来多少家公司时，画面上出现了一些被清理整顿公司的招牌，该新闻在中央电视台《新闻联播》栏目中播出。新闻播放后，第二天，有一家公司就写了一份状纸，送到该电视台，状告该电视台损害了该公司的商业利益，要求赔偿几百万元的经济损失。经过调查了解，是该台记者采访不深入扎实造成的。记者采访这条新闻时，自以为是的在街上拍了些公司招牌的画面，就播发消息，谁知被拍的有些公司属于正常经营，不在整顿之列，那家告状公司便是属于正常经营。消息播发后，这家公司经济上蒙受损失，它在全国的一些客户看到报道，认为这家公司行将关闭，立即退货，解除合同。公司由于经济利益受到损失，自然要状告电视台。后来，该电视台经过反复道歉和采取一些补救措施，各方调解，才免于经济赔偿。

近年来，因新闻伤害被报道对象的名誉、利益而对簿公堂的情况，在国内也时有发生，这都给新闻采访报道者提出了警示，新闻采访报道一定要遵守宪法法律的规定。

(二)新闻采访要遵照党和国家的新闻法规政策

建国以来，我国没有专门制订一部新闻法，也缺乏一份十分完整的新闻政策法规性条例，一直以党和国家的有关新闻的政策条文来指导管理新闻机构，指导新闻采访报道活动。

1982年1月29日，中共中央在《关于当前报刊新闻广播宣传方针的决定》中提出："报刊、新闻、广播、电视是党的舆论机关，要加强组织纪律性，必须无条件地同中央保持政治上的一致，不允许发表与中央路线、方针、政策相违背的言论。必须接受和服从党的领导，凡是涉及党的路线、方针、政策以及重大政治性的理论问题，对外必须统一于党中央的决定和口径，与党的步调一致，不得各行其是。"② 1987年3月29日，中共中央在《关于坚决、妥善地做好报纸刊物整顿工作的通知》中指出："有关报刊的工作人员必须无条件地宣传党和政府的路线、方针、政策，坚持把社会效益放在首位，绝不能借口'新闻自由'、'文责自负'和单纯追求'经济效益'而任意发表错误的和有害的东西，更不允许利用所掌握的舆论工具宣传反对党的政治主张。"③这些都是新闻报道者在新闻采访报道活动中应遵照的政策原则，绝对不能随意违背和超越，一旦跨越界线，就易导致新闻采访活动的失误，蒙受伤人害己的损失。

(三)新闻采访中，自觉执行新闻法规政策，接受新闻法规政策的约束

新闻采访中执行新闻法规政策，首先是要按照党和国家对新闻的原则要求，无条件地宣传党和国家的路线、方针、政策，坚持把社会效益放在首位，宣传党在建设有中国特色社会主义新时期中，坚持以经济建设为中心、改革开放、坚持四项基本原则的路线。新闻采访题材、内容的选择也要有利于推进改革开放，建立社会主义市场经济体制，发展生产力，有利于加强社会主义精神文明建设和民主法制建设；有利于国家稳定，民族团结，人民

生活水平提高，社会进步。

第二，要坚决执行新闻法规政策和纪律，做到有令即行，令行禁止，尤其在重大问题上，切忌有令不行，有令不止，产生误导。新闻采访报道可以传播正确的内容，也可能传播出错误的内容，如果不注意执行新闻法规政策，不注意每一时期的不同报道要求，就容易脱离实际，偏离方向，可能助长社会实际生活中一些错误落后的倾向，抑制正确先进的事物发展，传播报道出不利于社会主义事业发展，阻碍社会进步的内容。

第三，坚决反对自由化倾向。新闻采访的绝对自由是不存在的，新闻采访的自由化倾向，不仅会违反党和国家的新闻法规政策，也会违背新闻的本质属性。

世界上许多国家都有关于新闻的政策、法律性质的条款，对新闻自由进行了限制。如 1948 年联合国新闻自由会议通过的决议中指出："发表的自由亦有相对的义务与责任。"决议列举了当时许多国家都公认的十条限制事项，其中有：①为国家安全应守秘密之事项；②意图煽动他人以暴力变动政府制度或扰乱治安者；③有意欺骗者。美国报纸编辑人协会制定的道德律中提到："新闻自由，提醒这种自由的前提是社会责任与国家安全。"[④] 上述有关条款，都对新闻自由给予了制约，明确地规定了哪些新闻事实可以采访报道，哪些新闻事实不能采访报道，如果报道者要突破这种限制和制约，就肯定会受到政治的、经济的、法律的等相关诸方面的制裁。

西方资产阶级新闻学观点常常标榜西方的"新闻自由"，美国资产阶级也常常吹捧美国宪法是保护新闻出版自由的，但现实却大大相反。20 世纪 50 年代，美国政府曾经支持参议员麦卡锡，在美国开展迫害共产党人和进步人士的调查活动，当时纽约时报有些记者也受牵连，其中受到迫害的人曾用宪法第五条修正案作护身符，拒绝回答调查人的讯问。但这些遵守宪法的记者，还是被报社的老板解雇了。

在旧中国，国民党统治时期，曾把新闻记者称为“无冕之王”、“布衣宰相”，似乎记者可以成为超越国家政权之上的自由人士，但是，当记者是共产党员、爱国者、进步人士时，这种自由就完全消失了，甚至有入狱、砍头的危险。

事实上，绝对的新闻自由是不存在的，连资产阶级报刊的新闻自由主义理论，也伴随资本主义从自由竞争走向垄断的过程中，被资产阶级报刊自己的新闻“社会责任论”所取代。所谓超越社会之上的新闻自由，是使新闻报道者凌驾于社会，左右他人，形成一种对他人的优越感、指挥感，对社会政治的驾驭感，这种新闻自由也不可能实现新闻报道上的客观公正，也将违背新闻的本质属性。

三、我国新闻采访工作应注意把握的限制性规定

我国没有一部专门的新闻法规，但党和国家为了社会的稳定、进步、发展，为了人民群众的利益不受损害，明确地提出了一些相关的法规政策，要求新闻宣传党和国家的路线、方针、政策，宣传人民群众进行社会主义实践活动的热情，宣传社会主义事业所取得的成就等等。同时，又对新闻采访报道活动作了相应的规范，防止新闻报道产生不良的影响和后果。在新闻采访中，新闻报道者了解和把握这些规范，大有裨益。

1990 年 12 月 25 日，我国新闻出版署在《报纸管理暂行规定》中提出：“任何报纸不得刊载下列内容：①煽动抗拒、破坏宪法和法律实施的；②煽动颠覆人民民主专政政权和破坏社会主义制度、分裂国家或煽动叛乱、暴乱的；③煽动反对中国共产党领导的；④泄露国家机密，危害国家安全，损害国家利益的；⑤煽动民族、种族歧视或仇视、破坏民族团结的；⑥破坏社会安定和煽动动乱的；⑦宣扬凶杀、淫秽、色情、封建迷信或伪科学，

教唆犯罪或有害青少年身心健康的；⑧诽谤或侮辱他人的；⑨法律禁止刊登的其他内容。”[5]上述条款，不仅对报纸，而且对电台、电视台的新闻采访报道范围和内容都作了明确的、全面的限定。

除了上述总的限定外，国家还通过不同的法规政策对不同行业的新闻采访报道问题作了具体的规定，如：新闻报道不得分割人身权益，司法报道要遵守法律程序，涉及保密的新闻采访，医药卫生报道、股票报道要服从有关管理规定等等。这些规定都需要新闻报道者在日常的采访活动中不断地了解，经常地注意把握。

随着我国的社会主义民主与法制制度的不断完善健全，人民群众都更加深深地认识到使用法律保护自己权力的重要性。新闻记者认真把握好国家的法规政策规定，有利于维护好自己的采访报道权利，以保证新闻采访的顺利进行。

第二节　党和国家的法规政策是新闻采访取得成功的保证

党和国家的法规政策是新闻采访取得成功的保证，这是由法律政策在国家和人民政治、经济生活中的地位所决定的。在我国，党和国家的法规政策对新闻采访有着指导性作用，对新闻采访选取事实有着较大的影响。要顺利地开展新闻采访，获取较大价值的新闻事实，需正确认识和处理好党和国家的法规政策与新闻采访两者之间的关系。

一、党和国家的法规政策指导影响着新闻采访

(一)党和国家的法规政策对国家政治生活的作用，指导影响新闻采访

在阶级社会里，阶级通过政党对国家实行领导，同时，通过政党和国家这一组织形式来制定一系列法规政策，实现阶级的意志，为本阶级利益服务，这就决定了占统治阶级地位的政党及其国家制定的法律政策在国家政治生活中有着举足轻重的作用。任何一项重大法规政策的制定，任何一项法规政策的出台，都反映出统治阶级的意志，都是对社会各阶层、集团利益的调整。而这种调整和变动所涉及的社会各阶层、集团也必然会产生反响，引起社会政治或轻或重的震荡。新闻作为阶级社会发展中一定阶级的产物，作为一定阶级意识形态的反映，必然会受到政党和国家法规政策的指导，参与和报道这一社会事件。同时，新闻作为对新近发生和正在发生的事实的报道，就其本质内涵来说，也不可避免地要反映这一社会政治动态，记录下社会这一历史片断。新闻采访作为整个新闻活动的一部分、一个环节，它受政党和国家法规政策的指导影响就十分显而易见了。

我们的国家是工人阶级领导的、以工农联盟为基础的人民民主专政的社会主义国家，中国共产党是领导核心，代表工人阶级对国家实行政治领导。中国共产党和中华人民共和国代表工人阶级实施意志，制定颁布法规政策，任何法规政策的出台，都将影响国家的政治生活，都会或多或少地影响新闻采访题材的选择，新闻采访内容的选定，新闻采访活动的进行，对新闻采访无疑有导向性作用。哪些题材内容属于应该采访报道的，哪些属于不能采访报道的；哪些属于应重点报道的，哪些属于一般采访报道的；哪些属于倾向性应明显的，哪些属于倾向性应中性处理的，都在新闻采访中得以体现。如：中国共产党十一届三中全会以来，重新确定了路线，推出了一系列改革的新政策和法规，在社会政治生活引起了强烈的震动，引出了许多与过去时代完全不同的新事物、新的观念。在新旧事物、新旧观念更换交替的过程中，不断涌现出许多公众关心的，具有新闻价值的热点、难点、焦点问题。新闻报道者如果不注意研究新出台的各项政策法规，并用其作指导，就不易找到发生新闻的源泉，新闻采访时就难以发现“热点”，甚至找到了新闻“热点”，也难以发掘出深度，使有价值的新闻与之擦肩而过。

资本主义国家同样如此。本阶级内部政党权力的更替，即上台政党纲领、政策、法规的出台颁布，都对本国的政治生活有着较大的影响，引起公众的关注，同时，也引导着新闻采访报道的走向。新闻媒体不去采访报道这些引起公众关注的事情，势必会受到公众的冷落，在新闻竞争中失去应有的位置。因此，在资本主义国家中，每次换届大选，都成为新闻采访的热点内容，报纸长篇累牍的刊载，广播电视现场直播，充分表现出新闻媒体对社会政治的关注程度。虽然，换届大选仅仅是阶级内部政党利益的调整，但足以说明政党和国家的政策法规的变化，将影响和指导新闻采访活动。

(二)党和国家的法规政策对经济发展的作用，指导影响新闻采访

上层建筑和意识形态一经建立和形成，对经济基础必然产生深刻的影响，而经济基础的巩固和削弱又将对社会的进步与倒退有着重要作用。党和国家的法规政策作为意识形态和上层建筑的结合体，对国家经济的变化不言而喻有着纲领性、指导性作用。

我国经济主要是依靠党和国家用政策法规宏观调控实现发展，因此，每项新经济法规政策或与经济相关的政策方针出台，都必然带来国家经济发展的变化，而国家经济的变化，又直接影响社会经济生活的方方面面，不管经济变化是倒退还是前进，都会使社会发生动荡。社会生产力发展的变化，生产关系的调整，会出现新旧经济因素交替与斗争，生长一些新的经济因素，同时也生长出众目所瞩的新闻点、新闻线索，这些都会成为影响和指导新闻采访的重要因素。

综观建国以来我国经济发展的历史，从20世纪50年代的“农村合作化”、“人民公社”、“大跃进”到70年代末的“农村家庭联产承包责任制”，党和国家的每一项新经济政策法规出台，在社会的每一个层面都掀起了巨大的波澜。在政策推动下，或者产生出推动社会前进的新经济因素、新经济观念，涌现出许多新人、新事、新创造、新成就，或者产生阻碍社会发展的旧经济因素、旧经济观念。正反两方面的情况给新闻采访提供了取之不竭的新闻源，影响和指导了新闻采访。新闻报道者如果撇开当时经济变化的环境，选择采访与当时经济变化无关的话题进行报道，所采访报道的新闻就不会受到公众注意，就会失去新闻价值。

(三)党和国家的法规政策对人民群众生活的作用，指导影响着新闻采访

党和国家通过各项法规政策调整社会各阶层群众的关系，平衡社会各阶层的利益，建立起与人民群众的联系。党和国家每出台一项法规政策，不管它是否完善，由于它涉及人民群众的利益，必然会在广大人民群众中产生较大的反响，形成人民群众议论和注意的“热点”、“焦点”、“难点”话题，构成新闻源。如：近年来，党和国家为了缩小工农业产品的“剪刀差”，出台了一系列政策，对粮油收购价格和销售价格进行了适当的上调，同时对农业生产资料也实行了部分的限价，维护了农民群众的利益。这些政策出台之初，在城乡群众中引起强烈反响，受到城乡广大人民群众的普通关心和重视，成为了群众议论的“热点”话题，也为新闻报道提供了新闻点。如果报道者采访报道人民群众关心的“热点”，反映人民群众的呼声、要求、愿望，就会实现较大的新闻价值；反之，报道者如果不去采访报道政策出台在人民群众中产生的“热点”，而去采访报道一些少数人关心的事，或者是人民群众当时并不太关心的事，其新闻的价值就会小得多，采

访也不会取得成功。

政党和国家的法规政策对新闻采访的影响和制约无庸置疑，不同社会制度的国家也概莫能外。因而，新闻报道者应经常地注意研究党和国家不同时期出台的不同法规政策，并以此为采访报道指南，新闻报道者才可能找到与时代合拍、与人民群众心心相印的新闻线索，采访报道出好新闻。

二、党和国家的法规政策是新闻采访的指南

(一)新闻采访要以党和国家的大政方针为方向

以党和国家的大政方针为方向，就是用纲领性的路线、方针、政策指导新闻采访。在建设有中国特色的社会主义时期，党的“一个中心”、“两个基本点”的基本路线，便是大政方针。从20世纪70年代末以来，中国人民在这条基本路线的指导下，塑造出了一个与过去建设社会主义完全不同的新时代。在这一新时代，新人、新事、新观念层出不穷，为新闻采访储存埋藏了巨大的新闻财富和新闻资源。新闻采访以党和基本路线为方向，就能高屋建瓴，开发到新闻资源的富矿，摸准时代发展的脉搏，找到生活的主流，反映出时代的特征，甚至一些平时不被人注意，或者“见惯不惊”、“习以为常”的小事，才可能通过新闻报道者特殊的眼光发现，在新时代的背景下，发出耀眼夺目的光彩，拨动同时代人的心弦。

(二)新闻采访要与党和国家各个不同历史阶段的政策合拍

党和国家除了有一条总的较为长期的基本路线政策外，随着社会经济的发展变化，在不同的历史阶段又有不同的政策重点，不同的政策内容，不同的发展策略。这些不同历史阶段的政策，又塑造出具有不同时代特征的新闻点。新闻采访如果不注意与各个不同历史阶段的政策合拍，采访到的新闻事实可能就会无新意，雷同化，无时代特征和时效性。如：从1978年以来，党和

国家提出了农村实行联产承包责任制的政策，当农村改革取得初步成效后，又开始向城市推进全面经济改革，提出了一系列政策逐步推进教育、科技、政治体制改革，进而推进财税、金融、外贸、物价、投资体制等方面的改革。这一系列有关农村和城市经济体制改革的政策虽然都是为了发展生产力，但却有不同的领域和系统特征，而且在各项政策推出的不同阶段又产生出不同的新闻点。新闻报道者在新闻采访中，只注意到新闻点子与党的大政方针“一个中心”、“两个基本点”合拍，忽略不同历史阶段政策的具体特征，尽管所抓的好的新闻点子从总的方面不会脱离“以经济建设为中心”这一基本要求，但由于缺乏具体事实与现实特殊背景的交汇点，新闻将可能缺乏新鲜性、新特点，报道可能会“千人一面”、千篇一律。

(三)新闻采访既要坚持党和国家法规政策，又要反映人民群众的呼声

新闻采访坚持党和国家的法规政策，反映人民群众呼声是我国新闻媒体的无产阶级党性原则和属性所决定的。新闻采访坚持党和国家的法规政策，就是要在路线、方针、政策上与党和国家政治上保持一致，确保新闻采访报道能够准确地体现出党和国家的政策要求，服从于服务于党和国家的路线、方针、政策；新闻采访反映人民群众的呼声，就是要集中地反映人民群众的利益、愿望和要求，反映人民群众迫切需要解决的问题。

新闻采访坚持党和国家的法规政策与反映人民群众的呼声在根本上是一致的。中国共产党的宗旨是为人民服务，党和国家的法规政策都是建立在这个基础上的，是人民群众利益和意志的集中体现。同时，党的政策在实际运用中，又要在人民实际生活里得到进一步贯彻、检验、完善。党和国家的法规政策完善与否，合理程度的大小，都将通过人民群众的各种言论、行为反映出来。新闻采访坚持反映人民群众的呼声，有利于党和国家及时地

捕捉到准确的信息，调整和补充完善法规政策，使法规政策更加符合人民群众的利益。

在新闻采访中，既要坚持党和国家的法规政策，又要坚持反映人民群众的呼声，二者不可偏废，过分强调坚持党和国家的法规政策或过分强调反映人民群众的呼声都容易出现舆论导向的失误。在过去的新闻宣传报道工作中，曾出现过强调党的政策，忽略群众呼声，或强调群众呼声，忽略党的政策的现象，在人民群众中造成了思想上的混乱，导致党和国家的法规政策贯彻实施不下去，给新闻事业乃至社会主义建设事业造成损失，这些经验教训都值得新闻报道者总结吸取。

三、正确处理新闻采访原则与党和国家法规政策的关系

(一)认识处理好新闻价值与新闻法规政策的关系

新闻价值主要是指新闻事实本身所具有的，并能够使自身构成新闻的那些因素,主要包括真实性、时效性、重要性、趣味性等。

新闻法规政策是指政党和国家对新闻报道的有关规定，包括能报道什么内容不能报道什么内容，报道中应注意怎样把握分寸等等。

新闻价值与新闻法规政策二者互为制约，互为联系，前者是基础，后者是条件，互不可缺。认识处理好新闻价值与新闻法规政策的关系，就是要求新闻报道者在新闻采访中选材时兼顾二者，对发生的新闻事实能否作报道，既要用新闻价值的尺度去衡量，又要用新闻的法规政策来制约，一个新闻事实，有新闻价值，但不符合新闻法规政策，就不采访、报道；反之，符合新闻法规政策，而无新闻价值，也不采访报道。当新闻价值与新闻法规政策发生矛盾冲突时，价值应当服从新闻法规政策。在新闻采访中，要防止重视新闻价值，忽视新闻法规政策，或只讲新闻法规政策，不顾新闻价值的偏颇倾向，力求使二者兼备，完美结

合，采访报道出最佳新闻。

在日常采访中，选择新闻事实时，经常发生新闻价值与新闻法规政策的冲突。过分强调新闻法规政策将使新闻丧失自身的价值，变成面孔苍白的说教；过分强调新闻价值，盲目追求趣味、新鲜，将违背新闻法规政策，伤害党和国家、人民的利益。

(二)认识处理好新闻客观公正性与新闻法规政策的关系

新闻的客观公正性要求新闻报道者客观叙述事实，反映事实，不是杜撰，不能主观片面，新闻报道符合客观事物的本来面目，真实公正地、原封不动地折射客观事实。

新闻法规政策要求对新闻具有指导性。在新闻采访中，指导性是否会影响和破坏客观公正性呢?事实上不会。法规政策的指导性主要是要求新闻采访选材体现出马克思主义的立场、观点和方法，选哪些新闻事实进行报道，不选哪些新闻题材，具有倾向性，丝毫不影响新闻反映事实的客观公正性。

在阶级社会中，所谓的“纯客观公正性”是没有的。“美国著名新闻学家本·巴格迪钦，在1983年出版的《传播媒介的垄断》一书中说‘新闻报道的每一环节都涉及到基于价值观念上的判断。客观环境及无数事件，到底报道哪一个?不报道哪一个……发到编辑部的报道中，哪些被安排在头版予以突出处理?……这些问题，不管哪一个，其所作出的决定，都不是真正客观的’。”[6]新闻报道者作为一个生活在一定社会群体中的具体个人，在采访新闻选择题材时，始终带有个人对事实认识的倾向，新闻的客观公正必然带有个人认识事物的倾向性色彩。在新闻采访中，处理好新闻客观公正性与新闻法规政策的关系，一方面，要求不否定客观存在的事实，有指导性地选择新闻事实，客观公正地反映新闻事实，不用法规政策代替新闻事实；另一方面，不过分夸大客观公正性，否定指导性的存在，使客观公正性与新闻法规政策二者有机的结合，客观公正地反映出事物的真实本质。

(三)认识处理好用客观事实说话与新闻法规政策的关系

事实是不可否认的客观存在，反映客观事实是新闻的重要本质特征之一。新闻用事实说话，有两个方面含义：一是新闻必须忠实地报道事实，如实地反映事实；二是事实的选择报道应具有本质特征。从表面上看，新闻点是客观地、原始地记录采访者的所见所闻，但由于采访者站的角度不同，认识不同，其选择提供出的事实是有差异的，或反映表面现象，或反映本质特征，或是正确反映，或是歪曲报道。新闻报道者要认真处理好用客观事实说话与新闻法规政策的关系，要注意在新闻采访选择事实时，选择那些有新闻价值、时代价值、本质特征的事实，而不是纯自然主义的有闻必录。通过选择的事实反映党和国家的路线、方针、政策，反映人民群众的意愿，反映出一个时代的潮流、发展趋势，反映出社会的本质和发展规律。

在新闻采访中，要正确把握用客观事实说话与新闻法规政策的关系，防止向某一方面倾斜，过分提倡或反对某一方面都会造成采访报道失败。过分强调用客观事实说话，新闻采访会就事论事，罗列表面现象，新闻无深度，忽略事实的本质；过分强调新闻法规政策，容易忽略新闻自身规律，忽视客观事实，牵强附会，甚至对新闻事实进行穿靴戴帽，强行拔高，使新闻变成一种纯粹推行主观意志的宣传性行为。

第三节　学习与把握好党和国家的法规政策，做好新闻采访工作

学习把握党和国家的法规政策，是我国新闻报道者做好新闻采访工作的基本条件之一。新闻报道者学习把握党和国家的法规政策，要从理论和实践等多方面着手，培养自己，锻炼自己，不

断提高认识和理论水平，才能深刻领会党和国家法规政策的精髓，指导自己做好新闻采访工作。

一、学习基本理论，研究掌握基本法规政策，勇于实践锻炼

(一)学好马克思主义基本理论，培养正确的思想方法

马克思主义的基本理论，是我们党制定理论、纲领、方针、政策的基础。新闻报道者学好马克思主义的基本理论，懂得了马克思主义的基本观点，能够更深刻的领会党的各项理论、纲领、路线、方针、政策的精神实质，把握准国家法规政策的尺度，掌握住大方向。

新闻报道者学好马克思主义基本理论，可培养正确的思想方法，学会运用辩证唯物主义和历史唯物主义的观点和方法看问题，学会运用历史的观点、发展的观点、联系的观点、分析的观点看问题。在具体采访实践中，用辩证的观点和历史的观点指导观察事物，就能用全面的眼光看世界，看到事物的全部，看到事物的本质，摸准时代的脉搏；在纷繁复杂的社会现象中，看到主流，高瞻远瞩，见微知著，判断出新闻点。

同时，新闻报道者用马克思主义的基本观点指导新闻采访，就能够按照事物本来的面貌实事求是地认识和反映客观实际，不会偏离新闻采访的准则和要求。唯物主义的基本观点认为，存在是第一性的，意识是存在的反映。新闻报道者在采访过程中，有这个基本观点作指导，就会始终坚持存在是第一位，事实是第一位的思想，自觉使主观意识符合客观存在，思想符合实际，如实地采访，如实地报道，坚持真理，实事求是，而不会随心所欲，搞虚假的一套歪曲事实，制造假新闻，把客观事实的真相弄得面目全非，确保新闻采访报道的真实性，确保新闻反映事实的准确性。

(二)认真学习研究党和国家的方针政策，了解时事政治，把

握全局

前面已谈及党和国家的各项方针、政策与国家、人民群众政治生活、经济生活的关系，这就要求新闻报道者不断学习党和国家出台的方针政策，不断地学习了解发展变化的时事政治。有了及时地学习和了解，才可能把握全局，明确采访思想，提高新闻的敏感性，晓知当前需要报道什么，应当采访什么样的新闻内容，也才能正确分析客观形势的发展状况，预测可能发生的新闻源，及时发现新闻线索，掌握时机，有对象地、有的放矢地进行新闻采访。

学习党和国家的方针政策，了解时事政治，把握全局，有利于新闻报道者在新闻采访中区别主要新闻线索和次要新闻线索，区别某条新闻在全局意义与局部意义之间的地位，甄选出新闻价值大的新闻题材。有的新闻题材，发生在某个部门、某个系统、某个地区是一个大题材，有相当大的采访报道价值。而发生在另一个部门、另一个系统、另一个地区就不是好的新闻题材，甚至没有任何报道价值。同属可以报道的新闻，在局部地方有报道意义，能够实现较大的新闻价值，在全局其报道意义就可能会小得多，其新闻价值就可能会大大减少。新闻报道者如果能够掌握方针政策的精髓，了解时事政治的走向，有了全局观点，就能正确把握新闻线索的取舍标准，知道全局与局部、大局与小局的结合，采访选择到具有较大价值的新闻，找到事物的本质和发展的主流。

党和国家的方针政策在不同时期、不同阶段有具体不同的内容、不同的重点，新闻报道者要不断地学习、了解，注意研究政策变化给全局带来的变化，在不断变化的全局中，采访到与之相符的新闻事实，使新闻具有一定的时代特点。

(三)深入调查研究，密切联系群众，在实践中提高采访水平

党和国家的各项法规政策，一方面建立在马克思主义理论基

础上，另一方面来源于实际，来源于人民群众的社会实践活动，是对人民群众实践活动和社会实际的规律性归纳总结。它反映了人民群众的呼声和愿望，体现了人民群众的意志，维护了人民群众的利益，与人民群众息息相通。新闻报道者要解决好新闻采访与法规政策的关系，把握好政策方向，必须深入生活实际，密切联系群众，开展深入地调查研究，了解各阶层群众关心什么，需要什么，希望什么，喜爱什么，憎恨什么。只有深入调查研究，了解熟悉人民群众的生活，才能摸准人民群众的需求，找到党和国家的政策与人民群众需求之间的最佳结合点，在平凡中发现闪光，平淡中看到神奇，一般中找到特殊，以小见大，发现新闻线索，采访到具有最高新闻价值的新闻事实，报道出党和政府与人民群众共同关心的“热点”、“焦点”、“难点”、好新闻。

深入生活联系群众的过程，也是一个学习政策，提高新闻采访水平的过程。在这个过程中，新闻报道者通过理论和实践的不断比较和参照，反复地实践、学习、认识和体会，不断地锻炼自己新闻采访的才干，增长采访的知识，提高认识水准，更加准确地把握好新闻采访与法规政策的关系，自觉灵活地运用法规政策，指导自己的采访活动。

二、新闻采访中做好政策宣传注意把握的原则

(一)新闻采访注意防止图解政策

新闻采访要求用政策作指导，不是用政策代替新闻，以政策代替采访。新闻与法规政策各自有自身的规律和特点，新闻可以把一项新颁布的政策作为一条新闻来发布报道，但不能代替政策；政策却不能把新闻事实作为政策予以颁布。如果否定各自的特点和规律，政策将不成其为政策，新闻也将不成其为新闻。

新闻采访中图解政策的现象，是指报道者带着政策的观点去采访，攥着政策的条文找新闻，戴着“有色眼镜”找新闻事实，

按图索骥，“对号入座”，收集新闻事实作政策的“注脚”。在新闻采访中，报道者带着政策找新闻的情况也时有发生，报道者每到一处采访，不是先找新闻线索、新闻点，而是先看现实中有无与政策观点相符的事实，有即进行新闻采访，没有即放弃采访；或者是每到一处就东拼西凑地寻找事实，拿着“条条”、“本本”拼凑新闻。这种新闻采访方法不仅容易使新闻报道概念化、一般化，而且容易造成与客观实际不符的虚假报道，在人民群众中造成不良影响，也损害了报道者自身的形象。

(二)新闻采访注意全面性，防止片面性

党和国家的政策在各个不同时期、不同阶段有不同的特点，在各行业各系统和社会各阶层集团有不同的针对性，这些政策都是在一个全面的，总的指导纲领下制定的。因此，新闻报道者在新闻采访中，对新闻事实的选择，要建立在对政策的全面理解认识上，这种理解是全局性的、宏观性的、总体性的，不是局部的、微观的、个体的。这样，报道者在新闻采访中，才能准确地把握事物本质，杜绝一种倾向冲击另一种倾向，一种事实掩盖另一种事实的现象，防止把片面的东西夸大为全面的东西，把次要的东西强调为主要的东西，防止报道者出现以偏概全的主观化倾向。

在新闻采访报道中，也出现过对政策理解片面，采访报道偏颇的情况，如：从大的方面来看，报道在强调发展生产力，按经济规律办事的同时，忽视加强思想政治工作；强调改革开放、思想解放时，忽略坚持四项基本原则；强调发展生产、改善人民群众生活时，忽视继承和发扬艰苦奋斗精神。从具体的报道来看，在强调抓企业内部管理的重要性时，把企业的所有成绩都算在企业内部管理上，企业的思想政治工作似乎可有可无；当强调企业的思想政治工作的重要性时，又把企业所有的成绩都算在思想政治工作上，企业内部生产管理又换到了无足轻重的位置。这都使新闻给人以新闻事实缺乏标准，政策变化大，无从适应的感觉，损害了新闻的真实性。

(三)新闻采访要坚持以正面舆论引导为主

坚持正面舆论引导为主，是党和国家的法规政策对新闻采访的基本要求，也是正确处理好新闻采访与法规政策关系的基本标准。凡是党和政策提倡的，符合人民群众利益的，人民群众关心的，新闻报道者就应该积极地去采访，大力弘扬；凡是党和政府反对的，人民群众反对的，就积极地进行舆论批评监督，使新闻真正起到传播信息知识，引导舆论，鼓舞教育人民群众参与社会主义建设实践活动，推进生产力发展，社会进步的作用。

新闻采访中，坚持正面舆论引导为主，要注意处理好歌颂与暴露的关系。一项政策出台，不尽完善，随着社会的发展，政策的不足部分会表现出更多。报道者在采访中如果发现政策与实际的差距，要用发展的眼光，历史的眼光进行分析，可以通过内部渠道正常反映，不要动辄批评暴露，滥用新闻舆论监督和批评的权利，避免给其他工作造成不必要的损失。

三、提高政治素质，加强思想作风建设

(一)新闻报道者要强化责任意识

新闻报道者强化责任意识，就是强化政治责任意识和社会责任意识。

在我国，强化政治责任意识，要求报道者在政治上同党中央保持一致，不允许发表与党的路线、方针、政策相违背的言论，自觉遵守党和国家的法规政策。在政治上同党中央保持一致，是我国新闻工作党性原则的重要内容，也是报道者必须遵守的政治纪律。只有保持一致，才能准确理解、认识政策的核心内容，在新闻采访中，才可能有全局意识，从全局的观点出发，筛选事实，报道新闻，把握住政策要求的尺度，掌握好采访报道的尺寸，做到有令即行、令行禁止，确保新闻采访与法规政策要求的

一致性，宣传好党和国家的路线、方针、政策，采访报道出人民群众的利益和要求。

强化社会责任意识要求报道者有强烈的社会责任感，在新闻采访中，对新闻题材、内容的选择，要有利于推动社会进步，有利于推进生产力的发展，有利于提高人民群众的物质生活和精神生活水平，有利于科技知识的推广普及，有利于青少年身心健康成长等等。有些新闻题材，不一定有很强的政治性，但对于社会环境却有不良的侵蚀作用。对于这类新闻题材，新闻报道者应旗帜鲜明地予以摒弃，或予以批评揭露，不能以追奇猎新的态度，进行歌颂褒扬。

(二)新闻报道者要加强职业道德修养

我国对新闻工作者职业道德总的要求有八条：“①全心全意为人民服务；②以社会效益为最高准则；③遵守法律和纪律；④维护新闻的真实性；⑤坚持客观公正的原则；⑥保持廉洁奉公的作风；⑦发扬团结协作的精神；⑧增进同各国新闻界的友谊与合作。”[7]这八条，基本上全面规范了新闻工作者的行为。

在新闻采访中，记者应努力地加强自身职业道德修养，用上述八条约束、规范自己的采访行为，正确处理好采访者与被采访者，新闻采访与新闻法规政策，新闻与党和国家的政策，新闻与社会效益，新闻与人民群众利益等诸种关系，自觉地维护党和国家、人民群众的利益，维护新闻工作者自身的形象。

总之，党和国家的新闻法规政策，为新闻报道者提供了广阔的采访天地和施展才华的天地，同时又要求报道者在新闻采访中注意用新闻法规政策约束自己，指导自己。新闻采访与新闻法规政策有张有弛的关系，使二者能够有机地结合，新闻报道者能够更好地为社会主义建设事业服务。

注释：

①《新闻法规政策须知》，中共中央宣传部新闻局、新闻出版署报纸管理司编。

②《新闻法规政策须知》，中共中央宣传部新闻局、新闻出版署报纸管理司编。

③《新闻法规政策须知》，中共中央宣传部新闻局、新闻出版署报纸管理司编。

④《新闻理论与实践》。

⑤《新闻法规政策须知》。

⑥《新闻之友》杂志。

⑦《新闻法规政策须知》。

◀思考题▶

1. 记者在新闻采访工作中，为什么必须遵循党和国家的新闻法规和政策?
2. 党和国家的法规政策，对新闻采访工作有哪些重要影响和作用?
3. 记者应当怎样努力学习和把握党和国家的法规政策，从而搞好新闻采访工作?

附录1

试论新闻敏感的培养

新闻敏感，又叫做新闻嗅觉或者新闻鼻。它是记者发现新闻线索，写好一篇新闻的先决条件，也是衡量一个记者工作能力的重要尺度。我们常说，记者要有高度的新闻敏感，就是指他要善于从无产阶级的利益出发，在茫茫的群众日常生活和斗争的大海中，敏锐而熟练地发现问题，随时觉察到具有新闻价值的事物，抓住线索，写出新闻，从而为社会主义事业服务。列宁在评论马尔托夫是一个典型的新闻记者时曾经指出：他非常敏感，他善于觉察到群众和各地方所发生的一切事情，善于把当前的问题反映出来；他非常关心这些事情。斯大林也说过："主要的在于使工人通讯员和农村通讯员在自己工作进程中学习，并锻炼出新闻记者——社会活动家的敏感，没有这种敏感，通讯员就不能完成自己的使命。"[①]

新闻敏感固然不能用"人工训练的技术方法培养出来"，[②]但是，通过学习和实践，我们仍然可以找到培养和提高新闻敏感的有效途径。

首先，要认真学习党的方针政策。

毛泽东同志指出："报纸的作用和力量，就在于它能使党的纲领、路线、方针、政策和工作方法，最迅速最广泛地同群众见面。"在我们的报纸上，虽然每个时期、每条新闻所报道的具体内容各不相同，但它们却有着共同的目的，就是正确向人民群众阐明党的政策。因此，在任何时候，宣传党的方针政策都是新闻报道工作的重心。记者只有熟悉党的政策，才能够用政策的尺度去衡量他所观察到的一切事物，或者当他发现一件新鲜事物时才能提到政策的高度去认识和判断它，从而确定它的新闻价值，恰当地运用它。从这个意义上说，学习和掌握政策正是我们具有高度的政治洞察力的基础，也就是产生新闻敏感的基础。

例如，1948 年全国解放前夕，有位记者写了一篇报道《临清棉价波动的剖视》。这条消息在当时我们党对经济建设的领导还缺乏经验的情况下，提出了稳定物价这一个重要问题。这个新闻线索就是记者在同党的一位负责经济的同志散步闲谈中偶然得到的。那位负责同志谈到了当时国民党统治区物价波动的情况，顺便也谈到最近临清市棉价也发生了波动。记者没有把这场闲谈放过，而是敏锐地抓住它。因为他懂得，在我们接管城市后，稳定物价是关系到千百万人的大事情，而物价能否稳定又主要地决定于国营经济对市场的领导作用。于是他把一个市镇上的棉价波动问题提到了政策高度来进行调查研究，用新闻报道揭示了那些没有发挥国营经济领导作用而造成物价波动的种种原因。这位记者表现出如此高度的新闻敏感，正是由于他平时认真学习和钻研党的政策的结果。1978 年 7 月 1 日新华社发的一条消息《政策一落实，上海有鱼吃》，一开头就写道：“出席全国财贸大会的上海代表团的代表，在揭批‘四人帮’和讨论提高企业管理水平时，讲了一件很令人受启发的事：上海市海洋渔业公司批判了‘四人帮’的反动论点，花了一笔为数不多的奖金，使上海人民从 5 月份以来吃到了较多的新鲜海鱼、海螃蟹和蛄子等海味。”显然，代表们揭批的内容很多，讨论的问题也很多，记者为什么单单抽出这样一件事来写呢?就是因为这件事既关系到千百万人民群众的切身利益，为大家所关心，同时又最能说明党的有关政策的威力。作者能够抓住它，也正是勤于学习政策、深刻理解政策的结果。

今天，我们新闻工作的重要任务，就是要宣传党在新时期中的方针政策，为早日实现四个现代化大声呼喊。这就要求我们一定要认真地学习和深刻地理解党的方针政策。政策对于一个记者来说，就如同人需要空气和水一样，在其全部工作过程中都是离不开的。有的同志对于学习党的政策的重要性还认识不足，报道任务完成得不好，往往只简单地归咎于采访不深入。这固然也是一个原因，但只要深入一步了解就会发现，最重要的原因还是对政策学习得不够。有的同志虽然天天也生活在沸腾的斗争中，但就是发现不了问题，觉得好像没有什么可写的。也有的同志在实际生活中看到了不少东西，积累了一些材料，但就是感到概括不起来，不知从何下笔，写不出适合当前“气候”的新闻。其实，最根本的原因还是在于没有吃透党的政策。只有真正懂得了党的政策，又熟悉当前的情况，才能掌握实际生活的需要，摸准“气候”，明白应该抓什么，不抓什么，及时写出对实际工作有指导意义的新闻来。

而且，只有认真学习政策、掌握政策，才善于发现新问题，用政策的观念去衡量哪些报道有价值，哪些没有价值，从而写出的新闻真正富有“新”意。否则，自己不学习政策，一点不敏感，就只能跟在别人屁股后面跑。人家写了一篇《考考奶奶》，你接着写《考考爷爷》；人家写了《将军下厨房》，你接着又写《政委到炊事班》。这样是不行的。

因此，政策学习对于培养新闻敏感，具有头等重要的意义。同时，还必须努力学习马列主义、毛泽东思想。正如毛泽东同志所说的：“我们的眼力不够，应该借助于望远镜和显微镜。马克思主义的方法，就是政治上军事上的望远镜和显微镜。”只要我们认真学习它，就能够逐步掌握这个望远镜和显微镜，使我们在新闻工作中更加敏锐起来。

其次，要认真深入生活，仔细观察生活。

毛泽东同志指出："人民生活中本来存在着文学艺术原料的矿藏……它是一切文学艺术的取之不尽、用之不竭的惟一的源泉。"同样，它也是新闻的源泉。新闻报道是客观事物的反映，是大量客观事物通过记者的眼、耳、鼻、舌、身这五个官能反映到记者的头脑中，经过头脑这个"加工厂"的改造制作而形成的。一个新闻记者，要能够善于敏锐地反映全国亿万人民在建设社会主义现代化国家的丰富多彩的斗争生活。不但需要善于学习党的方针政策，吃透上头；而且需要善于密切联系群众，了解和熟悉人民群众的生活，吃透下头。对群众的生活越了解、越熟悉，对下面的情况看得越多越透，就越能抓住新闻线索，抓的问题就越深，也就越具有较高的新闻敏感。有位记者在尝到深入生活、认真观察生活的甜头后，编了一首打油诗："欲擒蛟龙涉深水，浮面蜻蜓终非计。基层为主归正途，报道丰收定可期。"③这是很真实的感受。只要我们站在人民群众和党的立场上，在生活中多看，多体验，多接触，我们的眼界就会豁然开朗，我们的思想就会为之解放，我们的嗅觉就会格外敏锐，就会被各条战线上那些为"四化"建设忘我战斗的英雄人物和事迹所激动。这样，就再不会觉得线索枯竭、题材贫乏，而会感到值得写、应该写、需要写的东西很多很多，新闻嗅觉也就大大增强了。

《四川农民报》1978 年 7 月 15 日刊登一篇报道《五岁小孩为什么不认识鸡?》这条消息通过回答五岁小孩不认识鸡这个有趣的问题，生动地反映了粉碎"四人帮"后农村面貌的变化，宣传了落实党的农村经济政策的威力。作者如果不是在生活中仔细观察，注意发现哪怕是一个很细小的问题，就不可能写出这样好的报道。

大量的新闻线索就存在于人民群众的生活之中。有时，由于我们对人民群众的日常生活注意得不够，一些好像是平淡无奇而实际上富有教育意义的新闻题材，就不知不觉地从自己身边溜过去了，那是多么可惜啊！列宁说：“我们很少用生活中生动的具体事例和典型来教育群众，而这却是报刊在从资本主义到共产主义的过渡时期的主要任务。”④要想抓住日常生活中这些生动的具体事例，不深入生活，不仔细观察，当然是不行的。现实生活是发展变化着的，许多人和事，形象和细节常常迎面而来，有的甚至瞬息即逝。我们要及时发现新鲜事物，就要善于抓住社会主义革命和建设事业中的每一线光芒，并从其发展变化过程中去观察、去描写。加里宁曾经说过：“一个感觉非常敏锐和眼光极其犀利的人，应当在周围的人面前揭示、表明——社会主义(共产主义)的萌芽就在这里。”敏锐地抓住这个“萌芽”，实际上就是新闻敏感，要做到这一点，还是得随时随地留心观察生活。

在观察生活的过程中，我们还必须紧紧依靠各级党组织，注意从有关部门中得到新闻线索，和群众广交朋友，发挥群众的耳目作用。这样，才能活动广，钻得深，站得高，看得远；才能做到耳朵灵、眼睛明，也才能不断增强新闻敏感。

第三，要认真思索。

培养和提高新闻敏感，善于思索是很重要的。毛泽东同志说：“凡事应该用脑筋好好想一想。俗话说：‘眉头一皱，计上心来’。就是说多想出智慧。要去掉我们党内浓厚的盲目性，必须提倡思索，学会分析事物的方法，养成分析的习惯。”我们搞新闻报道，也要善于思索。新闻是对客观事物的反映，而客观事物本身是曲折复杂的，只有多动脑筋，反复研究，才能从大量纷纭复杂的现象中发现问题、提出问题，认清问题的本质，找出解决问题的方法，也才能正确地反映事物，写出的报道才有思想性，有说服力。这就是说，我们既要深入生活，还要正确认识生活，才能很好地反映生活。要时刻注意把自己的所见所闻在脑子里过滤一下，加以分析、联想、思考，把一般人往往不大注意的平常现象，偶然遇到的细节，和现实斗争、政策理论联系起来，由此及彼，由表及里，打开生活宝库的一个大缺口，从而挖掘出深刻的主题和新颖的材料来。这也就是要求我们不是一般地深入生活、观察生活，而是要时时刻刻做一个“有心人”。例如，一位记者在平时经常路过的一片油菜地前，突然发现油菜株顶端套上了一个个塑料袋，有的还编了号码。于是他就想，这可能是与一项科研活动有关，接着就深入采访，写出了《为油菜高产勇闯新路》的通讯。

认真思索，不但贯穿在日常谈话、交朋友、接触群众之中，而且也表现在日常的学习中。有时，我们阅读报纸，注意进行思索，也可以从中发现新闻线索。例如，新华社一位记者一次在《山西日报》上看到一条简讯，说太原市北郊发现古代动物的化石龙骨。简讯只有二百多字，只提到发现了哪几种动物的化石，没有讲发现化石的意义。这位记者就想，这个简讯如果补充一下，新华社也可以发。于是，他跟踪追击，通过简讯的作者——省科学院的一位同志，找到省文物管理委员会的同志，从他们两人那里，了解到全省考古工作的情况，并且获得了一个比较重要的报道线索，就是芮城县匼河村发现了稍早于周口店中国猿人的古人类文化遗址。经过采访，及时发了消息。⑤这条新闻，就产生于记者认真思索而得来的高度敏锐之中。

这就说明，一个新闻工作者必须时时认真思索，才能对事物认识得比一般人深，才看得到别人有时看不到的东西，也才能有较高的新闻敏感。

认真思索，不但要贯穿在我们日常深入群众生活的过程中，也要贯穿在每一次采访活动之中。在采访过程里，如果我们留心各种各样的事情，多加思索，常常可以在完成一个采访任务的同时又发现新的报道线索，或者以更好的采写题目取代原来拟定的题目。如《光明日报》1978 年 7 月 8 日刊载的一篇报道《春雨之歌》，作者原来是要采写由“淘气包”变成了优秀生的王鲁燕同学。到学校一了解，才发现班主任刘纯朴老师对小鲁燕的成长起了决定性的作用，他的整个工作很有成效，特别是在做过细的思想政治工作和提高教学质量方面有独创性。因此，记者经过认真思考、分析，并征得领导同意，改变了原来的采写计划，集中写刘纯朴老师，而把王鲁燕的进步作为刘老师工作取得成绩的一个事例来写。这篇报道密切配合了形势，热情歌颂了辛勤的园丁，在读者中引起较大的反响。[6]如果在采访过程中不爱思索，死板地啃住接受的报道任务，上面出什么题目就写什么，目不旁视，耳不他闻，那就不知道要放过多少宝贵的新闻线索了。

认真思索，还要求我们学会分析。只有分析，才能抓住关键的问题，才能具有发现新闻的敏锐性。所谓分析，就是要透过现象，抓住本质，要把一个大问题剖开，分成若干个小问题，然后一个一个地抓出来。这就好比我们吃广柑，完整的一个广柑，不好动嘴吃。要先剥皮，再分成一瓣一瓣的，然后才好一口一口地吃下。比如，反映如何提高教育质量，既要抓教学上的新气象、好成绩，也要善于抓教学中存在的问题，从而反映出来加以解决。而且，往往是针对某些问题来报道一些在这个问题上做得好的人和事，就更有说服力，更有指导意义。《光明日报》1978年11月23日刊载的南京大学在文理科一年级普遍开设语文课这篇报道，就抓住了当时提高教学质量的一个重要问题，引起全国各大学的重视，许多理科师生对语文学习的重要意义认识得更明确了。这样的好新闻，也是记者经过分析、思索、研究，才写出来的。

认真思索，还要注意和广大群众一起思索，一起研究，一起分析。我们的新闻是要反映广大人民群众在实现四个现代化伟大斗争中涌现出来的先进经验、典型以及存在的问题，从而鼓舞人民为建设社会主义现代化强国更加英勇地奋斗。这就更需要和群众一起思索、研究、分析。俗话说："三个臭皮匠，当个诸葛亮。"一个人分析不来，就几个人一起分析，领导和群众一起分析。这样，就能改变一个人坐在屋里想点子、闭门造车的毛病，从广大群众中得到智慧，打开思路，扩大眼界，获得更多更好的新闻线索。

第四，要不断练习，反复实践。

敏锐的能力，绝不是天生的，而是在长期实践斗争中培养锻炼起来的。法国短篇小说家莫泊桑曾说："对你所要表现的东西，要长期很注意地去观察它，以便发现别人没有发现过和没有写过的特点。任何事物里，都有未被发现的东西，因为人们观看事物时，只习惯于回忆前人对它的想法。最细微的事物里，也会有一星半点未被认识过的东西，让我们去发掘它。"这种发掘事物的敏锐的能力，也就只有来源于自己的实践，不断地反复地实践。我们看到，现实生活中那些本领高强的老农，只要看一看天上的云彩、地上的昆虫，就可以预测出将会有什么样的气候，抓一把泥土就能确定播种什么作物最好；那些捕鱼的老手，伏在船舱板上听一听，或者爬到桅顶上望一望海水的颜色和波浪，就会知道海里有什么鱼群在活动。"熟能生巧"，就是这个道理。新闻写作也是这样，要能够善于发现新闻线索，就需要我们在实践中去锻炼。

新闻敏感，实际上就是要善于抓问题。抓问题的本领，也要在实践中才能得到。我们尤其要练习善于抓住那些党的方针政策在贯彻执行过程中碰到的问题。有的同志写稿，往往停留在一般的记一件好人好事上，而不善于通过一人一事，透过现象抓住本质的问题，其中一个重要原因是由于缺乏锻炼，平常不注意练习，发现不了问题。而有的记者却善于不断地反复实践，从实践中逐步发现新的带普遍性的问题。例如，《解放军报》1978 年 4 月 20 日刊载的《咱劝丈夫走天涯》这篇报道，就写得很有针对性，问题就抓得准，抓得好。因为在部队干部转业、复员的问题上，干部家属的思想是很关键的一个因素。报道通过一个部队认真抓好干部家属的思想政治工作，家属又来做干部本身的工作，使转业、复员同志愉快地奔向新的工作岗位这一生动事例，反映了部队干部、家属的新风貌、新思想，歌颂了一心为四个现代化建设，到祖国最需要地方去的好品德，很能发人深思。

不断练习，还要注意练习随时用一分为二的观点看问题、分析问题、解决问题。这样，才不至于抓错问题。比如，在抓问题中要注意防止片面性，不要从一个极端走到另一个极端，这也是培养新闻敏感过程中值得注意的问题。我们宣传干劲大、热情高，不能一味表扬和提倡几天几夜不睡觉，搞疲劳轰炸；宣传刻苦钻研功课，抓好智育，不能丢了德育，要注意和重视体育；宣传节约伙食经费、精打细算，不能鼓吹降低伙食质量和标准，影响群众健康等等。那样去宣传，就会失掉新闻报道的积极作用，反而造成坏的影响。那样抓的问题，就没有什么意义了。同时，一分为二的观点要贯穿在整个采访过程之中。我们有的同志在采访时，往往只愿意听采写对象的先进的一面，不愿意听存在的问题，更不愿意听缺点和错误。这样，是很不利于提高我们的新闻敏感的。有的时候，往往正是在这些问题、缺点上深入发掘，能够写出一篇有针对性的有价值的好新闻来。我们要培养和提高新闻敏感，也就要从这些方面多下苦功，不断锻炼自己发现和正确分析问题的能力。著名的美国发明家爱迪生说得好："什么是天才?""天才，那就是一分灵感，加上九十九分汗水!"我们要有高度的新闻敏感，也就要像爱迪生那样，花出九十九分的汗水，用艰苦的劳动来换得。

第五，要有高度的政治热情。

这是能否具有新闻敏感极为重要的条件。我们的新闻，是要具体生动地反映全国各族人民在向四个现代化进军中各条战线的先进人物和经验，报道各方面的新事物、新成就，鼓舞群众的信心，激励人们的斗志，引导大家向先进榜样学习，加快四个现代化的步伐。要做到这一点，记者就必须对四个现代化建设中的大量新事物抱有高度的政治热情，有着蓬勃的革命朝气，有对于实现四个现代化过程中群众生活和斗争的种种问题的巨大关怀，有做实际工作的认真负责的精神。作为一个记者，对于周围人们正在谈论的事，人们关心的事，对于做实际工作的同志们所遇到的种种困难和问题，都应该产生兴趣，并像自己的事一样去关心它。这样，才能在采访过程中如鱼得水、左右逢源，才能发现许多哪怕是还处于萌芽状态的新生事物，才会感到有取之不尽的新闻线索。相反，如果一个人对于四个现代化建设缺乏热情，抱一种平平淡淡、冷冷漠漠的态度，那就无论有多好的天赋，也必然只会对于广大人民群众在四个现代化建设中出现的新事物、新问题，视而不见、听而不闻、听之任之，不发生任何兴趣，当然也就不可能有什么新闻敏感了。所以，一个记者只有有了对实现四个现代化的满腔革命热情，有了这种新闻写作的强烈愿望，才可能具备新闻敏感的基础，才可能积极地去学习政策、观察生活、认真思索和反复实践。没有这种热情，其他的一切都是谈不上的。对于现实生活中的同样一件新事物，为什么有的同志能够很及时地写出好新闻来，而有的人却根本不去写呢?对于一个刚刚出现的新闻苗头，为什么有的同志能不辞辛劳，深入采访，跟踪追迹，调查研究，发掘出有重大意义的主题，而有的人却掉以轻心，莫衷一是，或者敷衍了事，不愿去深入采访呢?关键就在于有没有政治热情。

怎样才能在新闻工作中时刻保持高度的政治热情呢?这就要求我们高度热爱党的新闻工作，懂得新闻工作对党的事业的重要意义，对新闻事业有强烈的责任心。毛泽东同志说：“办好报纸，把报纸办得引人入胜，在报纸上正确地宣传党的方针政策，通过报纸加强党和群众的联系，这是党的工作中一项不可小看的有重大原则意义的问题。”我们如果都能真正理解新闻工作在实现四个现代化伟大任务中的作用，就一定会满腔热情地去做好这项工作，从而也就有勇气去克服工作中的各种困难，就能不断提高我们的新闻敏感，及时地写出更多更好的新闻来。

综上所述，我们要培养和提高新闻敏感，就要认真学习党的方针、政策，要深入生活和观察生活，要认真思索，要不断实践，要有高度的政治热情。当然，还可以归纳出其他很多方面，比如，要善于学习各方面的专业知识，做一个“杂家”，对培养新闻敏感，也是十分重要的。如果对各行各业的东西一点也不懂，知识面很窄，缺乏勤学好问的精神，那就很难发现有价值的新闻。不管是采写工业、农业、科学文化教育等各个方面的新闻，都要求我们努力学习各方面的知识，熟悉各行各业的情况，尽量做到知识多、交游广，才可能使自己更加敏感，更好地完成新闻报道的任务。

最后应当指出，我们所说的新闻敏感，主要是指记者的政治洞察力，是为无产阶级新闻任务服务的。我们绝不能提倡那种资产阶级的到处猎奇、弄虚作假的做法。我们要坚持实事求是的原则，坚持新闻真实性的原则，从群众中来，到群众中去，正确地反映广大人民群众建设四个现代化强国的伟大斗争。我们提倡培养和提高新闻敏感的目的，正是为了使新闻报道更具有针对性、及时性和指导性，从而也更富有战斗性，更好地为实现四个现代化的伟大而光荣的任务服务。

（《新闻学论丛》第1集，1983年3月）

注释：

①斯大林：《论工人通讯员》，《斯大林全集》第6卷，第229页。

②斯大林:《论工人通讯员》,《斯大林全集》第 6 卷,第 229 页。

③杨子才:《涉深水者缚蛟龙》,载《新闻业务》1964 年第 5 期,第 28 页。

④列宁:《论我们报纸的性质》,《列宁选集》第 3 卷,第 602 页。

⑤田培植:《采访偶记》,《新闻业务》1962 年第 11 期,第 32 页。

⑥李树喜:《我怎样采写“春雨之歌”》,《光明日报通讯》1978 年第 3 期,第 29 页。

附录2

学会寻找与接近采访对象的艺术

新闻采访的目的，是从采访对象那里获得有价值的新闻素材。要能获得新闻素材，记者、通讯员就要善于寻找与接近采访对象。有的老新闻工作者谈到，如果一个记者能够巧妙、恰当地去寻找和接近采访对象，找到提供新闻素材的可靠来源，那么他的采访也就成功了一半。因此，学会正确地寻找与接近采访对象，是学习新闻采访学的重要一课。

怎样才能学会寻找与接近采访对象呢?

一、学会正确地选择与确定采访对象

怎样选择采访对象呢?主要是要注意选择最了解情况的人作为采访对象。他们也许是当事人，也许是与这件事情有关的人，也许是知情人；他们也许是领导干部，也许是一般干部，也许是群众。最重要的是他们确实知道情况，熟悉与掌握第一手材料。当然，在若干个了解情况的人当中，我们还可以注意选择善于提供情况，并愿意积极配合采访工作的人作为采访对象。

美国新闻学家宾厄姆·穆尔曾经指出：从某种意义上说，记者采访得到的情况的真实性，是和采访对象的人数成正比的。采访对象越少，材料的可靠性越小；反之，采访对象越多，材料的可靠性就越大(见他与人合著的《怎样采访》一书)。因此，我们一方面应当慎重地选准采访对象，提高采访效率；另一方面，又

要选择尽可能足够多的采访对象，以确定新闻材料的可靠性。

二、学会科学地对各种采访对象进行分类和研究

要接近采访对象，最好能事先对采访对象做到心中有数。我们可以从许多角度对即将采访的对象作一些大致的分类，比如：从采访的性质来看，可以有表扬和肯定的采访对象，批评和教育的采访对象，揭露和批判的采访对象。从采访对象对待这次采访的态度来看，可能有积极合作的，也可能有拒绝采访的，还可能有消极应付的。从采访对象的年龄、性别来看，既会有青少年，也会有中老年；既会有男性，也会有女性。从采访对象的表达能力看，也许是健谈而善谈者，也许是沉默寡言者，还可能是知道许多事情却不善于表述出来的人。另外，从采访对象的职业、职务、文化程度、个性特征、生活经历等许多方面来剖析，也可能会因为各个采访对象的不同，表现出对采访工作的不同态度和配合情景。

分析采访对象，是为了使我们在接近采访对象时，有一些思想准备，并且根据对方可能采取的不同态度，事先研究、考虑出一些交谈、提问的方式和技巧，从而达到更好地接近采访对象，使之愉快地同我们合作，取得良好采访效果的目的。

三、学会正确认识记者、通讯员与采访对象之间的关系，努力克服不利于采访工作的各种情绪，积极争取采访的成功

在学习这个问题时，我们首先要明确，记者、通讯员和采访对象之间，应当是一种平等、友好、亲切、同志式的关系（采访罪犯、俘虏等其他情况除外）。我们既不要以所谓“无冕之王”自居，自以为高人一等；也不必自己看不起自己，卑躬屈膝，畏首畏尾。名记者邵飘萍（1886—1926 年）曾经精辟地概括出记者应当给采访对象这样一种印象：“和蔼，使人可亲；庄严，令人

尊敬；机警，使人不可欺骗；沉着，给人勤勉、忠厚、可信任之感。”这是说得非常深刻的。

要赢得采访的成功，我们在接近采访对象时应当注意以下几点：

(一)不要自己怯场，而要大胆适应

初学采访，往往有一种“害羞”、“畏惧”感，尤其是面对一些名人、领导人时，这种怯场心理表现得更加突出，成为接近采访对象一大心理障碍。其实，要学会采访，首先必须大胆。对于任何一个采访对象，无论他的知名度、地位、职务如何，我们都要从完成新闻报道任务的目的出发，大胆地、主动地去接近他、熟悉他、了解他。即使开初有一些对人物、环境、气氛的不够适应，也必须尽快消除一切不适应感，努力创造条件去适应，确保采访工作顺利展开。无数次采访实例证明，越是有地位、有影响、有声望的名人或领导人，他们越是谦虚、朴实、热情、好客，他们也是乐意于通过采访向人民群众传播信息、宣传政策和知识的。绝大多数采访对象也是愿意支持与配合记者的采访工作的。在采访面前的那种“怯场”心理，完全没有必要。

(二)不要消极等待，而要主动“出击”

有的同志初学采访时，接触到采访对象，习惯于等待对方的行动，如果采访对象表现出不够热情的态度，就有些沉不住气，认为采访没有成功的机会了。其实，采访能否成功并不在于一开始采访对象表现出来的态度，而在于我们自己是不是能主动把握住采访的主动权。有时候，通过记者、通讯员主动地同对方拉家常、聊天，恰当地引出一些共同感兴趣的话题，采访对象也会由冷变热，由沉默寡言变得热情健谈的。

(三)不要格格不入当外人，而要寻找媒介当亲人

在接近采访对象的过程中，记者、通讯员不应当对采访对象表现出漠不关心的态度，也不应当只要求采访对象给我们什么，

我们就不给采访对象以帮助；而应当进入角色，理解采访对象，找到加深熟悉与了解采访对象的媒介。

要做到不把采访对象当“外人”，就要尊重采访对象。我们在接近采访对象时，一定要注意尊重他们的人格，尊重他们的劳动，尊重他们的兴趣和爱好，尊重他们的宗教信仰，尊重他们的时间，尊重他们的谈话等等。这样，采访工作才能得到采访对象的理解、信任和支持，促进采访的成功。

(四)不要知难而退，而要迎难勇上

寻找与接近采访对象，当然不会都是一帆风顺的，有时可能会遇到一些意想不到的困难。比如，从采访对象来讲，有的采访对象可能故意回避我们提出的问题，甚至设置一些人为的障碍，阻止采访；有的虽然知道情况，但很不善于表述情况，无法把具体事实讲述清楚，使采访难以进行。从采访者来讲，有时可能许多新闻单位的记者云集一处，大家“抢新闻”，自己不容易接近采访对象，不易有深入交谈的时机；有时由于连续旅行造成晕车等身体不适，给接近采访对象带来精神与体力上的困难等等。面对这种困难，我们都不能退缩，而必须勇敢地去战胜困难。对于来自采访对象方面原因造成的难题，要找出原因，对症下药，或向对方宣传采访意图、目的，改变其不合作的态度；或及时另找恰当的采访对象，迅速捕捉到有价值的新闻素材。对于自身因素造成的困难，则必须及时做好自己的心理调节和体力等各方面的准备工作，把采访活动尽快展开，并走向成功。

(五)不要千篇一律，而要见机行事

寻找与接近采访对象的方法，不会是固定不变的。采访对象的具体情况不同，采访的时间、环境、条件不同，采访的性质不同，都可能会影响到寻找与接近采访对象的难易程度。因此，我们决不能采用千篇一律、固定不变的技巧与方法。相反，应当根据当时采访的具体情况，灵活机动地运用多种多样的技巧去接近采访对象。比如，对于表扬报道与批评报道的采访，在接近采访对象时就必须有不同的方法。有的单位和个人，对记者、通讯员采写批评他们的新闻报道，是不那么乐意的，更谈不上配合了。进行这样的采访，要想获得真实、可靠、生动的第一手材料，我们不但要注意选择好采访对象，而且在接近采访对象时从提问、交谈、观察的技巧上，也要非常留意，包括提问时的语气都应当讲究。这样，才能赢得对方的配合。

（《新闻界》1989 年第 1 期）

附录3

论专题采访技巧

专题采访是指记者和通讯员事先带着一个比较明确的目的到现场去,对有关人员进行专门的采访;或者说它是指记者、通讯员访问新闻人物,请他们就一些专门问题进行解答的一种采访形式。

一、要了解和掌握专题采访的特点

首先,专题采访的主题具有强烈的新闻性、针对性、专题性、时间性。它总是紧密与当前现实生活、斗争相联系,为了说明和解决当前迫切需要解决的现实问题而去采访和写作的。特定的政治背景,是专题采写的出发点。没有这一点,专访就失去了它的价值和特征。同时,不同性质的报刊,还有自己不同的专访特点。

其次,专题采访一般都具备人物、现场、记者或通讯员三要素。它采访的对象,应当是有代表性的、有特定意义的人和事,而不是一般的人物、事件。它发表后应对社会,对某一阶层或广大群众产生积极的影响和作用。采写专访,记者和通讯员必须到现场去,以第一人称的手法把亲自耳闻目睹的事实告诉给广大受众。

第三,专题采访大都是新闻传播媒介编辑部经过研究,委派记者或通讯员对一定的对象进行采访和写作。因为专访篇幅比较大,占的版面或播出时间较多、较长,不能轻易使用。编辑部总是根据一个时期的宣传报道中心或临时性报道需要,提出专题采访的目标和要求，然后指派专人前去采访，完成报道任务。如果身在基层的通讯员发现了好的专访线索，也应当及时与编辑部通气，了解编辑部的要求后再进行专访的采访和写作。

第四，专题采访从写作上看，比消息更详细、生动，容量更大；比一般通讯显得更"专"，可集中写一个人或一件事的某个片断、某个场景、某个问题，更突出现场感，使受众如见其人、如闻其声、亲临其境。它既可以像消息那样简洁明快地表述事实，也可以像通讯那样适当运用散文手法，叙事、抒情、描写、议论，还可以用对话的方式进行专题记述。它是新闻报道中极富生命力的一种特殊形式。

二、要选好和选准专题采访的目标

学习专题采访，必须从学会选准采访目标入手。有经验的记者指出，专题采访的对象应当是"富有魅力的人物"、"充分了解和掌握情况的人物"、"从事有趣的职业的人物"和"具有新闻价值的人物"。具体地讲，下列七种人或事物可以作为我们专题采访的目标：

1. 在重大新闻事件中，人们普遍关注的人物、可歌可泣的英雄；2. 为祖国争得了荣誉的各行各业的先进人物、劳动模范；3. 在平凡的工作岗位上，热心为人民服务，做出了不平凡事迹的人物；4. 人们熟悉的各方面知名人物的最新动态和情况；5. 富有情趣的新人新事；6. 某一方面符合当前报道思想的人和事，了解人们所关心问题的权威人士；7. 引起人们争论或普遍关心的一些问题。

三、要学会认真做好专访前的准备

专题采访一般要求抓紧发表时机，既有一个抢时间的问题，也有一个选择最恰当时候发表的问题。因此，专访的时间不应当拉得太长，不同于采访长篇通讯或报告文学那样有较充裕的时间。同时，专访的对象也往往是一些忙人，他们的时间很宝贵，不容许我们过多地占用其时间。这就特别要求我们在专访前，把各项准备工作做好，尤其是尽量多地掌握一些采访对象的简历、性格、兴趣、爱好等基本情况，使采访一开始就尽快进入实质性交谈，在有限的时间里获得尽可能多的有用材料。著名导演谢晋曾经抱怨“他常常要对记者从头讲一遍自己的简历”。其实，他的籍贯、年龄、艺术经历，只要一翻剪报就全部有了。这一中肯的批评说明做好专访前的准备对于成功地开展专题采访多么重要!

学会专访前的准备工作，除了尽可能多地熟悉与了解采访对象的基本情况，包括他的专业、特长、主要事迹及成就外，还要多掌握一些各方面的有关背景材料，比如有关新闻事实的历史性背景、环境性背景和说明性背景等。这些材料可以从查阅各种工具书、报刊以及采访对象提供的书面资料中获得。在此基础上，还应当制订一个切实可行的采访计划，选择恰当的时机和地点进行采访，并从物质、技术方面也作好周密的准备。细心的记者和通讯员，对于专访对象的住址、电话号码、近期活动日程安排、工作规律，也是掌握得一清二楚的。

四、要注意突出“专”字，从专门的方向去挖掘材料

专题采访是一种目的很明确，目标很清楚的采访，它的交谈、提问应当使采访对象和记者、通讯员自己都时时意识到始终围绕一个中心、一个专门的题目去展开。如果采访对象的谈话一时离题太远，记者、通讯员要有礼貌地、自然而得体地及时把话题拉回来，使对方继续围绕正题交谈。这样，才可能在较少的时间内，从专门的角度去挖掘有价值的材料。

专题采访中要注意挖掘哪些材料呢?一是要挖掘那些有特点的材料，突出专访中人和事的最大特点。人物特点包括年龄、身世、职业、经历、性格、兴趣、爱好、事迹的不同；事件特点包括事情本身、具体作法、经验教训、客观效果等差异，还有地区特点、环境特点、历史特点等等。而这一切特点，又离不开一个总的时代特点。专访中的材料要反映出时代特点，体现出时代精神。抓有特点的材料，一个重要的方法是比较，要善于从访问的不同的人和事中认真进行比较，既进行纵的比较，又进行横的比较，从比较中突出特色。二是要挖掘那些有情节的材料，注意突出生动的有说服力的细节。细节最能反映人物的个性和职业特征，最能体现事情的来龙去脉，也最能表达一篇专访的中心思想。有了生动感人的细节，才能使专访中的人物栩栩如生，才能使专访不枯燥，避免空洞的抽象叙述，从而达到引人入胜的效果。

专题采访中挖掘材料必须有选择，对于能突出主题思想的生动事例，要挖深挖细，充分利用；对于与主题关系不大、扣得不紧的材料，则要忍痛割爱，坚决舍之。这样，才能使一篇专访中心突出、主题鲜明，避免分散、冗长、一般化的毛病。

五、要注意认真观察，把看、问、想等采访手段有机地结合起来

学习专题采访技巧，要很注意运用观察。专访的要素之一就是现场，记者和通讯员不到现场亲自观察，就采写不出专访。我们在专题采访的过程中，要用自己的眼睛仔细观察采访对象的表情、神态、外貌和动作，还要注意敏锐地察看采访现场的环境、布置、陈设等实物，并动脑筋把观察到的这些情境和听到的情况巧妙结合起来，从中去发掘出最有新闻价值的材料。专访中的这种观察，贯穿在整个谈话和其他活动之中。有时，看到的东西可以加深我们对于听到的材料的理解；有时，从看见的情况中又能发现一些新的问题，促使专访中深入提问，去获取到更深层意义的材料。总之，一边问、一边看、一边想，巧妙而生动地把它们

融会在一起加以运用，才能构成一次成功的专访，才能赢得丰富、生动而全面的新闻素材。

专题采访是一门综合艺术。学会这门艺术，还要求记者、通讯员有认真负责、一丝不苟的精神，有高度的政治责任感和严肃的工作作风。我们既要在专访中深入提问，有挖掘精彩材料的“韧”劲，又要讲礼貌、讲道德、守纪律，尊重采访对象，坚持新闻必须真实的原则，确保专访的准确性、可靠性。专访发表后，影响较大，采访中涉及到的人和事必须准确，写作时务必慎重，一定要有政策观念，要对采访对象、对人民群众、对党和国家负责。

（《新闻界》1989年第5期）

附录 4

选题宜小，准备宜细
——三访巴金的体会

1980 年至 1981 年，我曾在上海三次访问巴金，写了三篇专访，发表在《成都日报》的《周末》副刊和《文明》杂志上。通过三访巴金的采访写作实践，我积累了一点采写人物专访的经验。下面着重谈谈如何选题和做好采访准备这两方面的体会。

一、选题宜小

选题，是采访中首先要遇到的一个问题。无论采访什么人和事，记者、通讯员大脑中首先要酝酿一个比较明确的题目。当然，这个题目不一定就是后来写成稿子的标题，也不是说，这个题目就非一成不变不可。有了这个题目，才能做到在采访时心中有数，明确主要了解什么、写什么，才不至于使采访漫无边际、事倍功半。

应当怎样来酝酿、形成这个题目呢?我从采访巴金的实践中体会到，选题要小，力求以小见大，也就是说，要尽量从一个比较具体的、有特点的小的方面入手。巴金同志是中外闻名的老作家，粉碎“四人帮”后，干劲很大，取得了可喜成绩，报刊上介绍他的文章已经很多了。只有尽量从小的角度去选题，才有可能抓住一些人们欲知而未知的新闻事实，突破老一套，给读者以新意。而这个“小”，又要注意从报纸的读者对象，从采访时的具体形势、环境、需要出发。

第一次访问巴金，我就想，巴金是我们成都人，对家乡自然有深厚感情，解放后他回到过成都，文化大革命以来一直没回去过，家乡人民也思念他、关心他。因此，我就把选题主要放在巴老与成都的关系上，围绕巴金青少年时代在成都的活动，成名后几次回乡，以及家乡读者最关心的巴金一家的近况这样三个方面来进行采访。

第二次访问，全国刚开始宣传社会主义精神文明，《文明》杂志也刚创刊不久，我就把选题放在巴金谈文明上，从祝贺《文明》问世，谈到怎样建设精神文明，特别讲了对青年一代的殷切关怀和希望。

第三次访问，巴金刚从北京回来，报纸上发表了他当选为全国作协主席团主席和他为现代文学馆捐款15万元的消息。这件事，国际上也很重视。香港《文汇报》还专门发了消息、评论。我就从这一点入手，着重采访了巴金同志对建立现代文学馆的设想。

这样，选题小了，一方面使内容与以前的报道不重复，有了新意；另一方面也可以使采访有一定深度，从一个小的“口子”去深入发掘一些有价值的材料来。比如，我在第三次访问巴金时，由于集中谈他对文学事业的关心，就引出了一些比较深、比较新的材料。由于巴金对家乡文艺事业也很关心，《青年作家》创刊时，请他写了篇几百字的文章，标题就是“青年作家”。采访中，他告诉我，文章发表后，编辑部给他寄来稿费100元。他认为不该寄这么多，就退了80元回去。事情虽小，却反映出他从来不以名作家自居的谦逊美德。要是选题很大，这样的细节我也许就不会去留意它了。

二、准备宜细

采访，要做好准备，道理上比较好懂。但真正理解到准备的重要性，还是在自己亲自实践之后。

采访的准备包括许多方面，有思想上的准备，物资上的准备等等，但最重要的准备是资料准备。通过准备，对采访对象的年龄、文化程度、经历、兴趣爱好、家庭情况、性格，有一个大致的了解。常言说：知己知彼，才能百战百胜。采访也是如此，资料准备得不充分，毛病就要在访问过程中暴露出来。

第一次访问巴金时，我心想，虽未同巴老见过面，但他的作品却读过不少，而且有的不止读过一遍。因此，就自以为可以靠老本钱吃饭，不必再详细准备多少资料了。再加上想见巴金的心切，总希望早些见到这位受人尊敬的老作家。于是，到上海不久，就拿着报社的介绍信和四川文联负责人艾芜同志的亲笔信，匆匆忙忙地去了。当然，由于巴金平易近人，很热情，没有一点架子，我们又是四川同乡，这一次采访还是有收获的，得到了不少教益的，但是也闹了一些笑话，主要是问了一些不该问的问题。这是因为，我虽然读过他的一些著作，但并没有过细地研究过，对他的生平、思想发展，特别是近年内有关他的评介文章，并不很熟悉。因此，提出的一些问题，实际上报刊上已经解决了。巴金很客气，对晚辈很爱护，遇到这种问题，他就告诉我哪个报刊、哪篇文章已经谈了，并且说：成都有个同志写了本《巴金评传》,初稿给我粗看了一下,收集了一些在成都的资料,你可以找来看看。这语重心长的话，对我是多么中肯的批评和指点啊!

吃一堑，长一智。第二次访问巴老之前，我就专门到图书馆去，花了几天时间，先把《巴金文集》一至十四卷大致翻了翻，又看了一些粉碎“四人帮”后出版的巴金有关著作，还看了论述巴金作品的文章目录索引，读了一本法国作家写的《巴金传略》，特别是注意查阅了最近一些报刊上介绍巴金的文章。

掌握了这样一些资料，采访中就主动得多。首先，双方的共同语言多了。因为对他的思想、作品、过去、现在，都熟悉了一些，就不像初访时那样只有讲到家乡近况时我才有发言权，而是当他提到一些问题、一些人和事时，也能大致知道是说的怎么回事。如他提到，他在成都办刊物，我就大致晓得是说的和吴先忧一起办《半月》；谈到在成都念外语专科学校，我就知道是指的东马棚街的“外专”，后来这个学校和其他几个学校一起并入了四川大学，所以川大校庆时有文章还讲到巴金是一名校友。这样，采访时的谈话就能彼此引起共鸣，逐渐谈得拢了。所谓“酒逢知己千杯少，话不投机半句多”，确有此理。

其次，提问精炼多了。提问是采访的主要方法。一般来讲，我们提问要少而精，不要采取“大包围”、“撒大网”的办法。尤其是采访知名人士、老前辈，人家的时间很宝贵，问题提得精炼，就可以少占用他的时间，也可使我们尽快完成采访写作任务。而提问要做到精，关键还是在于准备要细。初访巴金，我问题提得比较杂乱，特别是重复了一些人家问过并且已经见了报的问题，原因就在于准备工作没有做细。第二次访问前，我认真、细致地做了准备，并且列出了提问细目：(1)您这次到北京，主要参加了哪几项活动?(2)您担任了中国作协代主席，有什么打算?(3)您对现代文学馆的建立很重视，最近有什么进展吗?(4)去年您写了哪些文章?出了几本书?(5)您今年计划完成哪几本著作?长篇小说叫什么名字?已经写了多少?主人公叫什么?(6)您对四川文艺界很关心，做了许多事，有什么新的希望?由于事先考虑得比较细，时间花得不太多，却谈了许多有价值的问题。

第三，对采访对象的了解，由模糊变为比较清晰后，就可以根据选题的需要，有针对性地再提出一些需要深入了解的问题，把采访更加深入一步。比如，有这样两个问题我印象很深。一个是，有的文章说巴金焕发了青春，对这种形容，他很不同意。我问为什么不同意?他说，时间已经过去了，头发也白了，要回到青春的时候不可能，现在只能是怎样抓紧时间，多为人民做一些有益的事。另一个是，我看了一些评论文章后对他说，您在读者中威望很高，大家都反映您能坚持讲真话。他却说，也不能那样讲，在那些年月中，也不是没有讲过一句违心的话，问题是讲错了就要改，要敢于承认讲错了，公开地承认。从这两点上，我对他那种讲求实际、光明磊落的品格有了更深一层的了解。

第四，由于自己下了功夫、花了力气，甚至掌握了一些对采访对象来说也是新鲜的材料，就可以主动提供给他，使他觉得谈话是有益的，并不白白浪费时间。老作家对自己的作品最有感情，特别是对一些散失了的未能收集起来的文章，尤为珍视。我在查阅旧报刊中，查到了抗战胜利后巴金在上海给《周报》写的文章，他热情支持这一进步刊物，反对国民党政府对它的迫害和封闭。采访时，我向巴老汇报了这一情况，他很高兴，并详细地问了我是什么刊物、什么时间。

资料准备很重要，其他准备也不可忽略。比如，我们要访问一个地方、一位名人，对那里的地理环境也要有所了解。

一些老新闻工作者，是很注意搜集和积累与自己的采访活动有关的资料的，而且非常仔细。例如，戈宝权同志 1979 年到四川乐山参加郭沫若研究学术讨论会，我们陪他参观一些公园，无论到哪里，他第一件事就是买公园介绍、地形图。陪他看戏，他也每场必买说明书。一个来月，他积累了一大堆这方面的资料。后来，他回京后发表了有关文章，引用地点、人物、典故、趣闻，一点不错，那些随手得到的资料发挥了很好的作用。

（《文汇报通讯》1981 年第 6 期）

附录 5

论记者在大众传播中的地位

大众传播是指一群组织化的个人或一个传播组织，利用大众传播媒介，有系统地将大量消息、知识、观念、态度等传递给广大群众的过程。大众传播媒介，则是指报纸、广播、电视、电影、杂志、书籍等。研究记者与社会主义大众传播媒介的关系，探讨记者在社会主义大众传播活动中的地位和作用，对于正确而充分地发挥大众传播媒介宣传、教育、团结群众和指导工作、推动建设、监督社会的功能，具有十分重要的现实意义。

一、大众传播媒介是人们传播信息和一定意识内容的载体。记者是信息的制作者，传播行为的发起人，同时又是信息的接收者、观察者和监督者。从这个意义上讲，记者可以说是大众传播活动赖以存在与发展的主要动力之一。

大众传播，是人际传播中的一种形式。但它不同于人与人之间当面交谈，它是难度最大、情况最复杂、内容最丰富、涉及面最广泛的一种人际传播活动。它的一个显著特点是，传者与受者之间必须通过一定的媒介进行交流和传播。大众传播，首先要做大量搜集、组织和制作讯息的工作，还要对许多线索、信息、人与事进行调查研究，查证核实。这些工作，一般正是由记者来承担的。记者的主要任务就是采写新闻、反映情况和做群众工作。这些工作都是大众传播活动中的重要组成部分。我们可以设想，如果没有记者源源不断地把采写的新闻提供给编辑部，通讯社就不能及时发稿，报纸就不能按期出版，广播电视就不能正常播出，大众传播媒介就将没有内容提供给广大群众，大众传播活动就会陷于瘫痪。同时，离开了记者的采访工作，离开了调查研究，离开了记者为核实查证材料而付出的辛勤劳动，就不能保证信息、新闻、知识、观念的真实与准确，就可能造成传播的失实、虚假与错误，并对人民及社会带来危害。显而易见，大众传播活动是离不开记者的。

这里应当说明，我们所讲的记者是广义范围上的记者，既包括专门在外面从事采访写作的记者，也包括在编辑部从事加工、修改、编辑工作的编辑。一句话，是指广大新闻工作者。电影，尤其是新闻电影，当然必须要记者去采访、拍摄、编辑、制作。杂志，许多方面的内容离不开新闻报道，它上面刊载的人物专访、社会调查、旅游随笔、报告文学等，都是由记者去采写的。至于书籍，固然不会都是新闻报道方面的内容，但它同杂志一样，需要编辑的审阅、修改和加工。由此可见，记者作为职业传播者，确实是大众传播活动中的主要成员，讯息的制作者、传播行为的发起人，它在大众传播中占据着极其重要的主导地位。

大众传播是一个十分错综复杂而又时刻变化的过程。记者从其所从事的职业来讲，固然是大众传播活动中的传者；但从某一讯息的具体传播过程看，他又是一位受者。当记者作为大众传播中的受者的时候，他会不同于一般受众。因为他熟悉讯息的采集、制作过程，懂得讯息传播的客观规律，因而就更能在接收讯息的过程中观察和监督大众媒介，并作出中肯的分析、判断和评价。目前，国内外许多新闻媒介单位，都建立了以记者为骨干的大众传播研究机构。这种机构随时监督和观察大众传媒，经常提出改进传播活动的建议与意见，促进大众传播活动健康发展。所以，从更广泛的意义上讲，记者在大众传播中既是传者，又是受者，它对于大众传播的生存与发展起着巨大的推动作用。

二、大众传播媒介是社会舆论的重要向导，记者是种种舆论的第一选择者、表达者和传播者。记者的世界观、立场、思想、感情，对舆论导向的正确与否起至关重要的作用。

大众传播媒介具有表达舆论、反映舆论、引导舆论的特殊功能和强大力量。而舆论是行动的先导、是政治的晴雨表，它对社会的前进与发展会产生重大影响。正确的、积极的、革命的舆论，能很大地促进社会进步和发展；而错误的、消极的、反革命的舆论，则必然阻碍和破坏社会向前发展。就我国改革开放的情况来讲，如果大众传播媒介对社会舆论引导得好，就可以团结亿万群众坚持“一个中心，两个基本点”，同心同德地进行改革开放，推动四化建设，促进社会生产发展；反之，如果对社会舆论引导得不好，就可能使民心涣散，影响安定团结，破坏改革开放和生产力发展，给国家和人民群众带来巨大损失。同时，舆论导向对社会青少年一代的成长有着十分密切的直接关系。一位中学校长深有感触地说：“一篇小说、一篇报道、一个丑恶镜头，就可能抵消我们几十年德育教育的心血！”这句话清楚地道出了舆论导向错误会造成多么严重的恶果！

在大众传播活动中，谁来把握舆论导向的正确与失误呢?这当然是传者，而首先又是记者。因为记者是各种舆论的第一选择人。一张报纸无论多少个版面，一座电台无论广播多长时间，一个电视台无论播出多少镜头，总不可能把地球上发生的事情都报道出来、传播出去。也就是说，不可能“有闻必录”。这就有一个新闻选择的问题。传播什么，不传播什么，为谁传播，怎样传播，这都是一种导向。大众传播过程里，每一个记者总是依据自己的价值观念和标准在社会所发生的大量事实中选取某些事实，并将其撰写为新闻，告知受众。构成这种新闻选择的要素包括政治与经济利益、新闻价值和宣传价值标准、新闻政策与法规以及传者的个人因素等等。在阶级社会里，所有这些因素不可避免地都会因政治倾向的不同而不同，因阶级、阶层、社会集团利益的不同而不同。有人企图抹煞大众传播媒介的倾向性、阶级性，不讲政治方向，鼓吹所谓纯“客观”、“公正”、“真实”，这其实只不过是骗人的谎话。对同一个事物，由于传播者的立场、观点、感情不同，往往看法会不一样，传播的角度和内容也迥然不同，甚至完全相反。比如，面对一些打、砸、抢、烧分子，我们的法庭判决是刑事犯罪，予以应有的惩处，我们的新闻舆论也进行了如实报道；而西方某些新闻媒介却称之为“民主斗士”，肉麻地加以吹捧，无耻地加以歪曲宣传。面对党和国家的一系列方针、政策及其带来的显著效果，我们认为好得很，而一些敌对势力及其传播机构却咒骂为“糟得很”。可见，在大众传播活动中，记者采访什么，不采访什么，从什么角度去采访与写作，对采访的人和事进行怎样的评价，在采写中提倡什么和反对什么等等，这一切都是与记者自身的世界观、立场、思想、感情联系在一起的，而这一切又直接产生了传播的效果，构成了新闻报道的指导性、思想性，直接影响着大众传媒的舆论导向。因此，可以说，大众传播媒介的舆论导向，在很大程度上取决于记者。

作为社会主义新中国的一名记者，应当具有什么样的世界观、立场、思想感情呢?我认为，应当具有马克思主义、辩证唯物主义的世界观和方法论，应当站在党、国家和人民大众的立场上，应当具有全心全意为人民服务的思想和感情。具体地讲，就是要旗帜鲜明地捍卫四项基本原则，坚持新闻舆论的正确方向，始终与党中央保持一致，始终坚持“一个中心、两个基本点”，坚决维护党、国家和人民的根本利益，为宣传党的方针、政策，宣传共产主义和爱国主义思想，团结全国人民建设繁荣富强的社会主义新中国而努力奋斗。只有这样，记者才能在任何大风大浪面前不致迷失方向，才能随时正确而及时地传播各种信息、知识、观念、态度，使大众传媒的舆论导向始终正确、端正，引导和激励人们沿着社会主义的方向为实现四化胜利前进。

三、大众传播媒介是传播者与接收者互相沟通、交流的桥梁。记者在大众传播活动中，既是受众的良师益友，又是受众的学生与公仆。记者应当与受众建立起良好的信赖关系，成为密切党、国家、政府与受众联系的强有力的纽带。

在大众传播活动中，记者总是通过大众传播媒介随时向受众传播新的讯息，传授新的知识，传达某种观点和态度，告诉受众世界上发生的最新变化、最新进展以及面对这些新变化人们应当怎么行动，怎样工作、学习和生活。同时，记者又随时为人民代言，反映受众的呼声和愿望，呼吁解决受众在各方面遇到的实际问题，努力给受众以更多实际的帮助。正如有人所指出："如果把国家比成一艘船，记者就是站在船头上瞭望的人。他要注意各种过往船只，注意水平线上任何值得注意的目标，还要透过薄雾与风障观察值得警惕的动向。"可见，记者确实是国家前进道路上的观察员、新生事物的歌唱家、社会进步的推动者、人民群众的良师和益友。它对受众的长远及切身利益有着十分巨大的影响。

当然，记者同时又是受众的学生。从开始采访起，记者就从采访对象(也是受众的一部分)那里，源源不断地吸取精神营养和知识养料，从各种不同的人物，包括工人、农民、知识分子、军人身上得到深刻的教益和启迪。中国新闻社上海分社一位记者谈到他采访巴金的体会说："我总觉得巴金是新闻记者的良师，又是益友。每次我去看他，他都坦率地说出自己对一些问题的看法，有时我事先准备了一些问题去拜访他，也有时则是光听他谈话。"[①]这说明，记者在采集各种讯息，访问各类人物的过程中，就已经拜人民群众为师。而在制作了新闻并通过大众媒介传播出去后，记者更是随时接受着受众的挑剔、评判和监督。你报道的新闻是否真实、准确，你传播的信息是否及时、迅速，你制作新闻的技巧是否高超、得当，你表述的观点是否正确、完善等等，所有这一切都要由广大受众来评断。广大受众正是通过对记者工作质量和工作效果的检验与监督，来激励记者更好地传播信息和新闻。从这个角度上看，受众真正是我们记者的好老师，是大众传播活动健康发展的重要力量源泉。

由于记者和受众间这样密切的相互依赖、推动和帮助的关系，记者完全应当，而且可能同受众建立起特有的信赖和往来。这样，就更有助于记者通过大众传播媒介，把党、国家、政府和人民大众紧密联系起来，使自己成为加深这种联系的纽带。正如刘少奇同志在 1948 年 10 月 2 日接见华北记者团时所说："党要经过千百条线索和群众联系起来，而其中最重要的办法就是报纸、新华社。你们的工作，你们的事业，是千百条线索中最重要的一条。"这里实际上是泛指所有大众传播，包括电视、广播、电影等工具的。通过这些媒介，记者一方面把党和政府的方针、政策、意图传达给人民；另一方面又把人民群众执行政策的情况以及意见、愿望报告给党和政府。这就既有利于党和国家方针、政策的贯彻落实，有利于根据实际情况对某些政策加以调整、修改；又有利于迅速地解决人民群众迫切需要解决的问题，调动广大人民执行政策的自觉性、主动性和积极性，把国家的事情办得更好。显然，记者在大众传播活动中的这种桥梁、纽带作用，对党和国家、人民都是十分有用的。

四、大众传播媒介是社会道德风尚的一面镜子，记者有时也会成为大众传媒传播、报道的对象。记者应当随时注意自己的一言一行，以自己端正的品德、廉洁的行为、正派的作风为受众树立良好的形象，为提高大众传播媒介威望，促进社会两个文明的建设作出贡献。

大众传播的作用之一在于提供行为的模式。这种提供，既包括记者的言行与作风。在大众媒介中，人们不时可以看到一些有关记者本身情况的报道，这些记者就变成了大众媒介所传播的对象。远的如 1915 年 12 月 27 日，著名记者黄远生在美国旧金山市唐人街遇刺身亡。第二天的上海《时报》就刊载了来自美国旧金山领事馆的“要电”：“昨日黄远庸(即黄远生)君在华街被枪击殒命，凶手未获。”同时还刊登了悼文。近的如 1988 年 3 月 24 日，浙江广播电视厅记者童禅福在列车相撞后的紧急关头，挺身而出，不顾个人安危抢救日本学生. 被上海铁路局局长赞誉为“好同志，好记者，人民铁路感谢你!”《钱江晚报》也发表短评《记者的光彩》，指出这是“中国人民善救人危的传统美德和新闻工作者无私无畏崇高品质的生动体现。”[②]还有许多记者不为名利、艰苦奋斗、嫉恶如仇、伸张正义，勇于同各种违法乱纪行为作斗争。所有这些，都在社会上、在人们心目中塑造了人民记者美的形象，加深了受众对大众传播媒介的信任感。这是我们国家大众传播活动中记者工作的主流。但是，也要看到，随着商品经济的发展，由于资产阶级自由化思潮的侵蚀，记者队伍中出现了一些值得注意的问题。有的人以笔谋私，用新闻报道拉关系、送人情，甚至收受贿赂；有的人作风飘浮，蜻蜓点水，报道失实；有的背离四项基本原则，散布资产阶级自由化思潮；有的触犯刑律，受到法律应有的制裁等等。这些情况虽然只是极少数，但却玷污了记者的崇高职业形象，损害了社会主义大众传播事业的威信，使受众对大众传媒的真实性产生怀疑，出现了某种信任危机，其严重危害性绝不可低估! 由此可以看到，记者自身的言行直接关系到大众传播媒介的威望，直接影响到受众对大众媒介的信赖程度。可以说它是大众传播事业的生命之源，是传播媒介能否获得成功的关键。每一位有责任感的正直的记者，都必须严格律己，加强自身思想修养和职业道德方面的锻炼，自尊、自重、自爱，努力树立共产主义的人生观、道德观，廉洁奉公、兢兢业业、艰苦朴素、舍己为人，牢固地树立起全心全意为人民服务的思想。这样，记者才能有效地抵制各种资产阶级思想的侵蚀和社会上不正之风的影响，忠于自己的职守，用自己的笔和行动来捍卫党和人民的利益，捍卫社会主义大众传播事业的纯洁性。这样，记者在人民群众中的崇高形象，才能进一步发扬光大，记者在大众传播活动中的重要地位和作用才能更加充分地显示和发挥出来。

（《四川大学学报丛刊》1989年11月第47期）

注释：

①转引自《新闻大学》。

②《新闻记者》1989年第6期，第35页。

附录6

论范长江新闻采写艺术

范长江(1910—1970)，四川内江人，我国著名的新闻记者、杰出的无产阶级新闻战士。他留给我们的新闻作品十分丰富。比较早就汇编成书、在全国产生巨大影响的新闻作品集有：《中国的西北角》、《塞上行》和《西线风云》。还有不少作品没有收进上述新闻作品集中。范长江能成为一位名记者，重要原因之一是他十分重视采访和写作艺术。我们阅读长江的新闻作品，研究他的采写实践，就可以看到他在写作艺术上有很高造诣和独特技巧。

首先，长江非常注重选择重大题目，把采写工作同时代的脉搏、人民的需要紧密结合起来。

综观长江的新闻作品，其选题都是非常有意义的。他为什么写大西北呢?长江说："我当年到西北去采访，也是怀着两个目的的：一是研究红军北上以后中国的动向；二是当时抗战即将开始，抗日战争爆发后，敌人肯定会占领我们的若干大城市，那么我们的后方——西北、西南的情况怎样呢?这两个问题也是当时群众迫切需要回答的重大问题。"可见长江非常明确一个思想，新闻采访工作要为实际斗争服务，要善于抓住那些最重要、最有价值、最为广大人民关注的问题。抗日战争爆发后他写的新闻作品，其选题更是同国家、民族的命运息息相关。芦沟桥枪声打响了，他采写《芦沟桥畔》；保定展开了抗战，他采写《保定前方》；台儿庄进行着激烈争夺，他又采写《台儿庄血战》……这些题目，都是当时全中国甚至全世界人民最为关注的。

长江在采访中能抓住这些重大的人们关心的题目，决非偶然。因为这正是他日常深思熟虑，并有一定研究的题目。他时刻关心着国家和民族的前途，把自己融会在整个抗战救亡的神圣事业中，才能选择到这样一些非常有价值的题目。

其次，长江的新闻作品坚持用事实说话的原则，但又不是一般的单纯叙述事实，而且注重在深入调查研究的基础上，对事物进行深刻的分析和研究，提出独到的有价值的见解。

写新闻作品最易犯的毛病是，只记录或罗列一下事实本身，缺乏深刻的分析和研究，就事论事，没有独到的见解，因而给人印象不深。长江写的通讯却不是这样，每一篇都是以事实为基础。读他的通讯可以看到许许多多活生生的事实，了解大量国际国内大事，也了解民间的风俗习惯和各种趣闻。但是，作品所给予我们的还远远不只这些。从这些事实中，我们看到了作者的精辟见解，感觉到了作者对国家、民族、人民前途的深切关怀和担心，仿佛触及到一颗赤诚的爱国之心在跳动。例如，在《陕北甘东边境上》这篇通讯中，长江对刘志丹部队作了精辟的描写和分析。他在报道了大量事实的基础上，鲜明地指出刘志丹同历史上所有绿林好汉不同，并且指出了其所以不同的社会原因和历史原因，他写道："自刘志丹开始活动以后，情势大不相同。刘为保安人，最熟悉地方农民痛苦，他同时受过黄埔时代的新的政治训练，并受过共产党组织的熏陶，所以他的活动有目标、有方法、有组织，把个人主义的绿林运动，变为与社会合为一致的社会运动。"在叙述了刘志丹分土地、反捐款、反派款后，他又分析说："以实际利益为前提的民众，当然赞成刘志丹的主张，而愿为之用命。"长江接着又写了毛泽东率领红军长征后到达陕北，与刘志丹的会合，彭德怀对蒋介石追兵的猛烈反攻，从而揭示出红军能在陕北站住脚根的重要原因，并作出评述道："两种势力无处不在斗争中，不过，对实际问题有解决办法者终归是最后胜利者。"早在1936年初，作者就能作出这样深刻的报道与分析，确实是不平凡的。这种不就事论事、不一般化、表面化地报道，而是对事物进行认真分析、得出精辟见解的写作风格，是非常值得学习的。

第三，长江的新闻作品，善于运用夹叙夹议的手法，以画龙点睛的精炼语言，发表自己对事对物的看法，引入深思，令人回味。

通讯写作要夹叙夹议，道理上比较好讲，写起来并不容易。常常易犯的毛病是过多的发空泛的议论，议论的东西与报道的事实沾不上边，议论太冗长等等。长江写的通讯，却能十分巧妙地夹叙夹议、恰到好处，有独到的技巧。他在通讯中的议论，总是与叙述的事情紧密结合，水乳交融，天衣无缝。例如，在《保定前方》这篇通讯中，长江满怀激情地写道："世界上的事实，死路就是生路。不弄得穷途末路，逼不出惊天动地的人才。日本军人炸毁了我们的平津，屠戮了我们的同胞，我们诚然痛惜，然而我们却不悲观。因为我们同胞们无辜的血肉，正是我们建造光华灿烂的新中华民族之基础。我们暴露在瓦砾场上的头颅和白骨，正是我们翻身的桥梁。日本如此逼迫，逼成我们全民族的万众一心；日本人如此惨暴，逼出许多鸡 鸣起舞的杰士。看吧，倒霉将近百年的中国，一定能在日本凶横的侵略下翻身！"这段像诗一样的议论，与作者所叙述的保定前方战斗的事实完全吻合，非常贴切，因而读后十分感人。

长江在夹叙夹议中，有时还恰当地使用一些精炼的富于哲理性的语言，这种语言诙谐有趣，从生活小事可以联系到政治上的大事，给人以生动、难忘的印象和启发。在《再度阴山》这篇通讯中，长江写道："不好的道路，如果有好的司机，也可以度过许多难关，所以一个国家杰出的领袖至为重要。”从司机联想到领袖，颇有哲理性，也诙谐有趣，反映出作者对国民党蒋介石消极抗日政策的强烈不满。长江在运用夹叙夹议手法时，有时并不明显地发议论，表现得比较含蓄、隐晦，在叙述事情的过程中表示了作者的议论。

第四，长江的作品，还注意在比较中描写事物，形象生动，有丰富的联想力，给人以深刻、难忘的印象。

抗日战争时期战时出版社的《江淮间的运动》一书中，收录有长江写的《桂兵佳话》。这篇通讯里写一位淮南战场上的一位士兵，“在二月十一日反攻上窑考城时，被敌人打伤了腿。然而他仍然勇敢地砍了一个敌人的头，他死死地把人头带在身上，无论如何绝对不肯放手。晚上他就用那个人头作枕。他说：日本鬼子打伤了我，总得睡睡他出出气。”这实际上是从一个物体身上，来表现人的思想情感，充分体现了抗日士兵对日寇的刻骨仇恨，歌颂了他们那种勇敢、顽强，为自己为人民报仇的坚定信念。这种以物寓意的笔法，增添了通讯的感染力。

长江的新闻作品，善于以比较、衬托、对照等方式，把许多事情、人物问题，更加鲜明地展现在读者面前。例如，《成兰纪行》这篇通讯写道：“黄昏始达山麓，约夜十时抵董上庄，遂投宿。董上已为甘肃境，语言及生活习惯皆不同四川。甘肃境内的民众，比四川要柔驯得多。看到一个外面来的旅客，恭敬得了不得，开口大人闭口大人。最大的原因是他们自己本身没有武力，只要一把马刀，就可以叫他们屈服。一部分的男子被鸦片烟抽得皮包骨头，村庄的人口日益减少，房舍日益破坏，生活日益艰难。某君自文县来相遇，曾痛谓：中国再如此过活十年，这些地方的人口恐将至绝种了！”作者还写到，甘肃虽然语言、生活、个性上与四川不同，“但鸦片之毒，其深与四川相伯仲(比喻不相上下)。”这就把四川的严重情况，也附上一笔。由此可见国民党统治下的旧中国是一幅多么危险、凄凉的局面。

第五，长江的新闻作品，有丰富的历史地理文化资料，旁征博引，引用贴切，富有浓厚的知识性、趣味性，引人阅读，耐人寻味。

阅读长江的通讯，人们会惊叹他博学多才，有渊博的知识和运用知识的高超技巧。从《中国的西北角》一书中，我们清楚地看到他多么熟悉和了解大西北的历史、人物、地理、气候、物产等各方面的情况。他分析宁夏的地理特征，考证宁夏渠政二千多年的历史，甚至还修正了过去传统地图上的错误。他研究历代统治者对西北的政策及统治方法，谈古论今，给人深刻启发。

长江在新闻写作上能达到如此炉火纯青的地步，是由于他有坚实的语言文学基础。长江一直喜爱文学，他的通讯中，随时可以见到引用得十分贴切的诗歌民谣。据粗略统计，在《中国的西北角》中，比较完整地引用古代诗词在十八处以上。《塞上行》中，有近十处，例如，作者介绍武威(即古“凉州”)在历史上的重要地位时，就引用了岑参的诗句：“弯弯月色挂城头，城头月出照凉州，凉州七里十万家，胡人半解弹琵琶。”在叙述凉山过去各民族战争情形时，又引用了戴良之写的《凉州行》：“凉山城头闻打鼓，凉州城北尽胡虏……君不见，古来边城多战死，生男岂如生女强?”这些古诗在通讯中的运用，能够更加形象生动地说明作者所要描写的事物，把古与今有机地联系起来，增强了新闻作品的可读性。

学习和探讨长江新闻作品的采写艺术，并把他成功的经验运用到我们当前的新闻改革中去，不断提高我们新闻采访和写作水平，将会对繁荣和发展社会主义新闻事业产生重要影响。

（《新闻界》1987 年第 3 期）

附录 7

黄远生的采访思想与实践

黄远生(1883—1915)是我国新闻史上一颗灿烂的明星。他原名为基，字远庸，远生是其笔名。戈公振评价他“理解力及文字组织力，实有过人处。盖报界之奇才也。”(《中国报学史》第187页)方汉奇指出，黄远生“是民初新闻记者中的巨擘。在此以前，新闻界的知名人士多数是报刊政论作家，以新闻的采访和写作而负盛名的，黄远生是第一人。”(《中国近代报刊史》第740页)学习与研究黄远生的采访思想和实践，对于提高新闻采访和写作水平，无疑是十分有益的。

一

黄远生成为众人称颂的名记者决非偶然。他出生在江西九江一个书香门第家庭。父亲是位“文采秀发”的老童生，母亲也颇懂诗书。在父母的熏染、教育下，他16岁便考取秀才，并就读于南浔公学。这时的远生，一方面非常勤奋好学，刻苦读书；另一方面又积极追求进步，热衷于“革命、自由、民权”，对封建专制制度十分不满。他从少年时代起，就产生了要改造社会、报效国家和人民的强烈愿望。

1903年，20岁的黄远生考中举人。1904年，21岁考中进士，成为当年考中光绪进士的最年轻者。他毅然抛弃升官发财、光宗耀祖的坦途，经多次要求来到日本中央大学学习深造。四年攻读法律兼学外语的留学生活，为他后来的记者生涯奠定了坚实的基础。

1909 年，26 岁的远生学成归国。他本意仍然不愿做官，“吾于科举时代，绝无作官思想，至为留学生将毕业时，则谋生之念，与所谓爱国之念者，交迫于中。”（《黄远生遗著》卷一，第 130 页《忏悔录》）但事与愿违，清政府硬要他当邮传部员外郎，并兼参议厅行走。后来，又调任编译局纂修官。这段官场生涯，使黄远生更加深刻地看到了中国封建末世官场的种种丑恶和无辜民众在黑暗统治下的惨状。因而，他无情地揭露道：“我国之政治舞台，乃有黑幕而无明幕”，“毒药之毒，封豕长蛇之凶，然犹不及中国之官界”，“官僚不外三种，曰盗，曰丐，曰流氓。”（《黄远生遗著》卷一，第 131 页《忏悔录》）

1911 年辛亥革命发生后，黄远生曾参加了一些党派活动。如加入梁启超发起的进步党，并当过国会议员。但当他看到政客中不少人是“全国之高等流氓”，而国会议员也可以“插标入市”任人购买，就非常气愤。1913 年，他郑重登报声明脱离党会，宣告“自今以往，余之名字，誓与一切党会断绝连贯的关系”。

黄远生在弃官弃议员后，选择了从事于新闻和法律工作的道路。他首先创办并主编了《少年中国》周刊。在为这个刊物写的《少年中国之自由》一文中，黄远生指出：“吾少年中国之发行，亦仅积鲠在喉，不能不吐。”（《黄远生遗著》卷一，第 11 页）他所要大声疾呼的，就是“一新政治或社会之空气”，“主持正论公理，以廓清腐秽而养国家之元气”。这都表明，黄远生投身于新闻事业，确实是出于强烈的爱国良心，迫切感到心中有话要讲，不讲不快，一心渴望改良，振兴国家，干一番事业。《少年中国》周刊出版后，产生了很大影响，不少人称赞它办得好。

1914 年，黄远生接替梁启超任《庸言》报编辑人。远生在为《庸言》报写的《本报之新生命》一文中说：“吾庸言报之出生，虽仅周年，而其前身之所累积者，固源远流长……今吾曹及此报之周身细胞，固时时刻刻除旧布新，以迓吾人至于新生活之途。”(《黄远生遗著》卷一，第103页)可见，远生办报正是为了贯彻他的改良革新主张，宣传他的振兴国家主意，实现他的雄伟政治抱负。

黄远生在新闻工作中，更多的是直接从事新闻采访与写作。他先后担任过上海《时报》、《申报》、《东方日报》的特约记者，专门给这些报纸撰写“北京通信”。他写的通信切中时弊，揭发黑幕，报道新闻，妙趣横生，吸引了千万读者，也使他自己一举扬名天下。当时正在上海市南洋公学读书的邹韬奋，就是远生通信的“入了迷”的读者。每天都要到阅览室去，先看看有没有远生写的北京通信，看完了远生的新闻报道，才再去看别的电讯稿。韬奋还从此立下志向，要做一个远生这样的新闻记者(转引自罗星《政治记者黄远生》，见《新闻大学》第6期)。

黄远生还当过北京《亚细亚日报》特约通讯员。并经常给《东方杂志》、《国民公报》、《论衡杂志》等报刊写稿。他才华横溢，文思敏捷，在四五年记者生涯中写作内容极其广泛，形式不拘一格，消息、通讯、政论、短评、文学论述和翻译作品，总计有数十万字，可算是一位难得的高产记者兼作家。可惜这样一位有才华、有抱负、有理想，在光明与黑暗之间的搏斗中不停地探索和追求的名记者，最终还是被黑暗的恶势力所吞没。1915年11月27日，黄远生在美国旧金山市唐人街回旅馆途中，被人开枪暗杀，死时才32岁。

黄远生遇害，引起当时社会强烈的反响。在黄远生遇害后第二天出版的《上海时报》上，以醒目的大字标题，刊出了《悼黄远庸君》：“黄远庸君不可谓非当世一俊才也，既胆文辞，复富法律，近方负岌游于美国，学为呼吸新大陆之空气而归，则庶乎其益进德而修业也。今闻被戕于旧金山，乌能不深惜此人才哉!”

二

作为“报界奇才”、“新闻怪杰”的名记者黄远生，在新闻采访艺术方面有一套比较系统、完善的思想和主张，形成了独具一格、影响深远的新闻采写观。这些思想与主张，不仅在当时有明显的进步意义，至今也很有借鉴作用。

(一)反对信口开河，主张真实准确

林志钧在《黄远生遗著》序中指出：黄远生从事新闻采写，无论是写消息、通信、政论，“所根据的材料，比较的也很正确，绝不肯‘信口开河’的乱说。他常常感慨，以为新闻记者须尊重彼此之人格，叙述一事，要能恰如其分。”这里所说的“恰如其分”，就是指新闻报道要真实准确。黄远生不只一次地强调，要珍惜记者这个光荣的称号，并且认为很不容易够得上这个资格，自己也还是“不够资格之一人”。这一方面反映出他很自谦，严于责己；另一方面也说明他多么重视记者的职责，多么看重必须注重真实、准确。

黄远生是在民国初年投入新闻采访工作的。当时，全国各地报刊风起云涌，多达500多家，但是新闻采访工作还很不成熟。许多报馆发表消息，并没有亲自深入采访，而编者又不负责任地发表虚假伪造的新闻稿件。例如，当时的《大汉报》哗众取宠，随意捏造新闻；《苏报》伪造“严拿留学生的‘上谕’”；一些报刊伪造“京陷帝奔”、“清帝及太后等确已逃匿热河”、“摄政王昨晚暴卒，清皇太后自缢死”等。有的报刊利用读者喜闻清朝廷败绩的心理，任意编造捷报，多卖报纸。(方汉奇：《辛亥革命时期报刊业务工作的改进》)

黄远生对这种新闻报道不真实的状况非常不满，他认为必须强调新闻采访写作中的客观性、真实性、准确性。1914年1月，他接替梁启超主编《庸言》报时，就明确地提出：“吾曹此后，将力变其主观的态度，而易为客观。对于政局、对于时事，乃而对于一切事物，固当本其所信，发挥自以为正确之主张，决不以一主张之故，而排斥其他主张。”又说：“若令吾人所综合事实，尚未足令吾人下笔判断之时，则吾人与其妄发主张，贻后日之忏悔，不如仅仅提出事实，以供吾曹以社会异日之参考资料，而决不急于有主张。”还指出：“吾人所综合之事实，当一面求其精确，一面求其系统。”1915年1月，黄远生在《新年闲话》一文中更加鲜明地强调：“夫新闻以报道真正之事实为主，诙谐杂出、拾掇个人琐实，实非正宗。”

从这些文字中，可以清楚地看出黄远生主张新闻采写一定要坚持客观、真实、公正，绝不要强加于人，绝不要妄下结论；一定要用事实说话，宁肯客观地摆出事实让读者自己去评断、思考，也不要信口开河，妄加判断；新闻报道一定要精确、可靠，不能马马虎虎，大而划之；一定要选择有价值、有意义的重要事实，不是一切个人琐事、庸俗无聊的东西都报道。这些思想和主张，在当时就十分鲜明地提出来，确实是难能可贵的。

远生这种强调真实的采访思想，体现在他的新闻采访实践中。1915年4月29日的《新闻日记》中，他在继续报道并评述了日本修正案内容后，明确写道：“今日新闻仅此，凡余意认为不甚确实及无关宏旨之议论，皆置不记(近有一种报纸，详记会议情形，其实皆毫无根据，徒以惑乱听闻)。大抵逐日之内容，决不能为新闻记者所知。此节亦望读报者注意。”远生在这里坚持做到只有准确的、确实的新闻事实才予报道，似是而非的传闻、不够确切的事情，一律不予报道。

黄远生对于一切造假、不真实的采写作风，恨之入骨，并且深刻地加以分析、批判。他在《忏悔录》一文中说：“余自问为记者若干年，亦一大作孽之事也。以今法作报，可将一无辜良善之人，平空诬陷，即可陷其人于举国皆曰可杀之中。盖一人杜撰，万报腾写，社会心理薄弱，最易欺蒙也。至于凭臆造论，吠影吠声，败坏国家大事，更易为矣！”（《黄远生遗著》卷一，第133页）这段话充分表现出黄远生对新闻舆论工具作用的高度重视，精辟地阐明了虚假报道对社会、对人类带来的危害。正是因为他深刻认识到新闻务必真实，所以他才能身体力行，处处力求做到报道真实、准确。“偶然亦有听错了话，替谣言做箇德律风，他到后来得了真实消息，跟着就把前头的话更正了。”（《黄远生遗著》序，第5页）

黄远生对自己要求十分严格。他常觉得惭愧，自觉与历史上那些秉笔直书的史官相比，尚有不如。他在1915年4月3日的《新闻日记》中写道：“今吾人若将北京睹界内幕一一布之，诚足为餍悦读者之材料，然记者实不欲为之。足见古人作史，秉笔直书之难。吾曹可勉自解嘲者，虽不直笔，亦尚不曲笔也！”（《黄远生遗著》卷四，第136页）这里所讲的“不曲笔”，就是不歪曲事实，不虚伪捏造，而必须真实、准确。他深深地懂得，记者是在为后人写历史，今天的新闻就是明天的历史，因此一点也不能歪曲事实。黄远生这种常常从历史的重任上铭记新闻采访必须真实的思想，正是他成为名记者的重要因素之一。

（二）摒弃浮光掠影，注重调查研究

黄远生不仅认为新闻采访必须确保真实，而且指明了新闻采访做到真实、准确的途径和方法。用他的话来概括，最核心的就是四个字：调查研究。

远生的老朋友林志钧回忆说：“他要做一回通讯，拿起笔来写，在他是一点不费脑力的事。他所费力的，就是一一搜集材料，差不多要直接由本人得来的消息，才去评论它。换句话说，就是要和事主对证明白的，才肯相信，然后就这个事情上加以评论。”（《黄远生遗著》序，第5页）这说明黄远生写新闻作品，是把大力气花在采访上面的，而采访工作的重心又放在调查研究上。在调查研究方面，他又十分注重自己亲自动手，也就是“事必躬亲”，要自己亲自得来的消息，或与当事人核对过的新闻材料，才肯报道，决不浮光掠影，决不马马虎虎。正如别人评价他的：“对于职务的忠实，真有不可及的地方。这也是远庸人格表现之一端。”(同上)把注重真实、注重调查研究，同人格、人品、做人联系起来，足见一个记者的采访作风与人品之间关系多么密切、重要。

黄远生在总结回顾自己的记者生涯时，明确地概括出记者进行调查研究必须具备四能，即：“(1)脑筋能想，(2)腿脚能奔走，(3)耳能听，(4)手能写。”并接着阐述道：“调查研究有种种素养，是谓能想；交游肆应，能深知多方面势力之所存，以时访接，是谓能奔走；闻一知十，闻此知彼，由显达隐，由旁得通，是谓能听；刻画叙述，不溢不漏，尊重彼此之人格，力守绅士之态度，是谓能写。”(《黄远生遗著》卷一，第133页《忏悔录》)远生指出调查研究有种种素养，实际上是说明调查研究工作贯穿在新闻采访过程的各个方面，内容很多，含义极广。所谓能想、能走、能听、能写，都是调查研究的内容，或者说是调查研究的具体技巧、方法和结果。

远生所说的“交游肆应，能深知多方面势力之所存，以时访接，是谓能奔走”，实际上是提出了记者必须有新闻敏感，要善于接触各方面的人物，善于分析形势、认识形势，恰当地确定采访目标，及时进行采访，敏捷地抓住有价值的新闻。“闻一知十，闻此知彼，由显达隐，由旁得通，是谓能听”，进一步阐明了采访工作的具体方法，强调要联系起来看问题，要由此及彼、由表及里，灵活机动，善于谈话和倾听，善于从复杂的社会生活中抓住新闻题材。与远生差不多同时代的记者陈其美(1878—1916)，曾以“四捷”即“口齿捷、主意捷、手段捷、行动捷”著称(《新闻学论集》第2辑，第218页)。远生在“四捷”之外提出“听”字，自有他对采访工作注重调查研究的更深理解。“刻画叙述，不溢不漏，尊重彼此之人格”，强调了不要夸张，也不要遗漏重要的新闻事实，在新闻报道工作中要讲礼貌、守信用，既尊重采访对象、尊重广大读者，同时也尊重自己的人格。这说明黄远生的新闻采访观是比较全面的，既注重刻画、表达、文采、技巧，也注重文风、品格、修养、素质。

远生在反对浮光掠影、注重调查研究上，还有以下几点值得我们学习、借鉴：

第一，重视广开新闻来源，但又不轻信来源。远生非常注意从多种渠道获取新闻线索，采写报道。他经常掌握着不少消息源头，有的线索则是别人主动送上门来。他说，记者挖掘消息要“无孔不入”、“无往弗届”（见《新闻学习》1981 年 3 期），但他又非常重视考查消息线索的可靠程度。在 1915 年 5 月 5 日的《新闻日记》中，他写道：“昨晚一时许，有人以电话告我曰，日本之最后通牒已提出矣，限令三日内完全答复，倘不满意，日本于二十四点钟内即取自由行动，云云。”远生闻知后，并没有立即发稿，而是亲自抓紧核实。“余今早以电询之日本有力者，曰尚未到也。以电询之各当局者之方面人，曰尚未到也。”因此，远生得出结论：“此为一般风说而已”，没有仓促加以报道，避免了新闻失实。这种细致、认真、一丝不苟、不“听见风就是雨”的采访态度，是新闻真实的可靠保证。

第二，注重宴会、茶会、招待会等公开场合的采访，认为在这些场合抓新闻是大事，自己吃喝是小事。远生说：“大抵吾曹新闻记者，最喜赴此等宴会，以人物范围广，则刺取材料最便也。诸君读报者一目而下，辄怪某报新闻太少、某记者通信太少，殊不知访取新闻之难。往往奔走一日，不见一人不得一事者。须知盘中粒粒皆辛苦，此之谓也。惟此等茶会，则新闻记者最大之秋收，自己有吃有喝乃是小事也。”（《黄远生遗著》卷三，第214页《囍日日记》)这几句话，既道出了新闻记者的甘苦，又强调了各种茶会、宴会、招待会，正是记者获取新闻的良机，人物接触得多，材料也可以核实。同时，他告诫我们，在这种场合采访，记者的中心点是寻找新闻，是交谈和观察，一定需要紧紧把握住这种绝好的机会。至于记者本人的吃喝，是小事，不宜过分看重。

第三，既注意深入采访、细致调查，又讲究客观效果，严防泄密。如在《谒黎》这篇通讯中，远生向黎元洪采访了许多情况，谈到相当广泛的问题。远生写道："此寥寥数语，盖足以尽其精神也，至其所语何事，则吾辈秉新闻记者之德义，当然不能泄漏也。"(《黄远生遗著》卷三，第229页)在1915年4月2日的《新闻日记》中，他揭露了许多贪污、浪费丑闻后，结尾写道："凡涉及此种潮流，吾曹多不欲深言，阅者谅之。以此乃系发表之日记，非吾私人之日记故耳。"(《黄远生遗著》卷四，第134页)这里，可以看出，黄远生是很注意公开发表的新闻的社会效果的。

第四，强调采访工作中要发挥记者的主动性，不能消极等线索。远生认为，能不能及时发现并抓住新闻线索，关键在于记者自己。他在1915年4月1日《新闻日记》中说："鄙人数月以来，通信事务旷阙太甚，社友固相宽假，而同人之诘难，良心之刻责，遂不能不勉自奋发。吾人往者辄自为辩护曰，此因材料窘乏无可执笔耳。然退而自省，材料虽窘乏，尚不至令吾人无可执笔之程度。吾人思想太自消极，故耳无闻、目无见耳。"(《黄远生遗著》卷四，第128页)这段自述，体现了远生在采访工作中的自责精神；同时也表明，他一贯认为，不是生活中没有新闻可写，而是在于记者思想上是不是去积极捕捉新闻。如果记者在采访中态度"太消极"，那就会"有耳听不见消息、有眼看不到泰山"。这种采访思想对于鞭策每一个记者、通讯员主动深入生活，积极发现新闻，大有现实意义。

(三)树立读者观念，提倡广交朋友

黄远生十分重视新闻工作对社会的影响，认为报刊应当“为民生社会请命”。而记者要完成这一神圣使命，在他看来，除了坚持采写必须真实、注重调查研究外，还必须时时、处处想到读者、想到群众。为了让读者喜闻乐见，就要广交朋友，了解他们的需要，从读者的实际出发，在采写的内容和形式上不断革新。

黄远生在他的第一篇《新闻日记》中写道：“鄙人今谨与爱读吾报者为一口约，自四月初五日起，暂以三个月为限，鄙人每日必登通信一篇。全篇皆缀以日记体，是日有独特之新闻则记新闻，无新闻则取内外之新闻而评论之。至并评论之新闻而无之之时，则以吾自身为此通信之主人翁。吾所怀之感想，吾友朋之谈话，乃至吾夙昔所记忆之零星琐碎，皆一一笔之。”(《黄远生遗著》卷四，第128页)远生在这里对新闻采写的形式，提出了很有见地的主张。首先，他认为内容决定形式，有什么材料采用什么形式。其次，他主张形式要多样，各种不同的形式均可，力求随便一些、自然一些、大方一些。再次，他在选择采写形式时的主要出发点是从读者方面着想，一切方便于读者。

黄远生还指出：“吾此后所谓新闻者，不必尽为朝章国故也。市井琐屑，街谈巷议，皆一一作新闻观。此在日报中实为创格，故有时或成为无味之游，谈轶出于职业范围之外，然藉此以与吾海内同人以一种精神相感召，而鄙人亦得自塞其职责。斯亦所谓以无益之事而遣有涯之生者已。”(同上)他认为新闻采写的面是很宽广的，在内容上也应该多反映群众中发生和议论的事。所以，他的新闻作品“所记者乃包括新闻、评论、感想、各种谈话，乃一切掌故而成。读者纵不能日日得见新奇可喜之材料，而因是使通信员之余，得与读报诸君以一种精神相感触，且藉知北京各界思想潮流之一斑，当亦非无益之事也。”他十分注意记者与读者之间在精神上的“相感触”，也就是互相交流思想情感，互相交心、谈心。这种采写观在当时是具有极大革新意义的。

远生在新闻采访工作中的读者观念，还表现在他总是坦率地向读者报告自己的采写情况，不断地公布新的信息，如果有故耽误了新闻传播，也非常歉然地向读者公开申明。例如，在1915年4月27日的《新闻日记》中，他写道：“前数日日记，记者为私冗所迫，竟致中断，异日当求以补过，亦缘枯窘太甚也”。并说明“今日吾既尚未得正确报告，故仅述其感想如此。”这种以读者为“上帝”，与读者平等相处，时时想到读者的需求，认为几天没有及时向读者报告新闻就是一种过错的自责精神和态度，是很值得称赞和学习的。

由于黄远生心目中装着读者，他总是非常喜欢和读者交朋友，从交友中了解读者的要求，发现新闻线索，促进新闻采访。据远生的好友回忆：“他一辈子没有经过孤零零的生活，最害怕寂寞。他的精神能够吸引许多朋友天天轮流不断地到他家中去聚会。而他又不是那种大少爷、公子哥儿的脾气。朋友们到他家去，很自由。对客人，他也总是来不迎去不送”，非常随便、自然，无拘无束(《黄远生遗著》序，第1页)。这种性格和作风，一方面是远生尊重朋友，重视读者思想的表现；另一方面也使他比较容易和读者接近，经常生活在群众之中，为采访工作提供了永不枯竭的新闻来源。

三

黄远生不仅在许多文章中，鲜明地提出了自己的采访思想和主张，而且在其新闻实践中身体力行地贯彻和体现了这些主张。纵观《黄远生遗著》中所收集的论说、通讯、时评、杂著等近30万字作品，都生动地体现了远生的采访思想和作风。这些新闻作品，非常真实地反映了当时复杂纷纭的社会生活，惟妙惟肖地展现了当时轰动政坛的各种风云人物的真实面貌，入木三分地揭露了当时政治的腐败与罪恶，形象真实地再现了劳苦大众的痛苦和磨难。可以说，远生的新闻作品，是当时历史的生动纪录。正因为他的新闻"崇尚写实"，一些历史学者如李剑农写《中国政治史》时，许多材料都取材于远生通讯。

远生注重调查研究的思想，在其新闻作品中有充分的体现。尤其是他在调查研究中的采访艺术，很有借鉴意义：

(一)善于谈话，注意从交谈中核实材料，获取新闻线索

林志钧有一段话，生动地描述了黄远生的谈话技巧。他说："远庸是个最有趣味的人。他喜欢的是谈天。他所谈的，忽而这个，忽而那个，总叫人听着不想走，然又没有半句粗俗鄙俚的话。人家谈天，他有时批评一两句，总是可以发笑的。他有时烦闷起来，发些牢骚的议论，这时候往往会发见远庸很深邃的思想。"(《黄远生遗著》序，第 1 页)远生在交谈中很直率、坦白，有什么想法就真诚地表露出来。同时，谈话的内容也很广泛，没有什么限制，形式上也毫不拘束，非常自然亲切。俗话说："以心换心"。只有这样诚挚、坦率的交谈，才能赢得采访对象的信任，引出对方的诚恳交谈。

远生在采访中，把谈话和抓新闻、写作紧密地结合起来，是为了采访、获取新闻而谈话，从而大大提高了采访效率。比如，"有时朋友尽管几个人在那里乱说话，他自己在旁边，随便提起笔就做那些新闻上的论说或通信，集中长篇的文字多半是这个时候一挥而成的"，别人"所说的话，不提防就被他摄入新闻里头去了，又能够把杂乱无章的议论或谈话，编成一段很有条理的文字，或者触类旁通，引申许多道理出来。"(《黄远生遗著》序，第 2 页)这种敏锐的交谈能力，理解及概括、写作能力，都是很值得称赞的。

远生在采访中很讲究交谈艺术。从通讯《谒黎》一文里可以

看到，他为了采访黎元洪，事先进行了预约，得到同意后再准时前往采访。到达交谈地点见到了采访对象，“余等行最严肃之一鞠躬礼后，依次入座”，然后开始对话。这反映出远生在交谈采访中不慌不忙，胸有成竹，很有层次地展开访问。他还利用与黎元洪一起就餐的机会，在餐桌上频频提问，不断获取消息来源。正如远生所写的那样：“余首问副总统前此何时曾来京?公答尚系光绪三十四年。余问亦常住过北京否?公答首尾不到一个月。”远生还描述说，对方的“语言，乃纯然湖北口音也”(《黄远生遗著》卷三，第229页)。这样打开话匣子后，接着就采访到许多关于政府及军队的新闻，收获颇大。

远生在交谈采访中，既很主动、积极，千方百计抓新闻线索；又很有礼貌，有节制，十分坦率，表现出一派大将风度。在采访当时外交总长宅中茶会时，黄远生按陆征祥的通知赴约。“陆君之夫人，乃有名之外交界之花，外交舞台中心之法兰西人也。”黄远生不懂法语，本想辞谢。后来得知陆夫人是当天茶会主人，陆征祥也要出席，就决定抓住这个机会采访新闻。到达茶会后，“陆君一见，即握手道其不能特别订见之歉忱，记者亦谨述谢意。”交谈中，陆君又介绍远生认识马丹夫人。“记者就马丹之座而握手。马丹语法语数句，不知何词，记者因以不完全之英语答之曰，我不能法，亦并不能英。马丹笑曰，那么就说中国话罢了。”黄远生感慨道：“记者谨诚实自白，我盖第一次遇见外交界之夫人，亦即第一次受窘也。”(《黄远生遗著》卷三，第16页)这段采访过程，生动地表现出远生坦率、活跃、朴实的性格，也从一个侧面证明掌握外语对记者口头采访的重要作用。

(二)善于观察，注重从自己亲眼看到的情况中，获得新闻素材

远生在采访活动中，很善于发挥记者眼睛的功能。无论在哪里采访，他都充分地看、仔细地观察，从观察中捕捉到生动的细节，充实新闻报道内容。因此，远生笔下的人和事，总是显得那

么形象、具体、逼真、生动，就仿佛读者也目睹到了他所描写的事物一样。这种巧妙运用眼睛采访的能力，在远生的新闻作品里得到充分体现。

请看远生 1913 年 10 月 17 日写的《囍日日记》。他一开始就描写了自己赴会途中观察到的现场情景："八时起床，微雨滴沥，而畴昔之夜，大雨倾盆，街市中泥深三尺矣！""沿途以雨故，行人殊稀。余之前，有一马车，一骡车皆赴参礼者。而最奇异者，此骡车乃奋迅于马车，余之洋车其速亦不下于骡。"这表明远生观察十分细致，既注意了天气、街市，又注意进行中的交通工具，并且比较了它们的进行速度。这种生动的文笔，正是来源于他的观察。

远生采访中很注意对人物的观察。如《囍日日记》中，他在描述茶会各界人物交谈情况时写道："数语后，余乃退入客座，则见峨冠而博服者，勋章累累者，金紫而佩刀者，玉冠霞裳举步而摇者，已组织而成一人，每令人有人间何世之感也。"这里对人物的穿戴、动作观察得相当细致。接着描写舞会的场面也栩栩如生："楼上音乐大作，贵宾男女各合而跳舞。凡跳舞，男女各一，然不得夫妇自为之，必求其所熟识之男或女为之。无者则介而求之。凡跳舞人，一堂中共数组，或十数组，随音乐低昂，不得乱节。凡跳舞之妇，大抵袒半臂，男者不得触其胸，触其裙，否则大失敬。"这段描写表现出远生很善于对人物的活动进行观察，从动态上去刻画人物、烘托环境。

远生的观察技巧，还表现在他对当时社会黑暗与腐败的揭露上。他在《忏悔录》中写道："毒药之毒，封豕长蛇之凶，然犹不及中国之官界。盖戕贼人才，此为第一利剂。无耻下流愚暗腐败种种，莫不由此酝酿增多，盖万恶之养成所也。"又说："革命之后，党会纷立，余之所最感慨者，即在此时期中买卖人口之风盛行。全国之高等流氓，乃等于插标入市之猪牛，小者卖其皮肉，甚者乃至毛骨不留。……盖数年以来，人格扫地以尽矣。凡兹种种，将以入他日民国秽史，非吾作所能详也。”（《黄远生遗著》卷一，第132页）这说明，远生既注意对环境、人物的观察，更注意对社会本质的观察。他对当时黑暗、腐败社会的概括，正是他深刻观察社会现象的结果。

远生对观察的认真、深入，确实是一丝不苟的。他对一件事情的调查，不是匆匆忙忙、草率下结论，而是仔细、反复地进行调查，弄清真相后再报告给读者。如他在通讯《最近之北京》中，一开始就指出：“记者述此，先须为一言以谢罪于读报诸君者。则自战事起后，通信之旷缺至于兼旬，其原因决非仅记者一私人之过，盖以战事既起，百政停滞，所可言者，惟有战报，而战报则除官电外无从侦访。此等官电及以外之政况，大略则已日日报之专电，其他可记录之见闻，则往往非今日报章所宜载。故记者欲为一稍为统系之通信，不能不迟至今日也……诸君综合久而观之，庶藉以知悉此渗淡黑暗之舞台光景于一二。”（《黄远生遗著》卷三，第170页）这段自述，正是远生注重全面、认真的观察社会，实事求是地向读者报告真情的生动反映。

(三)善于寻找采访时机，努力接近采访对象，灵活机动地达到预期的采访目的

黄远生在其记者生涯中，采访了不少政治家、名人。他总是抓住一切采访时机，争取从这些举国上下关注的政治领袖中，去获得有价值的新闻，满足广大读者的需要。而在采访这些政治要员中，远生也决不是仓促上阵，总是相当讲究技巧和效果的。如1912年秋，黄远生采访孙中山先生，他没有“冒昧而往”，而是“以同盟会中友人某君介绍”，于8月29日午前9时来到了总统府。在大门右侧的招待室，远生看到室中已有来访客人十余名，其中“广东人占多数，有中服而轩昂者，有面色黧黑而憔悴者”，短短数语把他所见到的现场人物写得历历在目。远生后来

还发现，来访的客人增加到70余人，中山先生一批又一批接待来访者，并安排了午前11时还要参加宴请、约会。因而，他料定这次“中山君必无以次谈话之余暇，若匆匆一见”收益不大，于是“乃匆匆不别而出”，“另订时间再访”。这说明黄远生在采访中是相当机灵的，他不是在一个分明不能获得采访良机的时候傻等，而是另寻采访的恰当时机，努力达到采访目的。果然，在几天以后的9月4日5时，远生再访孙中山，“欣蒙特别赐许”，远生提出了包括政治、外交、经济等范围广泛的一大串问题，孙中山先生一一作了坦诚回答(《黄远生遗著》卷二，第131页)。这次采访，远生获得大量新闻，写出了《记者眼光中之孙中山》一至四共四篇通讯，达到了他预期的目的。

远生寻找采访时机，总是不怕困难，只要哪里有新闻，他就努力争取到哪里去，完成好记者的使命。1913年10月17日发表的《囍日日记》，反映了他紧紧抓住采访良机、广泛接触各方面人物、努力搜集新闻材料的热情和本领。他在西华门下车后，通过警卫查验入场券，进入“庆祝会场”，很快来到中外新闻记者休息室。他笑着同议员搭话，又“向招待员乞一纸烟”，并随接待人员又入另一休息室与一些高等文武官员接触、交谈。午后，他又参加了各种游艺活动，包括宴会，并从中更广泛地与各种人物接谈。这篇通讯写得栩栩如生，丰富多彩，正是作者广泛采访的结果。

(四)善于进行综合性的立体、交叉、全感式的采访，把问、听、看、想、跑、写紧密而巧妙地结合起来，写出内容充实、形象感人的好新闻

远生在采访实践中，决不是“单打一”的只运用某种采访技巧，或只拘泥于某种采访形式，而是十分注意综合运用多种采访技巧，把各种采访艺术巧妙地融和起来。例如在1913年新年之际，远生采写的《北京之新年》、《痛苦之新年》等通讯中，他

既注意了看，又注意了问和听。从通讯里人们看到，北京“元旦之日，天气清明，晴日煊烂，掩映于积雪之上，凝雪团团如僵石，日光之力薄也。”这短短几句刻画，反映出作者对自然环境描写之细腻和深刻，体现了远生对“看”的重视和“看”的技巧。接着，远生详细记叙了当日11时与采访对象柯君等交谈的情况。记者“如时而往，道贺既毕，乃述吾国民对于谷利斯浦及柯君等为我尽力之谢意”。记者与采访对象一问一答，尖锐直接，内容实在、具体，从中报告给读者许多新闻、信息，也充分反映了远生娴熟的提问技巧和谈话艺术。通讯中接着写道：“从柯君宅中出后，出前门外，则车马纵横塞道，不知所极，车植立于道中至二时许乃得过，盖近数年之新年中所未有，马车之多尤为向来所未有。车中多高帽华服之政客，间见二三外国使馆中人，盖皆往天坛中看古物陈列所者。”(《黄远生遗著》卷三，第37页)这里，把叙事与描写巧妙地融为一体，波澜起伏，扣人心弦。

新闻采访技巧，不只表现在记者执行一次具体的采访任务之中，而且表现在记者日常的生活之中。一个出色的记者总是善于随时利用自己生活中日常接触到的事和人，发现新闻，抓住线索，写出富有情趣的新闻报道。阅读黄远生1915年10月25日至12月10日写的《游美随记》(陆续发表在申报上)，我们就能充分感受到他在这方面的熟练技巧和时刻主动采访新闻的可贵精神。如10月25日在佐渡丸中，远生写道：“余本有晕船之病，余自念此后将以忍受种种苦痛为宗旨，任有何苦恼将忍之。不料到船以后，风浪大作，余同室张君病莫能与，船中欧妇亦已不见于饭堂，而余乃能行动，饮食自若，且今尚能在吃烟室中，作此随记及写信若干封。”远生对此颇觉庆幸，并积极与同室船友交谈。他写道：“同室之张君肇元，极良好之模范市民也，圣约翰大学部毕业生，英语极佳，衣履整洁，举止温雅，发言答问极有条理。”远生还说：“余此行怀一隐忧，即恐船客或船人问我以国事，我将无以答之。张君亦抱此感，谓我等以个人资格，未必不能与他人竞争，徒以国家不如人，乃至举脸向人，都无颜色。”这里显现出作者忧国忧民之情。在 10 月 27 日的随记中，远生描写了下船后在车站一批记者赶来采访的情况：“新闻记者即随警察之后而至，盖即利用警察以事采访。及余人车室，则三位著外国礼服之大访事，已坏集而迭问，所问无非帝政如何?有扰乱否?……而大阪每日新闻访事所问特多，问排货，问中日交谊，最后问到沈佩贞。设想明日余之大名，必将与沈佩贞同见于此有名之报章矣。”远生在随记中，把所见所闻写得十分细致、生动，充分说明他随时随地运用观察、交谈等手段获取新闻的能力。

（《新闻学论丛》第 4 集，1988 年 12 月）

附录 8

注意克服报纸的趋同化现象

改革开放以来，我国新闻事业发展很快，报纸越办越多，对全社会两个文明的建设发挥了重要作用，这是十分令人欣喜的。但是，在报业竞争激烈的情况下，一些城市、一些地区的一些报纸，也出现了某些趋同化现象。这种现象对我国报业的发展不利，应当引起我们注意，并加以克服。

所谓报纸趋同化现象，是指有的报纸离开自己的定位和任务，一味追求某种热门话题和内容，在报纸形式、版面、栏目、标题甚至文章等诸多方面，出现基本雷同或十分相似的现象。例如，一段时间不少报纸都用相当大的篇幅报道明星动态，许多内容大同小异；一些报纸都以专版刊登社会犯罪案件，不少情节也颇近似。在版面增多的情况下，许多报纸都增加了副刊、专刊的篇幅，办起了诸如电脑、汽车、房地产、装修、旅游、医药、饮食等生活服务类专版，其中也有不少内容、版面、甚至文章雷同的情况。尤其是我们有时还能发现，同一篇文章，甚至是一篇占整版地位的特稿，相继在不同的报纸上发表，有时冠以不同署名，有时则完全是同一署名，并没有注明转载。另外，一些报纸在标题制作、版式画样、图文搭配、各版内容安排以及文章和广告在同一版的位置比例上，都出现了某些雷同或近似之处，缺乏个性和特点。

出现报纸趋同化现象的原因是多方面的，既有主观方面的原则，也有客观上的因素。我以为主要有以下几点：一是我们有的同志比较注重报纸每天的所谓“看点”和“卖点”，希望有更多读者喜欢看和买自己办的报纸，因而都去追踪那些大家认为热门的选题和线索，容易造成雷同；二是在报道同样一个题材的时候，由于抢时间，深入采访不够，缺乏独自挖掘到的深刻的有新闻价值的东西，缺少独家新闻；三是所谓人为“炒作”新闻的现象比较严重，大家一窝蜂地去炒作某一件事情，自然容易大同小异；四是由于版面增加、栏目增多，尤其是副刊的许多专栏，在编采写人力并不充实的状况下，又要准时出报，难免独创性的东西不多，而相似、雷同的文稿却多见。

怎样防止和克服报纸的趋同化现象呢?我认为这是一项综合工程，需要我们大家共同努力。

首先，要准确定位，办出特色。我国现有公开发行的报纸2000多种，包括党委机关报、经济信息报、晚报、都市报、科技教育报、体育报、企业与行业报、工人农民报、青年妇女报、广播电视报、高校校报和军队报纸等多种类别。每张报纸都要根据自己的性质、任务和办报宗旨，明确位置，确定办报思路和服务中心。同一类别的报纸，也应根据地区、读者对象和具体任务的不同，安排不同的内容，突出不同的特色。

其次，要突出新闻，多报道自己地区、自己行业、自己报纸服务对象中的真正有新闻价值的人和事。报纸是新闻纸，办报始终必须把新闻放在突出和主体的地位。每张报纸都把自己任务范围内的新闻报道好了，自然就有了特色，不会与别的报纸雷同。而要真正突出新闻，关键在于认真抓好采访工作。从发现好的新闻线索、选定有价值的新闻人物，到深入现场认真采访，一直到写出有特色的新闻，都必须花大力气去抓，一抓到底。中央电视台《东方之子》和《焦点访谈》这两个新闻栏目，之所以办得很有特色，就在于他们在采访上花了很大功夫，生动地再现了现实中活生生的人和事，具有很强的感染力和说服力。即使每天播出一期，而人和事都不一样，绝无雷同之感，始终有吸引力。这个经验值得学习与推广。

第三，要认真办好副刊，形成各自不同的风格。现在不少报纸的篇幅都在 8 版以上，有的多达 24 版、32 版。其中，许多版面是副刊、专刊。因此，克服报纸趋同化现象，必须在办好副刊上作文章。每张报纸的副刊，都应当紧密与自己报纸的正刊相配合，围绕报纸的宗旨和服务对象来安排内容。同时，副刊的中心或突出文章，应尽力与当前主要新闻事件或报道中心相配合，以使报纸的正、副刊相互结合，形成一体。另外，办好副刊、专刊还要力求创新，不要完全走别人的路。设计专栏、选编文章、突出版面，都应力求做到有自己的风格和特点。前些日子，看到同一城市几张非教育类报纸都办了校园生活专版，这无疑是十分有价值的。但它们都是以大学生生活为内容，如果有一些报纸能够另辟蹊径，以大学教师生活为内容，岂不是自然不会雷同了吗？要使副刊办好，办出独特的风格和较高水平，关键在于有一支高水平的编辑和作者队伍，并且有这二者间亲密无间的配合。《四川日报》的《原上草》、《成都晚报》的《锦水》，多年来深受社会好评，已经形成了鲜明的个性和风格。人们打开报纸，不需要看到刊头，只要看了版面或文章，就知道是这个副刊。这是很不容易的。他们的编辑联系了一大批作者，并经常与作者交流、探讨，不断产生出一批批水平较高的作品。可见，要想把副刊、专刊办好，不雷同，主要还在于多投入、多下力气。

第四，要报社全体总动员，人人都来关心提高报纸质量，避免一般化、雷同化的毛病。报社总编辑要集中主要精力抓报纸版面、抓重大新闻和文章。每一位编辑和记者也都要在独创性方面下功夫，努力编发和采写出一批有特色的高水平的文章。报社要经常了解和研究社会各界，尤其是广大读者对自己报纸的反映，定期召开读者座谈会，共同探讨突出办报特色、提高报纸质量的改革措施，使报纸常办常新，不断进步。

第五，要逐步形成社会方方面面都来关心、支持报纸的良好氛围。报纸既是党和政府的喉舌，又是人民的喉舌，它越来越成为我们生活中离不开的良师益友。为了让我们的报纸办得更好，更能发挥重要作用，作为读者有责任支持和关心它。广大读者应积极向报纸提供新闻线索、协助与配合记者采访，并不断向报纸提出改进意见。只有集思广益、群策群力，才能使报人与读者更加贴近，报纸办得更有特色，避免雷同，呈现出报业百花园繁花似锦的兴旺局面。

值得特别指出的是，我们提出克服报纸趋同化现象，并不是反对各种报纸之间互相学习，也不反对在注入自己崭新内容的前提下适当移植别的报纸的某一栏目。在报业激烈竞争的今天，报纸间相互合作、平等竞争、取长补短是非常必要的。我们只是强调，不能照搬、照抄别人的东西，而要独自努力、重在创新、办出特色，从而为报业的百花争艳作出每家报纸自己应有的贡献。

当前，我国报业正以十分繁荣、兴旺的局面迈入 21 世纪。为了把我们的报纸在新的世纪办得更好，报业更加辉煌，让我们共同努力克服报纸趋同化现象，不断提高报纸质量，为报纸在两个文明建设中发挥更大作用做出新的贡献。

（《新闻界》1999 年第 2 期）

附录9

加强和改进文化新闻报道

文化新闻报道，是报纸版面的重要内容，它是以报道社会文化生活、文化现象和文化人物为主要内容的新闻报道。改革开放以来，报纸上文化新闻报道大量增加，像《人民日报》、《光明日报》、《四川日报》、《华西都市报》、《成都晚报》等都刊登了许多优秀的文化新闻，对反映和报道群众文化生活、推动文化事业发展、促进两个文明建设发挥了很好的作用。但是，当前少数报纸在文化新闻报道上，也存在着一些问题，值得引起注意。

一、当前文化新闻报道存在的主要问题

(一)对党和政府的文化方针、文化政策、文化措施报道得不够、不突出、不力。没有能充分反映出当今时代文化生活的主旋律，对社会文化的进步和发展起不到很好的鼓舞作用。

(二)对本地区、本行业丰富多彩的文化动态、文化活动、文化人报道得比较少、报道得不充分，对文化部门的丰富多彩的工作也缺乏生动活泼的报道。例如，对“五个一”工程的宣传和介绍就显得不够。

(三)对一些文化明星、少数所谓的“名人”报道过多、过分集中和突出，有些时候搞故意炒作。而这些报道又多是一些价值不大、没有多少积极意义、甚至有负面作用的内容，热衷于追逐个人隐私、婚姻恋爱问题，格调不高。而对于一些真正取得成就

的文化明星如何勤奋、拼搏、刻苦钻研艺术的事迹，却报道得很不够。

(四)采访不深入，捕风捉影，小题大作，往往造成失实，甚至引发官司、纠纷。有的文化新闻报道，只是记者打电话从明星那里得来的只言片语，就大书特书，显得不严肃。

(五)一窝蜂采访，一阵风地追击同一位所谓“名人”，或互相抄袭，搞趋同化，写出的报道大同小异，没有特色；或互相指责、攻击，搞不正当竞争。

(六)少数文化新闻报道，语言不文明、不科学，有的庸俗低级，有的宣扬迷信，在社会上造成不好的影响。如有篇文化新闻，报道某位影星讲她暂不打算结婚，因为这一年是寡年，结婚怕不吉利。这是完全不符合科学的说法，在客观上产生了传播迷信的负面效果。

(七)一些文化新闻版版面处理不当，不该放在头条的放头条，不该做大标题的做很大，不该发表的照片竟相刊登。从这些版面上，体现不到正确、鲜明的指导思想。

(八)农村文化新闻报道很薄弱，极少有对农村文化工作、文化动态、文化生活进行详细报道的。基层文化、群众文化、企业文化、校园文化也报道得很不够。

出现这些问题的原因是多方面的，不少编辑、记者对文化新闻认识不正确，以为只是文化娱乐、茶余饭后的小事而已，并以自称是“娱记”而感到心安理得，忽视了文化新闻是精神文明建设的重要组成部分，文化新闻对人民群众起着潜移默化的舆论导向作用。有的报纸一味追求所谓“卖点”、“热点”，喜欢猎奇，热衷炒明星，而不考虑社会效果。还有的记者、编辑缺乏基本训练和党的新闻工作传统教育，采写基本功不扎实而又不愿深入调查，不愿意通过自己艰苦的采访去挖掘出一些独家新闻，习惯于人云亦云，大家都去炒某一条同样的、很容易完成的报道。

同时，一些报纸也还缺乏对文化新闻的高度重视、统筹策划与严格管理。

二、针对上述问题，我认为应当高度重视文化新闻报道，努力从以下几方面着手，切实改进和加强文化新闻报道工作

（一）报纸总编辑要高度重视并亲自抓文化新闻报道，努力发扬我们党一贯的重视文化新闻的好传统，对自己报纸的文化新闻版进行一次总结，发扬成绩，克服不足。要在一定时期内，结合党的中心工作，制订出文化新闻版的报道中心、要点和计划，加强文化新闻宣传的针对性、思想性和战斗性，克服盲目性、片面性、零乱性，做到有计划、有组织地搞好文化新闻。

（二）大力开拓文化新闻的报道面，扩大与丰富报纸文化版的报道内容，包括文学、艺术、图书、出版、考古、文物、收藏以及群众文化、企业文化、旅游文化、校园文化等许多文化领域，都应当尽力去发掘新闻、报道新闻。不同定位与任务的报纸，要紧密围绕自身的办报宗旨去报道文化，多搞有特色的独家报道，不要一窝蜂、一阵风、一个模式、一个人物地去重复、雷同化地搞千报一面的报道。

（三）在文化新闻报道中，要正确处理好社会效益与经济效益的关系，坚持正确的舆论导向，不能只考虑所谓的“卖点”和“热点”。要始终坚持文艺为工农兵服务，为社会主义服务的方针，正确处理好通俗文化与高雅文化的关系、当代文化与传统文化的关系、中国文化与外国文化的关系，通过生动的、活生生的人和事来体现和宣传党的文化方针与政策，促进社会主义文化事业的繁荣。

（四）编辑、记者要密切与文化主管部门的联系，主动从他们那里获得新闻线索，掌握文化动态，了解文化政策，选择和抓住真正有价值、有指导意义的文化新闻。不要只热衷于“追星”，

不要只停留在接触少数几个人的狭小圈子内。而要真正深入到作为创造文化主人翁的广大工农兵群众中去，这样，文化新闻的报道内容才能丰富多彩，才能满足不同层次、不同行业、不同年龄的广大人民的需要。

(五)花大力气提高文化新闻记者、编辑的业务水平与职业道德素质。要使文化新闻编辑、记者认识到，采写出好的文化新闻报道，是提高民族文化素质，陶冶人民高尚情操，塑造人、引导人的神圣使命，一定要认真对待，不辱使命。文化新闻编辑、记者，要熟悉文化、了解文化、懂得文化，不断丰富自己的文化素养和知识，并从而更好地与文化人交朋友，深入生活，抓住鲜活的文化新闻。建议选派年轻的文化新闻记者到高校深造、提高。

(六)提高读者对文化新闻的欣赏水平与能力。要引导读者全面、正确、完整地了解文化，继承和发扬中华民族优秀的文化传统，努力创造富有时代特色的社会主义新文化。因此，报纸文化新闻提倡什么、反对什么、宣扬什么、批评什么，应当十分鲜明，必须坚持正确的思想原则，使我们的文化新闻在两个文明建设中发挥更大的作用。

(《新闻界》2000 年第 3 期)